반동의 길

반동의 길

헤르만 파이너 저

An Atlantic Monthly Press Book
Little, Brown and Company, Boston
1945

반동의 길

헤르만 파이너 저 / 정환용 역

전남대학교출판부

— 소피(Sophie)와 체리(Cherry)에게

감사의 글

나는 내가 요구한 도서들을 찾는데

무한한 친절을 보인

하버드 대학교의 와이드너(Widener)도서관과

리타워(Littauer)행정학교 도서관의

임직원에게 감사를 청한다.

사람들은 언젠가 자유로워졌을 때까지는, 그들의 자유(freedom) … 자유(liberty)의 최종적이며 항구적 과실인 지혜, 중용, 그리고 자비 … 를 어떻게 사용할 것인가를 모른다. 만일 사람들이 노예상태에서 현명하고 선해 질 때까지 자유(liberty)를 기다린다면, 그들은 진정으로 영원히 기다릴 수도 있다.

- 밀턴(Milton)에 대해, 매콜리(Macaulay)

서문

사람을 구성하고 있는 그러한 굽은 물질 중에서,
어떤 것도 정말 곧게 두드려 펴지는 것은 없다.
___임마뉴엘 칸트(Immanuel Kant)

ix 프리드리히 에이 하이에크(Friedrich A. Hayek)의 「노예의 길」 *(The Road to Serfdom)*[1]은 수십 년 동안 민주국가에서 출현한 민주주의에 대한 가장 불길한 공격을 만들어 낸다. 이 응답을 저술함에 있어, 나는 논쟁에서의 승리에는 흥미가 없다. 그것은 너무나 쉽다. 나의 진지한 염원은 장래에 민주주의 자체의 자유롭고, 창조적인 공공정책의 선택이 이루어지도록 민주주의를 위한 길을 개방해 두는 것이다. 하이에크(Hayek)가 제안한 것처럼 전체적으로 변화할 여지가 없더라도, 보수적인 방책들을 구축하는 것은 강렬한 파열을 유발한다. 하이에크(Hayek)와 그의 추종자들은 시대의 본질과 추세를 오해했고; 그들은 시간을 허송하거나, 안달하고 악의적인 기질을 보이지 않고, 보다 잘 대비하면서 기다릴 수도 있었다. 자유가 그렇게 하는 것을 놓쳐버리기 전에 그들에게 그들의 책임을 깨닫게 해야 할 때이다.

국가를 사랑한 모든 사람들은, 특히 지난 몇 년의 희생적인 산고와 사별이후, 독재정권의 진정한 대안은 경제적 개인주의나 경

---

1) 본 저서 전체의 「노예의 길」(*The Road to Serfdom*)에서의 인용들은 시카고대학교 출판부의 친절한 허가에 의해 사용된 것이다.

쟁이 아니고, 민주주의 - 즉, 인민에 완전한 책임을 지는 정부 -
x 라고 본다. 그와 같은 사람들은, 보통사람이 「노예의 길」*(The Road to Serfdom)*에 대해 드러내 보였던 불신과 혐오가 그렇게 환대를 받을 수 있었다는 것에 대해, 낙담을 경험한다.

그 저서 전체에 걸친 혼란들은 출간이후 저자의 진술들에 의해 확인된다. 하이에크(Hayek)는 그의 서문에서 그의 저서는 "정치적"이라고 공언한다. 그러나, 영국에서 정치적으로 도전 받았을 때, 그는 "나는 경제학 선생이지 정치인은 아니다. 나는 보수당과는 관련이 없다"라고 응답했다. (*New York Times*, 1945. 6. 6.) 그리고, 1945년 6월 24일에 *뉴욕타임스 메거진*(*New York Times Magazine*, 12쪽)에서, 그는 "내일의 세계: 좌로 가고 있는가?"라는 논문에서 정치를 맹공격했다. *시카고 선*(*Chicago Sun*)에서, 그는 그의 저서는 미국을 나타내지 않고 영국만을 나타냈다고 공언했지만; *보스턴 트레블러*[*Boston Traveler*(1945년 4월 18일과 19일)]와의 한 인터뷰에서, 그가 미국에 도착해보니 영국보다는 미국적 여건의 실정에 보다 더 맞아 보인다고 주장했다. 동시에 그가 21년 전에 이곳에서 약 1년 정도 지낸 이래로 미국에 온 것은 이번이 처음이고, 최근에는 이 나라의 경제발달에 대한 어떠한 지식도 없다고 확언했다.

그의 저서는 계획과 독재가 동일하다는 그의 확인 그리고 계획과 법의 지배(Rule of Law)는 양립하지 않는다는 그의 주장을 고수했거나 생각해냈다고 하버드 대학교(Harvard University)에서 그가 공언했다. 그는 이 필수불가결한 기반들 양쪽 모두를 역사에 근거를 두었다. 그가 연설했던 교수회의 교수들은 그의 역사가 잘못되었을 뿐 아니라 매우 우둔하고 결함이 있다고 지적했다. 그 저서를 "사상의 출발"이라고 칭찬한 제너럴 모터스(General

Motors)가 사용했었던 동일한 방송방법들에 의해 저서에 대한 논쟁을 철회하는 대신에, 그는 논쟁을 계속했지만 그의 저서는 도대체 역사에 의존하지 않았다고 말했다!(*Chicago Sun Book Week*, 1945년 5월 6일.)

그의 교의는 다음과 같다. 계획의 작성과 배분에 관한 방법으로서, 경쟁은 이론으로서 완전하고 실행에서도 사실상 완전하다. 경쟁은 외부의 "자의적" 간섭 없이 어떤 사람의 생활을 계획하는
xi 자유를 허용한다. 사유재산은 자유(liberty)의 보증자이고, 재산을 전연 소유하지 않는 사람들에게도 그러한데, 이는 사유재산이 정부가 너무 많은 권력을 갖는 것을 막기 때문이다. 정부의 권력은 민주정부에서도 부패하지만, 개인들의 수중에 있는 경제권력은 부패하지 않는다. "계획"은 "사회주의"이고; 사회주의는 "집단주의"이고; 집단주의는 "파시즘", "나치즘", 그리고 "공산주의"이다 – 또는, 환언하면, 계획은 유럽에서 번성했던 그러한 독재정권의 하나이다. 여기서, 독재의 모든 오류들은 국가에 의한 계획의 오류들이다. 때문에, 국가는 경쟁을 강요해야 한다. 그리고 이를 보호하는 방법은, 경쟁의 권리들을 간직하고 있는, 헌법에 권리헌장(bill of rights)을 확립하는 것이고; 헌법은 그러한 관점에서 전체적으로 수정할 수 없으며, 멍애는 민주주의의 목을 영원히 조였다. 왜 자유롭고 책임있는 결정의 권리에 대한 그런 극적인 단축인가? 왜냐하면 과반수는 신뢰할 수 없는데, 이는 "자의적"이기 때문이다. 만일 정부계획이 있다면 법의 지배(Rule of Law)가 없고, 때문에 인민은 구속되어져야 한다. 사회안전을 위한 계획은 가능한 거의 없어야 한다. 민주주의는 물신(物神: 맹목적인 숭배의 대상)이고 유행이다. 완전고용은 우리의 미래에서 제일의 우선순위는 아니다.

반동(反動)은 이 메시지를 절실하게 기다렸는데, 이는 누군가가 민주주의를 크게 도륙하기 때문이다. 그것은 양심을 편안하게 하고; 어떤 것도 할 필요가 없다는 느낌을 지지하고; 관료제를 공격하며; 계획가는 불한당이라고 말하고; 세금을 줄인다! 그러한 교의가 널리 갈채를 받았다는 것은, 비록 하이에크(Hayek)에 대한 것이지만, 정치학도들에게는 놀라운 일이 아니다.

이 주장들과 그것을 지지하고 칭찬하는데 사용한 방법들을 거칠게 다루는 공화국의 복지에 관심을 가지고 있는 사람들에게 책임이 있다. 구조위에 높이 솟은 구조를 가진 우리의 광대하고 충만하며 복합적인 사회들에서, 20세기의 가장 필사적인 과업은 책
xii 임정부를 강화하는 것이다. 민주주의, 즉 책임정부, 는 현재 많은 불완전성들을 가지고 있지만, 우리가 그것을 그것의 잔인한 독재적 경쟁자들 및 인간이 과거에 압박당했던 정부형태들과 비교할 때는, 우리의 구원이다. 자유(liberty)를 주는 것은 재산이 아니다. 그것이 하이에크(Hayek)의 현저한 오류이다. 자유(liberty)는 민주주의의 과실이다. 사람들은 무대를 밀쳐버릴 수 없다.

나는 하이에크(Hayek)의 오류가 너무 많아서 여기서 일일이 논의할 공간을 갖지 못했다. 왜냐하면, 그 결점들은 마치 날림으로 만든 배에서 물이 새는 것처럼 모든 문장에서 솟아나기 때문이다. 그의 냉소적 편견과 왜곡된 내용들을 바르게 하기 위해서는 엄청난 분량이 요구될 것이다. 그러나 내가 분명하게 지적하고자 시도했던 것은 원대한 주제에 관한 논쟁의 존엄을 열망했던 오류의 정글을 통과하는 길이다.

이를 위해, 아래의 장(章)들에서는 하이에크(Hayek)의 학습장치는 결함이 있고, 그의 독서는 불완전하며; 그의 경제적 과정의 이해는 편협하고, 그의 역사설명은 잘못되고; 그의 정치학은 거의

존재하지 않으며, 그의 용어는 그르치기 쉽고, 영국과 미국의 정치과정과 정신력에 대한 그의 이해는 심각하게 결함이 있고; 그리고 평균적인 남자들과 여자들에 대한 그의 태도는 잔인하게도 권위적인 것임을 지적할 것이다.

하이에크(Hayek)와 그의 무리들은 폐쇄적 방법으로서 민주주의를 바라는 반면에, 나의 설득은 장래에 개방적 방법을 가져야 할 인민에게 올바르게 내재되어 있는 그러한 정의와 권력이다. 그들은 양도불능의 소유권을 묵인하지 못한다.

역자 서문

본 역서는 헤르만 파이너(Herman Finer)의 「반동의 길」(*Road to Reaction*) 초판(1945년간)을 번역한 것이다. 이 책은 자유와 시장을 강조하는 하이에크(Friedich von Hayek)의 「노예의 길」(*Road to Serfdom*)에 대한 반론서이다. 아울러 본 역서는 개별적 자유는 계획사회를 지향하는 추세에 의해 위기에 처해 있다고 주장하는 사람들에 대한 고전적인 응답이다.

파이너(H. Finer)교수는 하이에크(Hayek)의 저서를 해체, 점검하고 사실에 대한 그의 궤변과 오류를 노출시키면서, 「노예의 길」(*Road to Serfdom*)은 반동적 선언서(reactionary manifesto)라고 규정했다.

하이에크(Hayek)의 중심논제는 모든 형태의 집산주의는 독재정치로 인도하고, 증가되는 정부계획과 경제의 통제는 독일, 이태리, 그리고 러시아는 노예의 길로 가고 있는 대표적인 나라로서, 독재에 이르는 것으로 보았다.

파이너(Finer)는 하이에크(Hayek)의 「노예의 길」(*Road to Serf - dom*)은 민주국가에서 출현한 민주주의에 대한 가장 사악한 비판이라고 공격하면서, 독재의 진정한 대안은 경제적 개인주의나 경쟁이 아니고, 모든 인민에 책임을 지는 민주정부라고 주장한다.

경제학에서는 시장에 대한 개입을 계획으로 이해하면서 가급적이면 경쟁이 자유롭게 이루어지도록 개입의 최소화를 주장하는 시장주의자와 개입의 정당성을 주장하는 개입주의자들 사이의 논쟁가운데 전자(前者)에 대한 주장은 비교적 활발하게 소개되고 있으나, 후자(後者)의 주장은 상대적으로 덜 소개되고 있다. 이는 세기의 저술로 간주되고 있는 하이에크(Hayek) 교수의 「노예의 길」(*Road to Serfdom*)의 영향이 중요한 역할을 했을 것으로 본다.

논의의 균형을 위해 하이에크(Hayek)의 저서에 대한 본격적인 반론서인 본 역서가 거의 소개되지 않은 현실을 안타깝게 생각하다가, 관련주제에 대해 관심을 가진 사람들을 위해 본 「반동의 길」(*Road to Reaction*)에 대한 번역을 하게 되었다. 본 역서와 하이에크(Hayek)의 역서를 비교평가하여, 계획의 경제적 적법성논거확립에 일조하고, 계획이론의 정립에 보태움을 주었으면 하는 바램이다.

본서를 번역함에 있어 우리말로의 의미가 통하지 않는 경우를 제외하고, 가급적 의역을 삼가고 직역(直譯)하여 저자의 뜻을 전달하려했다. 그러나 의미전달을 위해 필요한 부분에는 괄호안에 한자(漢字)를 넣어 이해의 편의를 도모했고, 독자의 이해를 위해 역자의 간략한 설명(說明)이 필요한 부분은 괄호 안에 밑줄을 쳐서 나타냈다. 본서 각 페이지의 측면번호(側面番號)는 원저의 페이지를 나타낸다. 그리고 본서의 말미에 역자의 해제(解題)를 통해 본서의 저술배경, 주요 내용, 의미 등을 간략히 제시하여 독자들의 이해를 돕고자 했다.

본서를 번역함에 있어 여러분의 도움을 받았다. 학과교수들의 도움을 많이 받았다. 경제학과 홍덕기 교수의 도움은 특히 유용했다. 그리고 본서의 출간을 도와준 전남대학교출판부 관계자 여러분께도 감사한다. 아울러서 초고의 내용을 일부 교정해준 아내(김혜경)의 도움은 큰 힘이 되었다.

Contents

제1장 그제와 내일

3 "그들은 어제는 기억할지 모르지만, 그제는 잊어버린다." 이는 이 더블류 켐머러(E. W. Kemmerer) 교수가, 1931년 상원에서 대공황을 유발했던 기업의 우둔한 오류들을 사람들이 기억할 것인가 여부에 대해 질의를 받았을 때, 했던 논평이었다. 그 질문은 매우 중요했는데, 왜냐하면 만일 민주주의를 잊으면, 민주주의는 잊혀 질 것이고, 그것을 무시하는 경제세력들에 의해 분쇄될 수도 있기 때문이다.

제2차 세계대전에의 개입에 따른 비극에도 불구하고, 경쟁질서의 그 비극적 실패는 오랫동안 계속하여 기억될 것은 확실하다. 대공황의 가장 중요한 역사적 결과는 현대경제체제의 관리자로서 제약 없는 경쟁의 만성적 결함들에 대한 냉혹하면서도, 구체적이며, 논쟁의 여지가 없는 예증이었다. 모든 사람에게 주는 가장 통렬한 교훈은 기대한데로 일을 하도록 하는 질서의 능력에 대한 일반적인 신뢰의 상실이었다. 어떤 시점에 그리고 무언가 특별한 이유로 일에 참여하고 있는 모든 집단들은 그것에 대한 불신과 그것에 내재하는 불안감을 표현하였다.

불경기에서 사기업의 실패는 작고 인과적인 탈선이 아니었다. 저축들, 가정들, 그리고 농장들이 날아가 버렸다. 생명보험은 현재의 생활비와 부채를 위해 현금화할 수밖에 없었다. 교육자금

(만일 그들이 애정을 가지고 예치했던 은행에서 잃어버리지 않았
4 다면)도 인출하여 사용되었다. 많은 사람들이 기아를 경험했고; 더욱이 영양실조를 받았다. 필수적인 의료처치는 연기되어야 했다. 시와 읍에서의 사회적 경비는 공공사업이 경기진작을 위해 시행될 때까지 갑자기 중단되었다. 무섭고 위협적인 요기(妖氣)처럼 모두를 둘러싸고 있는 것은 공포, 불안, 그리고 굴욕이었다. 모든 민간과 공공의 청문회에서 증명된 것처럼 결함은 희생자들 간의 개별적 특성에 의한 결함의 하나라고 말하기 어렵고, 그것은 남자들과 여자들이 일자리를 구걸했지만 사기업에서는 그것을 제공할 수 없었던 체제의 결함이다. 「국가산업협의국」(National Industrial Conference Board)에서는 대공황(大恐慌)이 가장 심각했던 시점에 11,864,000명이 실업자였고; 그 때가 1933년이었다고 추정했다. 1930년에 그 숫자는 거의 3,000,000이였고; 그 이후로 1941년까지 실업자 수는 6,413,000명 이하가 되지 못했다. 보다 높은 수치를 제시한 다른 추정들도 있다.

실업의 크기와 상응한 것은 생산의 손실이었다. 만일 1929~1937년 사이에 매년 2백만 명의 실업자만 있었다면, 미국은 해당된 9년간에 실제 생산한 것 보다 2천억 달러(1929년 가격)가치 이상의 재화를 생산할 수 있었을 것으로 추정되어졌다. 이는 1929년 미국국민총생산의 2배반에 해당하는 것이다. 그것은 또한 1929년의 영국, 캐나다, 호주, 남아프리카, 뉴질랜드, 그리고 독일 총소득의 4배에 해당하는 양이다. 불황의 해(관련국가에 따라 1932년 또는 1933년)를 1929년과 비교하면 미국이 국민소득의 51%의 손실을 나타냈고, 독일 41%, 프랑스 19%, 영국 12%의 손실을 각각 보였다. 다른 곳에서도 20~30%의 감소가 보통이었다. 1932년에 전 세계적으로 2천5백만 명 이상의 공업노동자들이 실

직했으며, 가족까지를 포함하면 1억 인구가 궁핍에 처해있다고 말할 수 있다.

파국처럼 놀라웠던 것은, 그것이 단일의 그리고 비재발 사건이 아니라는 것이었다. 불황은 경쟁체제의 만성적 질병이다. 미국은 1854년과 1933년 사이에 20번이나 그러한 재앙들에서, 가혹함의 차이를 가지고, 고통을 받았고; 다른 국가들도 동등하게 괴로움을 당했다.[1] 그러한 재앙은 또 다시 20번 발생할 수도 있다.

경제적 파멸의 하향예인(下向曳引)에 의해 만들어진 절망감은 전 세계의 정치체제에 심대한 시련을 겪게 했다. 아직 민주정부 형태인 독일에서, 인민(특히 경제적 질서를 지배하는 사람들)은 독재에 의해 민주정부를 대체할 채비를 하고 있던 사람들을 돕기 위해 달려갔다. 프랑스에서는, 국가가 사회적으로 크게 분리되었다. 민주체제가 인민의 역사와 특성에서 보다 굳건한 기반을 가졌던 미국과 영국에서는, 거의 파국점에 이른 가장 심각한 궁핍함이 겨우 생존하고 있는 정체(政體)를 짓눌렀다.

양차대전 사이의 불황에 따라 나타난 두 가지 영향은 지울 수 없이 명백해 졌다. 즉, 경제생산에의 모든 참여자들은 그들의 정부에게 구조를 요청하기 위해 덤볐고; 불황원인들에 대한 공공 및 민간조사는 경쟁체제 내에서 이루어진 기업의 부정직함으로 인한 곤궁의 불가피성을 폭로했다. 미국에서, 생산과정에 종사하는 그 사람들이, 특히 대기업을 관리했던 그 사람들이, 경쟁체제를 그 효과에 있어 반사회적으로 만드는 것과 같은 방법으로 그들의 소명을 수행했다는 것을 논증했다. 그 논증은, 심문자들이 범죄입증을 바라지 않고 오직 설명과 해결책만을 발견

1) 번스와 미첼(Burns and Mitchell), 「경기순환측정」*(Measuring Business Cycles)*(N. Y., 1945), 〈표 139〉.

하고자 하기 이전에, 과장이 없이, 여러 의회위원회(Congressional Committees)에서의 증언 및 반대심문과 관련된 수천 페이지에서 이루어졌다. 매우 상세한 심문에서는 금융업자·은행원·증권거래자들이 제한된 경쟁을 했고, 자유가격운동을 방해했으며, 국내
6 제조업자들의 책임에 대한 고려도 없이 해외차관을 얻었고, 쓸모없는 공공사업을 위한 차관획득을 위해 외국정치가들에 뇌물을 주었고, 그들 자신의 시장을 잘못 예측했으며, 공공매입과 투자에 필수적인 정보를 왜곡했음을 드러냈다.

생산업자들은 가격을 떠받치기 위해 그들의 장비, 공장, 그리고 전문기술의 수용력이하로 재화의 산출을 제한했고; 그들은 장래고용과 소득위험에 대한 합리적인 고려이상으로 외상구입을 촉진했고, 반사회적인 특허제한조작에 의해 발명들을 억제했으며, 그리고 개인관련의 이윤목적을 위해서만 신용을 확대하고 축소했음을 나타냈다. 공공공급시설기업들, 특히 전력산업, 의 피라미드들에 대해 전략적인 재정통제를 모색하는 지주회사들은 여러 기업들에게 제공하는 실제의 서비스가 아닌 위장된 서비스에 대해 그들로 부터 지불금액을 착취했고, 때문에 그 회사들은 인민에 높은 부담금을 부과했다. 이러한 조치들은 여러 공공공급시설통제위원회(public utility control commissions)에 의해 그렇게 하도록 허가되었는데, 그 위원회들은 자신들의 비난을 해명하기 위해 소환된 위원장들의 궤변에 의해 잘못 인도되었다. 정치가들이 비공인서비스들에 대한 보상으로 유리한 투자를 할 수 있게 만들었다. 몇 개 주(州)의 신용 및 은행체계들은 법과 실제에 대한 건전한 기반이 없이, 그리고 평판이나 교정과정에 대한 보증서 없이도 거의 모든 지역에 존재했고; 투자에 대한 투기, 심지어는 도박, 와 기업적 해이도 만연했고; 보험회사들은 자신들을 인가한

주정부가 만든 건전기업기준에 의해 정해진 조사도 없었다. 민간과 도시의 막대한 부채는 판매업자들과 대금업자들의 고압적이고 파렴치한 운영에 의해 누적되었다.

서로 간에 이윤추구다툼이 있는 재정, 공업, 그리고 농업은, 종합적으로 모두가 유용한 사회에 대한 비전, 법령, 또는 분별력이 없이, 그들 간의 안정적이며 통합적인 관계의 발생을 방해하는 행동을 했다. 재앙에 대비한 사회적 준비가 없었다. 즉, 사실상
7 공적인 고용교류들이 없었고[후버(Hoover)씨는 재앙이 도래했을
때에도 이의 시행을 분연히 거부했다], 실업보험도 없었고, 공공사업이나 개발계획도 없었고, 공공보건계획도 없었으며, 실질적인 빈곤구제체계도 없었다. 인민들은 규제하지 않고, 보조받지 않은 경쟁체계가 번영 그리고 재산까지도 가져다 줄 것이라는 주장을 믿었다. 재앙이 거짓논증으로 보복할 때, 그것은 진정한 재앙이었다.

계속되는 절망적 상황에서 무엇보다 나쁜 것은 호경기에 경쟁(자신들이 만들었든 것)의 거대한 수혜자들인 대기업과 재정의 부정적인 반응이었다. 그들은 사태를 내버려두고 정해진 길로 스스로 흘러가도록 하는 것 이외에는 조사위원회들에게 제안할 어떠한 개선계획도 가지고 있지 않았다. 거기에는 이미 팽배한 비공식적이며 허가받지 않은 독점적 관행 - 만일 정부가 그것의 설립을 돕고자 한다면, 다양한 산업들의 자치형태 - 과 비교하여 경쟁에 대한 보다 신중한 제약이 아마 있었을 수도 있다. 그러나 무엇보다, 사물들은 제 갈 길을 찾아야 했다. 경쟁의 질서에 관한 선도적인 음모가들의 의회에 대한 조언은 "번영은 바로 모퉁이에 있다"라는 확신과 신(God)에 대한 의지로 백악관의 후버(Hoover)씨에 의해 완전하게 요약되어졌다. 그는, "신의 섭리에

따른 인도 하에, 그들["세계사에 유례가 없는 성공을 이끈 지적·정신적 세력"]이 우리가 일찍이 알고 있는 것보다 크고 건전한 번영을 우리에게 돌려 줄 것이다", 라고 1931년 6월 15일 선언했다. 불황의 홍수를 막기 위한 상공회의소의 주요 계획은 개별사업을 관리하기 위한 기업행동강령을 수립하는 것이었다. 그들은 기업들이 경쟁을 제한하고, 가격을 올리고, 그리고 생산을 제약할 수 있도록 수정된 독점금지법들(antitrust laws)을 상냥하게 추천하였다.

8 이 무계획성에 가장 어울리는 기념비는 기업에 대한 정부의 생명선인, 「재건금융회사」(Reconstruction Finance Corporation: RFC)였다. 1931년에, 그것은 "실업수당을 받는 자본주의"를 상징했지만, 그 이후로 그 기관은 발전하는 기업에 대한 정부지원의 매우 유망하면서 필수적인 도구가 되었다. 1931년 10월 4일 *포춘(Fortune)*지에 의하면[2], 후버(Hoover)대통령이 앤드류 멜론(Andrew Mellon: 은행가, 재무장관)씨 집에서 대은행장들과 만났을 때, "그 날의 후버(Hoover)씨의 과업은 괴로움이었을 것이다. 그 주위의 모든 것들은 번영시대의 그의 꿈들의 잔해들만 널려 있었다. … 무언가 이루어져야 - 그것도 즉시 - 했다"라고 말했다. 5억 달러로 철도·은행·보험 및 저당회사들, 그리고 다양한 기타 재정기관들을 구제하기 위한 출발은 이제 빵을 구걸하는 사람들에 대한 대통령의 응답인, "조직화된 장치가 아니라 자유인이 우리의 목표", 라는 말에 대한 희비극적 논평이었다. 기업의 경우, 이 한 번의 침체가 아니라 미국의 세속적 경험은 "소박한 개인주의"가 마비된 개인주의가 되었음을 보였다. 이 시대의 모든 기본적인

2) 1940년 5월

구제조치들이 사기업들의 필수적인 버팀목들이라는 것을 인식하는 것이 매우 중요하다. 이 조치들은 RFC, 은행법, 농장대출, 사회보장, 공공시설의 통제, 농장보장, TVA, 연방준비체제의 개선, 안전과 교환위원회, 공정노동기준법, 재활성화된 반독점정책, 미공화국의 사회적 결핍과 미국산업의 구조·운영·장래에 대한 청문을 위한 큰 회의와 위원회, 주택법, 농장임대법 등이다. 만일 이 조치들이 취해지지 않았다면, 결과적으로 발생하는 불안과 비효율성으로 인한 공포의 헐떡거림이 있었을 것이다.

자연히, 그 조사들은 경제체제의 지치지 않은 노대국(老大國)들
의 권위와 위신에 대한 믿음을 일소시켰다. 시장에서 이 사람들
9 이 했던 것은 산뜻하고 모범적으로까지 간주되었지만; 그것의 결
과들은 수백만 명이 수백만 명에 고통을 주기 때문에 교회·시민
집단·대학, 그리고 미국사회의 대변인과 양심은 무언가를 해야
하고 만일 그렇지 않는다면 직·간접으로 고통을 받는 사람들은
러시아의 실험을 참고로 삼을 수도 있다는 것을 마지못해 선언할
수밖에 없었다!

한 상원위원회에서는, 조선과 관련기업들이 추가적인 주문을 위해 1930년 제네바(Geneva)에서 국제선박제한을 무산시키는데 최선을 다하도록 로비스트를 고용했음을, 밝혔다. 파리에서 이바르 크루거(Ivar Kreuger: 스웨덴의 성냥시장을 독점한 재벌)의 자살은 그 시대의 또 하나의 떠들썩한 추문이었다. 상원에서는 6개국에 적어도 140개의 대응회사를 가진 이 초-나폴레옹의(super-Napoleonic) 창시자가 미국의 저명한 은행과 증권거래소의 지속적인 지지를 받았음에 주목하였다. 미국의 모든 은행과 증권거래업계에서 최고지위에 있는 300명의 저명인사들이 많은 외국정부의 대응독점들의 수익으로부터 발생된 수입으로 약 2억5천만 달

러 가치의 채무증서를 매각하는데 도움을 주었다. 이 거대한 국제적인 가치거래를 조작했던 회사인 크루거와 톨(Kreuger and Toll: 스웨덴의 거대 건설회사)은 자신들의 자본, 해외특권의 가치, 예상수익률, 자신들의 보증에 대한 담보물, 그리고 자신들이 임명한 회계기업에 의해 공증된 회계에 대한 거짓정보로서 미국 내 그들의 협력자를 속였다. 이 조사에서도, 일부 조장적인 은행가들은 증권손실의 감액에 의해 연방소득세를 회피하였고, 증권을 낮은 가격에 친구에 팔았다가(법에서 차감 요구) 차후에 다시 매입한 것을 밝혀냈다.

공공공급시설지주회사들(public utility holding companies)의 시카고 조정자인 사무엘 인설(Samuel Insull: 전기공급시설에 대한 투자가로 대공황시 파산)은 메인(Maine)에서 오클라호마(Oklahoma)와 텍사스(Texas)에 이르는 전 미국에 퍼져있는 연결망을 통해 약 20억불을 현금화했고, 개인적으로 약 1억7천만 달러가치라고
10 알려진 사기범의 인도를 위해 그리스까지 줄곧 추적했어야만 했다. 그는 그의 주식을 물타기하고, 회사들로부터 서비스에 대해 과다징수하고, 자신들의 재산가치를 과대평가하고, 당시의 책임을 반영하면 무가치한 것임을 알고 있는 증권의 매입을 강요하는 방법으로 대중들을 속여 왔었다. 그는 공익에 대한 정치적 보호자를 기만했고, 뇌물로서 그들을 책임으로부터 이탈하게 해왔다.

상원은, 사기의 교묘함에 있어, 가장 세속적인 정치거물에 의해 행해진 것보다 단연코 월등한 대기업내의 오랫동안의 그늘진 금융관행과 "부정" 체계를, 세상에 밝혔다. 모간의 집(House of Morgan: 미국의 금융왕조)과 같은 대기업들은 은행가들로서 또는 투자상사들로서 계속할 것인가 여부사이에서 선택을 강요받았는데, 두 직업들 간의 제휴는 대중에 유익하지 않았었고 그들의 고

객들에 대한 분별있는 책임을 보장하는데 있어 운영자의 양심을 너무 많은 조각으로 찢었다.

1938년 봄, 리처드 휘트니(Richard Whitney: 뉴욕증권거래소회장)는 총계 약 435,000달러의 고객유가증권의 횡령에 대한 중절도죄로 기소되었고; 거의 4백만 달러의 부채와 약간의 자산을 가진 그의 회사는 지불불능을 선언했다. 「유가증권과 거래위원회」(Securities and Exchange Commission)의 보고서에서는 “1926년까지 소급할 수 있는 고객유가증권 횡령에 비추어 볼 때 매우 얄궂게도, 그는 1928년부터 1929년까지 기업지도위원회의 의장이었고 1928년 오래 전부터 그 위원회의 회원이었다”라고 지적한다. 이 위원회는 뉴욕증권거래소(New York Stock Exchange) 소속의 한 위원회이었으며; 리처드 휘트니(Richard Whitney)는 1930년부터 1935년까지 그 증권거래소 자체의 회장이었었다. 그는 과거 여러 해 동안 그 거래소의 관리기구에서 다른 중요한 지위를 많이 차지했었다. 그에 대한 위원회의 소송과정에서 그는 과도한 개인적 지출을 했고; 자기회사의 재정조건에 대한 숨김없는 드러
11 냄이 없이 친구들과 기업들로부터 오랫동안 차용했었으며; 의심이 생기거나 다른 방법이 편리할 때에는 수시로 허위 진술하였고; 자기기업의 정상적인 업무 외에 불건전하고 파괴적인 방법으로 금융투기를 수행했음을 밝혔다. 그 거래소의 다양한 사람들이 이것이 1938년에 밝혀지기 훨씬 이전에 이미 지불불능을 의심하는 사유를 가지고 있었지만, 부적절과 부정직을 적절히 발견하기 위해 요구되는 엄격한 청문을 행사하지 않았음을 보였다. 모간의 집(House of Morgan)은, 대부금의 목적이나 경제적 정당성에 대한 충분한 검토도 없고, 한 파트너들로부터 다른 파트너에게 적절한 정보의 완전한 폭로도 없이, 그리고 파트너끼리의 적절한

심문도 없이, 리처드 휘트니(Richard Whitney)의 대출을 도와주었었는데; 휘트니(Whitney)의 한 형제는 모간의 집의 파트너 중 하나였다.

이 모든 폭로들의 이면에는 독점적 관행에 대한 70년의 역사이야기인, 경쟁의 이론적 혜택들은 달성되지 못했고 어떤 것도 안전성을 확보하지 못했다는 점을, 또렷한 윤곽으로 보였다.

영국은 정부가 사회와 경제에 보다 널리 미치고, 사회생활이 보다 통합되어 있으며, 그리고 사회보장안들(social security schemes)을 1911년까지 소급할 수 있지만 제1차 세계대전 말 이래로 매우 개선된 규정을 가지고 있는 곳이나; 미국에서 폭로된 특질의 추문들은, 비록 일부 관련된 조선, 도시공채의 매입, 일정한 상품시장의 매점하려는 시도는 있었다고 하드라도, 경쟁적 산업의 특징들은 아니었다. 그러나, 미국에서는, 일부기업에서는 경쟁성향이 쇠퇴하거나 결여되었고 실업의 고통스러움이 있었지만, 어느 것도 정부의 지원이외에는 치유할 수 없었다. 정부는, 두 번의 단기이며 중요하지 않은 간격으로, 보수당의 수중에 있었다. 외국과의 경쟁에 대응하기 위해 영국무역의 재조직에 대한 관심
12 이 많았고, 그리고 보수당정부는, 산업들 자체의 무력증이 기술적 효율성의 경주에서 영국경제를 어느 때보다 훨씬 뒤 떨어지게 남겨둔다고 위협하기 때문에, 이 영국무역의 재조직운동을 지원했고 종종 그것을 요구까지 했다. 다양한 마케팅법안들과 생산방법들의 현대화는 정부보조로 지원되었다. 산업들 스스로와 다양한 정부조사위원회들은 순수경쟁의 시대는 지났음을 인정했고; 그들은 무역조직의 필요성을 보고했고 정보지원에 의한 그러한 조직들의 설립으로 나아갔다. 동시에 독점의 반대측면인 가격통제와 산출제약이 꾸준히 진행되었다. 이는 아직도 해결되지 않은

문제이다.

미국에서 추구했던 해결책의 하나인 공공사업의 제공은, 영국의 보수당정부가 그러한 해결책을 좋아하지 않았기 때문에 매우 작은 범위에서만 가능했었다. 그들의 정책은 높은 과세에 대한 특별한 관심과 함께 공공양심과 공공질서에 조화될 수 있는 최소한의 공공보조였다. 때문에 정책은 실업보험이었고, 그와 같은 지불이 종료된 때에는 "실업수당"이 있었다. 그러나 지출이 쌓여감에도 불구하고 이 정책은 실업을 폐지하거나 감소시키지 않았고; 그것은 사람들에게 그들의 자존심을 회복시키지도 못하였다. 그 정책은 도시들이 그 곳으로부터의 산업탈출에 의해 "학살" 되었던, "유기" 또는 "특별지역"이라 불릴 수 있었던 국가의 많은 지역들이 회복하지 못했다. 총구제비용은 억제되어야 했기 때문에, 지원자들의 재산에 대해 엄격한 검증이 이루어졌고; 법에 의해 부채의 일부는 고용된 가족구성원에 돌아가기 때문에, 실업자는 고용자들의 부담처럼 느끼도록 만드는 한편, 가족의 젊은 구성원들은 그들이 가구예산의 일정부분을 부담해야 하기 때문에 이사
13 나 결혼의 자유가 제약되었다. 실업자행진, 기아행진, 그리고 구제비의 범위에 대한 폭동들이 있었다. 가장 충격적인 고통과 영양실조도 있었다. 마지막으로, 1929~1931의 노동당정부 때에는 적지만 증가되는 예산적자에도 불구하고 지불규모의 유지를 주장했고, 보수당과 자유당지도자 연합은 지불을 줄이거나 적자와 과세를 감소하는 것 사이에서 하나를 택하도록 강요했고, 그렇지 않으면 물러나라고 주장했다. 관세를 부과하고 금본위를 포기하여 무역에 약간의 도움을 주는 것에 의해 절약하고 동시에 추가적인 수익을 획득하도록 만들어 문제를 해결하는 정부를 구성하기 위해 보수당과 자유당을 동맹한 람세이 맥도날드(Ramsay

McDonald: 노동당출신의 총리)와 그의 소수의 추종자를 제외하고 노동당지도자들은 물러났다. 노동당정부의 몰락은 미국은행가들이 영국에 대출을 거절했기 때문에 그러한 일들이 일어날 수밖에 없었다는 소문들에 의해 지원받지 못한 것은 아니다.

미국과 영국에서, 모두를 위해 적절한 양을 안정적이며 꾸준하게 생산할 수 있게 하는 산업질서를 만드는 자유경쟁체제의 실패는 민주체계와 그것이 바탕을 두고 있는 헌법협약에 대해 심각한 압력을 야기했다. 정부들은 재난과 고통에 대해 민감한 반응을 보이지 않았다. 오랫동안 그들은 악을 보지 않고 듣지 못한 것처럼 가장했었지만, 행동하는 것은 악이었다. 후버주의자들(the Hoovers)과 란돈주의자들(the Landons: 뉴딜은 지지하지만 노동조합은 반대한 미국공화당 정치인 란돈의 추종자들)은 강한 저항을 시도했다. 대법원의 정신은, 보다 나쁜 상황이 발생하지 않도록 하기 위해, 전향(轉向)의 시련을 경험했다.

영미 양국의 입헌민주제에 대한 불황위기와 그것의 압박은, 만일 제2차 세계대전이 잇달아 일어나지 않았다면, 예측할 수 없을 정도로 심각했을 것이다. 심각한 사회적 정신병들은 민주형태를 미친 듯이 구타했을 수도 있다. 영국에서는, 모든 헌법적 형식과 관습은 최선을 다하도록 강요되었다. 대중의 감정과 양심은 발흥했고, 신뢰는, 무엇보다도 경제제도들의 안정적 운영을 위해서는 대중의 안정과 신뢰가 요구되는, 그 기관들의 행동들에 의해 몰
14 락되었고, 바로 그 기관들과 정부 내의 그 기관들의 조수들과 선동자들에 의해 좌절되었다. 이 혼란을 차감하기 위해, 자유 및 경쟁적 기업체계의 옹호자들은 방어적 무기를 탐구했다. 장기적으로는 가장 방어적인 정치적 무기는 설득이고; 민주주의에서 그것은 그 밖의 어떤 것을 시도하는데 있어 거의 숙명적이다. 그들

이 추구했던 설득은 그들 자신의 경제적 기능의 가치를 설명하고, 행복이든 불행이든 간에, 그것에 대한 그들 자신의 독점적 성취의 불가피성을 정당화함에 의해 그들 자신의 양심을 도덕적으로라도 용서하는 것이어야 했다. 체제와 사람들은 불가결하다. 불황에서 발생했었던 것(그리고 다시 발생할 수도 있는 것)은 그들의 개인적인 실수가 아니라 그들 자신이 작은 구성부분에 불과한 체제의 부분의 책임이고; 체제의 최고집행자들 자신들도 얻는 것은 물론 잃는 것도 있었으며, 그들도 간략하게는 대리자에 불과했으며; 그들이 대표하고 봉사했던 질서는 비록 수많은 희생자들이 즉시 이해하고 수용하기에는 너무 혼란스러운 고통이지만 실제로 혜택이었음을 보일 필요가 있었다.

이 설득의 과업을 달성하는데 챔피언들의 부족함은 없었다.

제2장 반동적 선언서

어떠한 열정도 두려움처럼 행동과 이성의 힘들을
모든 사람의 마음에서 효과적으로 약탈하는 것은 없다
_에드먼드 버크(Edmund Burke)

15 만일 경제적 및 정치적 망상(妄想)의 챔피언들이 망상의 유일한 희생자들이라면, 우리는 작은 자비로서 그 챔피언들의 심한 환멸을 그들에게 남겨둘 수도 있다. 그러나 민주국가들에서, 망상들은 권력에 의해 지지받고, 민주주의의 전복을 희생으로 해서까지 지배를 갈망하는, 공공정책들이 될 수도 있다.

일부 사람들에게는, 프리드리히 에이 하이에크(Friedrich A. Hayek)의 「노예의 길」*(The Road to Serfdom)*이 반동주의자들의 선언서(Manifesto)라는 사실만으로 적절한 공공정책으로서의 자격을 잃는 것은 아니라는 것은, 분명하다. 하이에크(Hayek)처럼 "보다 높이뛰기 위해 되돌아오자"라고 요약할 수 있는, 그런 사람들은, 우리의 정치상황에서는, 단지 반동의 숭배자들에 불과할 뿐이다. 그의 저서는 보수적 반격의 병기고이다. 그것은 심각한 경제적 및 사회적 문제들을 민주주의에 의해 해결될 수 있다는 인간의 자비롭지만 냉정한 자신감을 파괴하고 깨뜨리기 위해 고안된 무기들로 가득하다. 여기에 모든 보수주의자들의 기쁨이 있다. 히틀러(Hitler)와 무솔리니(Mussolini) 그리고 그들이 싸웠던 것을 타도하기 위한 세상의 필사적인 산고에도 불구하고, 많은 보수주의자들은 아무도 모르게 과거의 즐거움을 바로 상실했기에 새로운 즐거움을 필요로 한다.

우리는 이제 히틀러(Hitler)가 없는 세상에 살고 있다. 그의 제
16 거는 다수당, 평등, 그리고 대중주권을 경멸하는 그의 교조에 대한 공개적인 반대를 금지하는 명령을 일소했다. 수개월 내에 반민주적인 말들의 왁자지껄함이 있을 것이고; 두런거림도 이미 들릴 수 있다. 일시로, 반동주의자들의 신랄함이 단지 편의 때문에 억제되었었고, 한편으로 대다수의 권력과 평판은 확대되었었는데 그것은 세계전쟁들과 싸우는 것은 대다수이기 때문이다.

미국과 영국은, 양차대전연간의, 과업들과, 정치적 감각과 방법에서 각각의 적대자들에게, 이제 완전히 되돌아왔다. 간략히, 문제는 사회 및 경제적 진보가 이룩한 모습이 계속되어야하고 증대되어야 하는가 여부이다. 여기서 그 모습은 미국은 1933년 이래 그리고 영국은 1906년 이래로 이룬 것으로, 민간, 경제기업의 심한 결함의 치유 그리고 경제적 창의에 의해 생활수준향상을 위한 국가의 적극적 기여를 의미한다. 문제는 해결되어지지 않는다. 개방적, 민주적, 그리고 평화적 선거경쟁을 파기했던 그들이 그 사실을 수용한다고 누구도 믿지 않는다고 하자. 위에서 언급했던 기간에 여당들에 의해 묘사된 정부기업정신의 방식은 그들에게는 생소한 것이다. 진실, 즉 희비극적 진실, 이라는 것은 보수적 반동주의자들이, 하이에크(Hayek)라고 하는, 독사를 그들의 가슴에 품어 왔다는 사실이다. 그것은 그들에게는 아첨꾼들보다는 비판자들을 경청하는 것이 훨씬 나은 정책이다.

반동적 선언서(Reactionary Manifesto)를 환영하는 이유들은 분명하지만, 즉각적인 의심의 대상이 되었어야 했다. 그 선언서(Manifesto)는 기치, 금지령, 그리고 악귀들로 채워져 있다. 그것의 기치(旗幟)는 자유, 자유주의, 개인주의, 법의 지배, 기업, 그

리고 번영 등과 같이 격조 높은 것이다. 그것들은 우리 모두의 기준이다. 그들이 금지하는 것은 나치-사회주의, 파시즘, 그리고 공산주의인 것은 분명하다. 그것들은 우리 모두의 금지사항이다. 그것의 악귀는, 독재정치로 확인되어진, 계획이다. 운명을 통제하거나 회피할 수 없는 것처럼, 계획은 모두의 우두머리들에게 금지를 내려달라고 기원해야 하고, 기치를 파괴해야 한다. 살인자와 망나니는 계획사회에서 상층부에 위치시켜야 한다고 하이에크
17 (Hayek)가 말하고, 그는 월터 리프만(Walter Lippmann: 미국의 언론인)의 「좋은 사회」*(The Good Society)*를 그대로 흉내 낸다. 이러한 불쾌한 편견에 따른 유쾌함은, 성공적인 기업인 그리고 성공적이기를 바라는 모든 사람들은 계획가들이 지금까지 할 수 있었던 것 보다 더 큰 경제적 서비스를 인민에게 제공할 수 있다는 주장에서, 대부분 기인한다. 여기서 그 계획가들은, 사실대로 말하자면, 기치들을 높이 들어 민간기업인들처럼 행동하는 것이다.

이것 때문에, 보수주의자들은, 대공황, 조직의 많은 영구적이고 심각한 결함들, 그리고 페코라 조사(Pecora investigations: 월가의 붕괴원인파악하기 위해 설치된 상원위원회의 조사)에서 밝혀진 것처럼, 공중도덕의 위반에 대처할 능력을 스스로 보였던 사기업을 정당화하는 신념을 갈망했다. 그들이 회피하고자한 공공연한 소란과 그들 자신의 노출된 비행에 의해 심하게 흔들린, 그들의 도덕적 지위의 회복은 그들의 지속적인 탐구대상이다. 그들이 많은 재산에 흥미를 잃어버린 것도 아니고, 명예도 또한 좋아한다.

하이에크(Hayek)의 저서를 그들의 내심의 챔피언으로 만든 그 사람들이 저서를 다량구입해서 그 저서의 출현을 입에 침이 돌도록 기다린 사람들에게 배부하거나 또는 대중적인 요약본을 복사하여 널리 뿌렸던 그들을, 우리는 이해할 수 있다. 우리자신처럼,

그들도 철학적 및 경제적으로 어려운 생존의 문제들을 가지고 있으며, 대부분의 사람들이 되고자 한 것처럼 확실하게 영리하거나 강력하지도 못한, 인류의 일부분들이다. 그러나 그가 너무나 강한 챔피언이 되고자 했기 때문에 그들은 잘못된 챔피언을 보유했다.

그들의 공화국에서 편안해지기 위해서는, 그들은 그들 자신의 내부에 있는 공화국에 대해 편안함을 가져야 한다. 그들은, 하이에크(Hayek)가 그들이라고 투박하게 가장한 것처럼, 경제전망을 그들의 전망으로부터 분리할 수 있는 그런 사람들은 *아니다*. 오직 유령만이, 인간은 완전하고 살아있다, 라고 여러 경제세미나에서 자세히 비평할 수 있다. "사람은 체질적으로 종교적 동물이다"라고 에드먼드 버크(Edmund Burke: 휘그당원으로 현대보수주의의 철학적 창시자)는 말했다.

한쪽은 사기업의 영역이고, 다른 쪽은 정부의 영역인 경우는 없다. 그런 경우는 없었다. 그러나 우리시대는 그들의 관계가 사회는 물론 기업인에 대해서도 근본적인 질문을 강요하는 그러한
18 시대이다. 이 관계는 양차대전사이의 기간에 서구, 영국, 그리고 미국에서 정치학의 조정실이 되었는데, 이는 제1차 세계대전에 의한 전통적인 도덕성의 교란, 그 전쟁기간동안의 국가계획생산과 분배의 강요, 그리고 소련이라는 아주 신기한 경제의 발흥이라는 3가지 이유 때문이다. 그것은 사람들이 그들의 양심을 벗어던질 수 없었을 것 같지는 않다. 그들이 알고 있는 현실세계의 어딘가에, 그들이 혐오하도록 만들었던 모두에 대한 거대한 작업모형이 존재한다! 이 모형은, 보다 많은 인민이 그들 정부를 통제하는 그들의 능력에 대해 보다 쉽게 자신감을 느끼는 곳으로, 영국보다 미국에서 가장 어리둥절할 당혹감들을 훨씬 크게 일으켰다. 보다 잘 알려져야 할 몇몇 사람들, 즉 극히 제한되게 언급

하는 맥스 이스트맨(Max Eastman: 대공황이후 좌익에서 우익으로 전환한 미국의 작가), 더블유 에이치 체임벌린(W. H. Chamberlin: 소련에 비판적인 미국의 언론인) 그리고 유진 리용(Eugene Lyons: 공산주의, 사회주의, 집산주의에 비판적인 미국의 언론인), 은 그들의 모든 빵을 러시아공산주의의 바다에 던져버렸지만, 물론 그것은 곰팡내 나서 되돌아 왔다. 이들도, 역시, 기업인보다는 더 분명하게, 강령을 요구한다. 그들은 공산당선언의 열렬한 환영자들이고, 또한 그들은 그들의 빵이 곰팡내 나서 되돌아오게 하는 운명을 가졌다.

논의에 대한 금기를 타파하는데, 하이에크(Hayek)는 완전고용의 원칙을 거부한 거의 첫 번째 사람이다(206쪽). 이것을 함에 있어, 그는 경제번영과 사회정의에 관한 제1차 세계대전의 목적들과 제2차 세계대전의 그것들에 관한 그리고 그것에 대한 사실을 충분하게 고려하지 못했다. 나는, 영국이나 미국이나 그들 자신의 경제 및 정치체제의 불평등과 비효율성을 파괴하기 위해 전쟁에 돌입했었다는 것을, 의미하는 것은 아니다. 비록 그들 스스로의 도덕적 공백이나 그들 국가의 도덕적 고립을 참지 못하는 일부 용맹한 수백만이 있다고 하드라도, 누구도 국가존립문제가 급격히 거론되지 않는 한 전쟁에 돌입하지 않았다. 민주국가들은, 이상(理想)들이 그들의 것에 대해서 지독하게 호전적일 뿐만 아니
19 라 그렇게 되기를 공개적으로 선언했던, 투쟁하는 정부들임을 스스로 깨달았다. 히틀러(Hitler)는 독재정치와 민주주의는 세상에서 함께 살 수 없다고 선언했다. 이는 민주체제의 원리에 대한 거부를 의미했다. 히틀러(Hitler)에 대항해서 싸우는 사람들은 이 민주주의 원리들을 *위해* 싸우는 것이었는가? 오직 미래만이 이해, 양심, 그리고 감정적 충성심이 무엇인가를, 말할 수 있고, 설명할

수 있다. 이것은 어쨌거나 확실하고, 정부들과 언론들이 그들의 군인들이 공공정책의 특정기반을 위해 싸웠고, 장래의 훈련에서는 이것들이 확대될 것이라고 말했다. 공표된 어떠한 원리들보다 중요한 것은 직업과 사회안전이었고; 이것들은 사회구조의 방어를 위한 최소한의 지분들이었다. 미국에서 이것은 반복하기에 괜찮은 4가지 자유들(Four Freedoms)에 대한 공표의 형태를 취했다. 즉

"안전을 추구하는 미래시대에는, 우리는 4가지의 필수적인 인간의 자유에 바탕을 둔 세상을 지향한다." 그것들은 언론의 자유, 신앙의 자유, 공포로부터의 자유, 결핍으로부터의 자유인데 - "이를 세계적인 말로 번역하면 모든 국가들이 자신의 주민들에 건강하면서 평화로운 삶이 획득될 수 있는 경제적 이해를 의미한다."

뒤늦게 「대서양헌장」(Atlantic Charter: 제2차 세계대전 이후의 세계에 관한 청사진으로, 영국과 미국간에 합의한 성명)에는, 국가들은 "모두에게 개선된 노동기준, 경제발달, 그리고 사회안전"을 보장하도록 나아가야 한다는 열망을, 포함했다. 그리고 1944년 1월 11일에 "제2 권리헌장"에 대한 대통령성명이 나왔는데, 이의 주제는 "진정한 개인의 자유는 경제적 안전과 독립이 없이는 존재할 수 없다"는 것이었다. 이 권리들은 유용하고 수익성 있는 직업에 대한 권리; 적정한 음식 · 의복 · 위락을 제공하는데 충분한 소득을 얻을 권리; 모든 농부들이 자신의 작물을 기르고 팔아서 자신과 가족이 품위있는 삶이 영위될 정도의 수익을 획득할 권리; 국내외에서 불공정 경쟁과 독점의 지배에서 자유로운 분위기에서 교역할 수 있는 크고 작은 모든 기업인들의 권리; 기품있는 가정
20 에 대한 모든 가족의 권리; 양호한 건강을 성취하고 즐길 수 있는 기회와 적절한 의료의 권리; 노령, 질병, 사고, 실업의 경제적 공포로부터 적절한 보호의 권리; 양호한 교육의 권리들이었다.

"이 모든 권리는 자유를 의미한다. 그리고 이 전쟁을 승리한 후 인류행복과 복지라는 새로운 목표를 위해 이 권리들을 집행하여 전진을 위해 미리 준비해야 한다."

만일 반격이 이 권리들에 대해 변함없는 반대의 완고함으로 발전한다면, 일본과의 종전은 약속의 희생자들이 당면한 희생을 지불했던 약속들을 발견할 것이다. 두 개의 상반된 완고함은 민주주의에 해로울 것이다. 그것은, 희망한 대로, 이 희망들이 단지 아플 때 어린이에게 빌려 준 장난감이나 흥분되어 들려 준 동화로 판명되지는 않을 것이다.

장기적이고 뿌리 깊은 불안들은 현대사회에 공업이 제공한 서비스의 질에 대한 공공심에서 발달했다. 본질적으로, 그러나 배타적은 아닌, 그 불안들은 대공황과 경쟁체제의 결핍에서 나타났다. 대량실업으로부터 고통받는 모든 사람들의 야유를 다시 제기하는 것은 거의 역겹다고 할 수 있지만, 그것에 대해 또다시 주의를 끄는 것도 중요하다. 많은 경제학자들이 1929년과 제2차 세계대전사이에 음울하게 투덜댔던 바로 그 노래가 다시 시작되고 있는데, 그것은 만일 그대로 둔다면 *장래에는* "균형"에 도달할 것이고; 시장 · 임금 · 가격이 그들 자신의 자연노선을 취하도록 허용된다면 모든 것이 잘 될 것이라는 것이다. 그러나 그것은 불만을 가져서 고용을 상실한 사람들 뿐 아니라, 가정 · 저축 · 교육기회 · 기업 · 기타 유사한 것들을 잃었거나 상실한 사람들도 포함한다. 그들 역시 민간기업의 장점들만이 경제적 수요를 만족시킨다고 더 이상 믿을 수 없다.

21 반동은 '30년대에 이미 시작되었었다. 뉴딜(New Deal)은, 그때까지의 문제가 혁명으로부터 우리의 전체체계를 지킨 것들이 대부분임에도 불구하고, 보수주의자들의 목구멍에 걸렸다. 실제로,

시드니 웹(Sidney Webb)여사는 "프랭클린 루즈벨트(Franklin D. Roosevelt)와 뉴딜(New Deal)이 없었더라도 미국은 더 좋아지지는 않았을 것 아닌가?"라고 나에게 질문하였다. 그것 때문에, 그녀는, 그때는 혁명이 일어났을 것이었고, 그리고 미국이 소련처럼 힘차거나 영국처럼 퇴폐적일 것인가! 여부를 살펴보는 사회적 결과들을 관찰하는데 흥미를 가졌었을 것이라고 믿었다.

이들은 유진 리용(Eugene Lyons)의 「유토피아에서의 임무」(*Assignment in Utopia*); 월터 리프만(Walter Lippmann)의 「좋은 사회」(*The Good Society*); 그리고 체임벌린(W. H. Chamberlin)의 「집단주의 - 거짓 유토피아」(*Collectivism - A False Utopia*)의 시대였다. 그들은 러시아, 나치스, 그리고 파시스트로부터 반동했다. 동시에 그들은 비효율성이 많은 경제체제와 실현성이 있는 관리 가능한 민주적 처방들이 알려진 확고한 개혁노선에 대해 반응할 정도로 대책이 없었다. 독재적 소수파들의 정부로 부터의 급변에서, 그들은 또한 대수결에 대해 신랄해졌다. 하이에크는 이들의 직계 후손이다. 이는 「좋은 사회」(*The Good Society*)가 재출간 - 7년 후에! - 되었고, 「노예의 길」(*The Road to Serfdom*)이 이의 거의 축약판처럼 근접하여 따르는 것을 깨닫는 것은 흥미롭다.

그리고, 더욱 희생의 시대 이후 지금까지, 싸워야 할 "거대한 해악"이 있었다. 윌리엄 베버리지 경(Sir William Beveridge)은 "재건은 국내·외적으로 많은 측면을 포함하고 있다. 국내적인 측면에서는 그것들의 목적을 파괴해야 할 다섯 가지의 거대한 해악 - **결핍, 질병, 무지, 불결,** 그리고 **나태** - 으로 명명하여 정의할 수 있다"고 말한다.[1)]

1) 연설, 1942, 6. 30 참조 「안전의 받침대」(*Pillars of Security*)(London, 1942), 42쪽.

지금 나는 계량화 없는 계획경제의 옹호, 또는 그 자체로서 러
시아경제와 정치체계의 옹호에 편승되는 것을 거부하고, 바라지
않는다. 나는 이것들을 거부한다. 이에 대한 오해가 없기를 바란
22 다. 만일 내가 "사회주의자"라면, 그것은 널리 나타날 수 있는 것
처럼, 민주주의가 첫 번째이고 사회주의는 둘째인 영국적 의미이
다. 그러나 **민주국가**의 유지에 흥미를 가진 모든 사람들은 가장 진
지한 관심을 전시의 약속을 완수, 그리고 민간기업의 전전체제 -
말하자면, 그것의 침체경향, 빈곤과 불행, 불공정, 보다 큰 풍족
함을 일으키는 부적절 - 의 남용을 경감하는데 주어져야 하는 것
을 인식해야 한다. 하이에크(Hayek)씨가 한 것처럼, 이 중요한
시기와 잘 지내는 것을 3개의 외국의 전제주의 정체들 - 나치, 파
시스트, 그리고 공산주의 - 의 모든 퇴보된 결과를 "하나"의 경제
계획체계에 되돌리고, 이 마음속의 모조품이 수백만 명 가운데서
의 청문회에서 이길 수 있고, 정기간행물이나 신문에 의해 지지
된다는 것은 이상한 일이다.[2] 때문에 그것은 부조리한 세력들이,
역사가 저술을 돕는 것을 기다리면서, 자유를 갈망해왔다!

어느 누구도 *모든* 경제활동들을 "계획하거나" 또는 "집단화하거나" 또는 "사회화"를 의도하지 않지만, 많은 사람들은 명백히 왜곡된 질서에 대한 확고한 치유책들을 관리할 것을 바란다. 하이에크(Hayek)는, 어쨌거나, 어떠한 피난처도 온건한 사람에게 허용하지 않았는데, 자신을 "점진적 집산주의자"라고 부른 리프만(Lippmann)도 허용하지 않았다. 그들은 당신이 온건하도록 *내버려두지* 않으며, 그것은 그들의 이론을 망쳐 놓았다!

때문에: -

---

2) 「포춘」(*Fortune*), 1945년 6월.

> 그럼에도 불구하고, 만일 우리가 그러한 (대부분의 사람들을 아직도 섬뜩하게 하는 완전집권화의) 국가로 급속하게 이동한다면, 이는 주로 대부분의 사람들이 "원자론적" 경쟁과 중앙지시 사이에 어떤 중도의 길을 발견하는 것이 확실해야 한다고 아직도 믿기 때문이다. 우리의 목표는 자유경쟁의 극단적 분권화도 아니고 단
> 23 일계획의 완전한 집권화도 아니지만, 두 방법의 약간의 분별력 있는 혼합이어야 한다는 생각보다, 어떤 것도, 정말로, 합리적인 사람에게 처음에는 보다 설득력 있는 것처럼 보이거나, 보다 호소력이 있는 것은 없다. 아직도 단순한 상식이 이 분야에서는 믿을 수 없는 지침임을 안다. 비록 경쟁이 약간의 규제의 혼합물을 감내할 수 있다 하드라도, 이는 생산에 대해 효과적인 지침으로서 작용하는 것을 중지하지 않고는 우리가 바라는 어느 범위까지도 계획과는 결합할 수 없다.[3]

그들은 계획가는 그가 의도하는 것 이상의 계획을 피할 수 없다고 말한다. 이는 계획된 모든 특징은 그가 알지 못하는 일부 다른 경제적 특징과 뒤엉켜 있기 때문이고, 그의 두뇌는 전능하기에는 부적합하고, 그럼에도 전체가 계획되기 때문이다. 그리고 이것이 "전체"이고, 독재정권이 구축된다. 사실, 국가가 해야 할 일은 거의 없다. 왜냐하면, 국가에 의한 행동은 물건을 사고팔고, 제품을 만들고 성장하고, 일자리를 찾아 이리저리 움직이는 데 있어 각 개인의 이익이 나머지 사람들과 자동적으로 서로 맞물리는 민감하고 복합적인 과정을 방해하기 때문이다. 그리고, 물론, 개인들의 행동의 합계는 사회의 선을 만든다. 어떤 점에서 이 과정에의 관여[리프만(Lippmann)은 "노동분화"라 부른다]는 이러한

---

3) 하이에크(Friedrich A. Hayek), 「노예의 길」(*The Road to Serfdom*), 41～42쪽.

원자적 체계가 작용할 수 있는 조건을 제공하고, 당신은 독재정권의 위험한 비탈길에 끌려든다.

많은 사람들은 그의 최후제안으로 그에 의해 제시된 첫 번째 대안, 즉 "시장의 비인격적(!) 원리에 의해 지배되는 질서나 몇 명의 개인의지에 의해 지시되는 것 이외의 가능성은 없다"을 이미 받아 들여왔다(199쪽). "계획이 독재"라는 가상적 공포에 생각을 집중함에 의해, 당신은 사기업의 오류를 제거한다. 그의 계획에 대한 공격은 그의 기업인이 "경제인" 처럼 행동하지 않는다는 그의 비밀스러운 고통 때문에 매우 신랄하다.

제3장 계획에 대한 광기

사람이 실수를 저지르는 것을 보이고 것과
진리를 소유도록 하는 것은 별개의 일이다.

__존 록(John Locke), 「인간이해에 관한 소론」
(Essays concerning Human Understanding)

24 프리드리히 에이 하이에크(Friedrich A. Hayek)에게 계획(計劃)이란 국가의 적극적인 경제 및 사회적인 관리상 주도의 형태로서 나타날 수 있는 단지 그러한 계획만은 의미하는 것은 아니다. 하이에크(Hayek)는 그가 "개별목표들의 일치"라고 부르는 것을 사회가 가져오는 수단으로서 "계획"이라는 경쟁적 자유기업을 지지한다. 그는, 그의 부류가 아닌 다른 부류의 계획가들이 오직 그와 그의 친구들만이 받을 수 있는 낭보(朗報)를 강탈했다고 생각하는 것을, 몹시 슬퍼한다.

풍족한 인권을 향유하는 완전한 민주사회에서 성공적으로 계획하는 것이 가능하고, 민주주의와 인권을 유지할 수 있다. 하이에크(Hayek) 그리고 그와 함께 이제 춤추는 사람들에게는, 이러한 사고는 매우 혐오스럽다. 재산가들은 계획이 *바람직하다*고 생각하지 않기에; 계획은, 그들이 잔혹하게 묘사해야만 하는 부담이 있는 경우를 제외하고는, *불가능*하다는 것을 추가적으로 입증하는 태도를 취한다.

이 "계획"이라는 말에 대한 권위적 또는 섭리적 정의는 없다. 하이에크(Hayek)는 하나의 정의도 인용하지 않는다. 제1차 세계대전 이래로 많은 사람들이 계획에 대해 이야기했고; 그들은 정원, 도시, 또는 공장지역의 계획에서부터, 소련의 5개년 계획들
25 (Five-Year Plans)과 왜곡된 폴스타프(Falstaff: 허풍치는 쾌활한 기사)인 괴링(Goering) 책임하의 4개년 계획들(Four-Year Plans)에 이르기 까지 여러 범위를 다루었다.[1] 환언하면, "계획"이라는 말은 계획가의 목적과 관련되고; 그것은 항상 한결같은 생각은 아니다. 소련에서, 계획은 국가의 거의 모든 생산자원들을 국가에서 소유하고, 그것들로 만들어진 것들의 용도들은 정부에서 결정하고, 그래서 정부의 명령들을 이행한 지점에서 발생한다. 소련 인민은 정부가 임명한 "상급" 기업경영자들에 의해 그들에게 개방된 직업들에 취업하여 근무하며; 정부는 각 산업에 자본을 배분하고, 연간생산고를 얼마나 소비해야 하고 생산자원과 비축량의 증진을 위해 얼마나 저축하고 투자할 것인가에 대한 관계를 결정한다.

하이에크(Hayek)의 경제적 개인주의의 추상화와 소비에트계획의 현실이라는 양극단사이에서, 계획들의 거대한 스펙트럼이 가능하고, 그 계획들은 다양한 집단들에 의해 옹호되었다. *그것은 다소(多少)의 문제로서*; 경제의 많은 영역 중에서 *어떤 영역에* 계획을 적용할 수 있고; 어떠한 *일반적 목표*를 가지고; 사기업을 얼마나 보완하고 얼마나 전체로 대체할 것인가 하는 문제이다. 매우 소수의-반복하건데, *매우 소수의*-진보주의자들은, 러시아

---

1) 체임버스(F. P. Chambers), 「전쟁이면의 전쟁」(*The War Behind the War*), 제8장과 제14장; 파이너(Finer), 「대의정부와 민주주의의 국회」(*Representative Government and a Parliament of Democracy*), (1923); 라우터바크(Lauterbach), 「제복 경제학」(*Economics in Uniform*), (1944).

식의 범위와 깊이를 가진, 전체적인 계획을 바랄 수도 있다. (그들의 사례에서, 세계는 하이에크(Hayek)가 제시한 모든 비현실적인 설명인, 그들의 행동은 권력에 대한 갈망으로부터 비롯되었다는 것을, 버릴 수도 있다. 보다 가능한 그들의 가장 강력한 느낌은, 경제적 개인주의체제는 빈곤과 불균형의 문제를 해결하지 못했고, 이용가능한 거대한 능력과 우리의 자원·기술·조직의 힘의 잠재력을 고려하면서 이루어져야할 부의 생산과 배분을 하지 못한다, 는 것이다.)

26 이 논의의 목적상, 계획은, *내용이 분리되어 있지만, 일련의 규칙들과 명령들에 의해 통합되고 보다 상세하게 진행시키며, 그것을 위임받은 관료들이 작성하고, 법령에서 규정하고 있는 기준들에 의해 통제되고, 의회 및 사법적 개정 또는 양자에 의해 지배받는, 일련의 잘 조화된 법률들,* 로 정의할 수 있다. 모두는 그가 어디에 있는가를 알고 있다. 자유재량과 계획의 용도는 목적과 방법에 대한 법적 정의에 의해 제한된다.

어쨌거나, 계획의 불가능성과 바람직하지 않음에 대한 잘못된 확신을 일으키게 하기 위한 희화계획(戱畵計劃)에 대한 반동적 변명은 반드시 필요하다. 이어지는 방법은 *귀류법*(지나친 이론전개)이다.

먼저, 그렇다면, 하이에크(Hayek)는 계획을 무엇이라고 속이려 했는가? 여러 장소에서 다음과 같이 계획에 대해 언급한다. 즉, "우리는, 예상하지 못한 결과들을 만든 세력들을 필요하지 않게 하고, 신중하게 선정한 목표를 위해 시장이라는 비인간적이며 익명의 기구를 모든 사회세력들에 대해 집단적이며 '의식적'인 지시로 대체하는 일을, 사실상 수행했다."(20~21쪽.) "우리"가 누구인가? 그것은 매우 중요하다. 부유층, 빈곤층, 중산층들을 포함한

모든 미국인들; *모든* 영국인들인가? 또는 인민의 거의 대부분인가 또는 일부인가? 또는 대규모, 소규모, 성장, 쇄퇴하는 소수계층인가? 답이 없다. "예측하지 못한 결과"는 실업, 독점, 불평등, 질병, 영양실조를 포함하는가? "모든 사회세력의 '의식적' 방향"이라는 용어의 사용이 합리적이고 솔직하며, 정직한가? "모두"라는 단어는 하이에크(Hayek)가 아직도 응답해야 할 온갖 질문을 간절히 바란다. 경제공학자는 계획을 장전한 경제적 허풍을 발사하고 있다. 하이에크(Hayek)는 다음과 같이 계속하여 기술한다. 즉, "그것["사회주의의 개념"]은 사회주의의 근본목표인 사회정의・보다 큰 형평성・안전이라는 이상(理想)들을 단순히 의미하거나, 기술하는데 종종 사용된다"(32쪽.)

모든 올바른 사람들은, 워싱턴이나 런던에서부터 그의 고향모
27 임, 또는 그의 기업 또는 클럽 또는 교회에만 그 자신을 제한시켜온 사람에 이르기까지, 어떤 수준에서든 정치와 정부에 대한 어느 정도의 실무경험을 가졌던 사람은 누구나 그것은 상식의 문제라는 점에, 동의할 것이다. 그 상식의 문제는, (a) 목표가 수단을 결정하고; 그리고 (b) 방법과 수단은, 토론과 투표 후의 관심사항의 하나인, 달성되어야 할 목표를 얼마나 완전하고 신속하게 결정하느냐에, 좌우된다는 것이다. 개인관계에서의 용이성은 절제에서 나오고; 절제는 자기제약과 시간의 산물이다.

아직도, 하이에크(Hayek)는 다음과 같이 계속 언급한다. 즉, "이러한 의미에서 사회주의는 사기업의 폐지, 생산수단의 민간소유폐지, 그리고 이익을 위해 일하는 기업가가 중앙계획기관에 의해 대체되는 '계획경제' 체계의 창조를 의미한다." (32쪽.) 이제는 "사회주의"자체와 같은 것은 없지만; 많은 사회주의 형태가 있고, 그 차이는 심대하다. 일부 사회주의자들은 사회통제라는 관점에

서 극히 온건하고 점진주의자들이다. 일부는 산업의 규제만을 생
각하고; 일부는 보다 적은 부문들이 규제되기를 바라고, 일부는
더 규제되기를 바라며; 일부는 모든 생산수단을 국유화하기를 바
라고, 일부는 적당한 양의 국유화를 바라고, 일부는 국유화를 전
연 바라지 않지만 다양한 방법으로 재산의 사용만을 규제하고;
일부는 전통적 정부부서에서 그리고 다른 사람들은 새로운 공사
형태로 관리하기를 바라고; 일부는 보다 집권주의자이지만, 거의
대부분은 분권주의자들이고; 대부분은 가장 위험스러운 신규・투
기기업의 광범한 범위를 제외하고; 한편 일부는 엄격하게 경제적
인 면을 배양해야 한다고 하고, 다른 사람들은 기독교정신을 배
양하거나, 기독교정신의 하나의 형태나 새로운 해석을 요구하고
(오늘날 기독교정신에 대한 200개의 해석들이 있다는 것을 기억
해야한다); 일부는 새로운 가정단위도덕을 고찰하고자 하고, 일부
는 그렇지 않으며; 일부는 노동조합들의 새로운 수준을 요구하고,
일부는 노동조합의 현재수준, 그들의 계약의 자유와 정치활동이
28 어떠한 새로운 체계가 도출되든 간에 기반이 되어야 한다고 믿는
다. 단계적 변화는 수많고, 극단도 매우 많다.

사회주의자들 간에도 이 모든 문제들에 대해 매우 광범한 의견차이가 있다는 것, 그것도, 예를 들면, 전체로서 영국노동당도 시간의 경과와 자신들의 문제들에 대한 보다 나은 이해에 따라 입장이 변해오고 있다는 점에서, 하이에크(Hayek)의 생각을 지울 수 없다. 목표와 수단의 분리를 주장함으로써, 하이에크(Hayek)는 *만일 수단이 있다면* - 즉 중앙계획기관 - 나치들이 자신들의 독재를 구축하는 목표의 종류로서 사용할 수 있다! 고 빗대어 말할 수 있다. 모든 그의 결과들은 경제적 개인주의거나 계획이건 간에 체제를 구축하고, 지시하고, 관리하는 사람들에 대한 고려를

생략함으로서 달성되었다. 그러나 그 사람들을 제외시키는 것은 어떤 종류의 경제적 지침인가? 이는 칠판위의 경제학이다.

존 스튜어트 밀(John Stuart Mill)은 하이에크(Hayek)가 언급한 교조주의의 요소를 증오했다.

> 이 철학자들(그는 콩트 같은 사람을 의미했다)은 무수한 참작(參酌)에 그들의 원리를 적용했을 것이고, 적용했다. 그러나 그것은 바라는 참작은 아니다. 이론의 바탕에 충분한 여유가 부족하기 때문에 이론의 상부구조를 적절하게 수정을 할 기회가 거의 없다. 현상들이 결정하고, 나머지는 실제의 일상적 과정이나 추론의 총명함에 맡기는 것과 같은 소수의 작용들로 부터 학문을 구축하는 것은 철학적이 아니다.…[2]

그 다음에 밀(Mill)은 사회과학의 분과학문들이 불완전함이 없는 다양한 사회들에서 성격학(性格學)을 갖는다는 것이 얼마나 필요한가를 주시한다. 성격학은 "사람이나 시대에 속하는 성격의 유형을 결정하는 원인들의 이론"일 것이다.[3]

29

> 정치경제학에서는, *예를 들면*, 인간본성에 관한 경험적 법칙은 영국과 미국만을 생각한 영국사상가들에 의해 묵시적으로 가정되었다. 여러 가지 중에서, 경쟁의 강도는 이 두 나라를 제외하고는 세상의 어떤 나라에도 존재하지 않는 일반적인 중상주의적 사실로서 항상 가정되었다.[4] 한 영국정치경제학자는, … 사람들은, 판매대에서 그들의 상품을 판매하는 일을 하는데 있어, 자신들의 금

---

2) 「논리」*(Logic)*, 제6권.

3) 상계서, 2권, 487.

4) 밀(Mill)은 1843년에 저술하였다!

전상 이득에 대한 것보다는 그들의 편의 또는 허영에 대해 보다 관심을 가져야 한다는 것에 대해, 배우지 못했다.

정치적 개연성에 관한 질문에 대해 응답할 때에 인민의 품성을 고려되어야 한다는, 위대한 영국의 전통 속에서 우리가 하나의 의견을 공표할 수 있기 때문에, 나는 간단히 밀(Mill)을 인용했다. 정부의 정신은 그것에 대한 하이에크(Hayek)의 연구에서는 생략되어 있지만; 아직도 그가 자신의 이론에 대해 지지를 바라고 있는 모든 사람들은 그 정신을 먼저 주시한다. 그래서, 존 록(John Locke: 독립선언의 스승)에 대해서도 그리하였고; 무엇보다, 몽테스키(Montesquieu)에 대해서도 그리했다. 몽테스키(Montesquieu)는, 사람들이 *그들의 여건에 적합한 법률들에 의해* 지배되고, 입법부에서 제정한 법률들에 의해 재가받지 않은 자의적 권력에 의해서는 지배되지 않는 기구에 대한 긴장상태가, 사람의 성품에 대해, 사람의 성품 가운데서 작용하는, 정부의 장치를 추구했다. 하이에크(Hayek)는 이것을 할 수 없었는데, 이는 그가 사용한 것과 같은 연역적 논리가 아닌 관찰에 의해 발견하고자 했던 경제적 개인주의정신과 사회주의정신의 비교에 그 스스로를 몰입하였기 때문이다. 존 스튜워트 밀(John Stuart Mill)은, 잉글랜드의 선(善)은 사회주의를 요구한다고, 관찰하고 마침내 결론지었다.[5] 하이에크(Hayek)는 그것을 언급하지 않는다.

그와 반동주의자들은 다음과 같이 말하는 것을 좋아한다. 즉,
30 "비록 대부분의 사회주의자들에게는 오직 한 종류의 집산주의(集散主義)만이 진정한 사회주의를 나타낼 수 있다고 해도, 사회주

5) 「자서전」(*Autobiography*), 콜럼비아 대학출판, 1924, 162~164.

의는 집산주의의 하나의 종(種)이고, 때문에 집산주의의 진실 같은 모든 것을 사회주의에 또한 적용되어야 한다는 것을 항상 기억해야 한다."(33~34쪽) *진실*이라는 단어의 사용은 전적으로 무상이고, 하이에크(Hayek) 훨씬 이전의, 독일과 오스트리아의 철학자들이 사상(事象)의 상식적 관찰과 그들의 의미의 분석이 의미하는 것을 보이고자 하는 것과는 다르게 그들이 바라는 실체(thing)라는 것과 구별하기 위해 사용한 "진리", "순수", 그리고 "실제" 같은 단어의 사용과 거의 유사하다.

누가 "집산주의"(collectivism)가 무엇인가에 대해 말하는가? 하이에크(Hayek) 이외에 누구도 말하지 않지만, 그는 무관심할 수 없다. 그것은 로버트 오웬(Robert Owen), 또는 칼 마르크스(Karl Marx), 또는 생시몽(Saint-Simon), 또는 푸리에(Fourier), 또는 레닌(Lenin), 또는 시드니 웹(Sidney Webb)과 비트라이스 웹(Beatrice Webb), 또는 에드워드 번스타인(Eduard Bernstein), 또는 노만 토마스(Norman Thomas)의 "집산주의"인가? 그는 언급하지 않는다. 그는, 선택의 자유는 도덕성이라고 주장하면서도 차이와 판별에 대해서는 흥미가 없었고, 판별력은 인간과 짐승을 구별하는 것이라고 지적한, 모든 시대의 최고의 정치적·윤리적 스승인 아리스토텔레스(Aristotle)의 가르침을 무시한다. 종(種)들은 나라에 따라 서로 다른가? 완전한 분별력을 가진 제이 에스 밀(J. S. Mill)은 서로 다른 국가들의 문자와 그들의 제도들 간의 관계를 나타내는 특별한 과학의 필요를 제기했다. 종은 서로 다른가, 만일 그렇다면, 러시아, 영국, 그리고 미국에서는 어떠한 이유들이 있는가? 물론 그렇고; 여러 이유 때문에 그것은 솔직함을 위해 따라야 할 하이에크(Hayek)와 그의 반러시아 박수부대들의 절박한 의무가 되었어야 했다.

그는 모든 혁명주의자들처럼, 반동주의자들까지도, 모든 중용(中庸)을 거절하고, 여러분이 양극단가운데서 선택하도록 만드는 것이 그의 목적이다. 그래서 그는 사회주의 및 계획과 동등하게 "조직화"(regimentation)라는 단어를 슬그머니 끼워 넣었다. (34
31 쪽.) 그리고 그는 자제를 잃었다. "우리의 계획가들이 요구하는 것은, 사회의 자원들을 분명한 방법으로 특정한 목표들에 맞게 어떻게 '의식적으로 지향' 되어야 하는가를 입안한, 단일계획에 따른 모든 경제활동의 중앙지시이다." (35쪽.) 이는 "이 단일목표를 위해 사회전체와 사회의 모든 자원을" 조직하고, "개인들의 목표들이 최상인 자율적 영역들을 인식하는 것을" 거부하는, "집산주의, 공산주의, 파시즘 등"의 확인으로 이끈다. "간략히, 그들은 우리가 이론적으로 집산주의라고 부르는, 예측할 수 없지만 분리할 수도 없는 표현들이라고 기술하도록 수용해온, …*전체주의자*이다." (56~57쪽.)

때문에, "계획"은 "사회주의"이고, "집단주의"이며, "공산주의"이고, "파시즘"이며, 그리고 "전체주의"이다. 종(種)과 속(屬)은 이제 혼동되어졌다.

하이에크(Hayek)에게는 어떤 종류의 독재정권의 목표들과 방법들이라도 계획에 귀인시키는 것은 이제 더할 나위없이 쉬운데, 이는 전체주의와 독재정치를 우리 자신의 시대에 확인했기 때문이다. 그러므로 계획은 독재이다. 독재는 특히 독일의 나치즘이고; 그래서 이태리의 파시즘이며, 그리고 러시아의 공산주의이다. 그러므로 미국과 영국은 곧 독일, 이태리, 그리고 러시아 비슷하게 될 것이다. 그러나, 정말로, 그것은 계획이 바람직하지 않고 불가능하다고 한 하이에크(Hayek)의 계획개념일 뿐이고, 실제로 계획에 관심을 갖고 있는 사람들과 집단들과 선거민들이 입법화하고 관리되기를 바라는 계획의 현실은 아니다.

하이에크(Hayek)는 계획은 독재이고 전체주의라고 말하는데, 이는 그것이 민주주의에 의해 통제될 수 없기 때문이다. 만일 "의식적 통제"가 사람이 생각할 수 있는 모든 목표에 대해 하나의 단일목표라는 이름으로 사회에서 추구된다면, "의식적 통제"는 민주주의에 의해 관리될 수 없다. 그래서 그는 단어 *만일*이 거기에 없는 것처럼 논쟁을 계속한다.

어쨌거나, 정부의 본질은 정부의 목표들에 의존하고, 정부를 발전시키는 사람, 정부의 목표를 기술하는 말, 정부의 목표들의
32 달성에 부수하는 조건들에 좌우되고, 그리고 무엇보다 *권위가 머물고 있는 곳*에 좌우된다. 정부는 인민에 대한 지속적인 책임에 의해 그리고 책임과 함께하는 권위에 의거하여 업무를 수행하도록 위임된 것인가, 또는 권력을 찬탈해온 외부기관인가? 이러한 근본적인 질문이 하이에크(Hayek)에 의해 무시되었다. 그는, 현재 그리고 수세기전의 과거동안, 사회의 누군가에 의해 이루어진 모든 것은 사회덕분으로 이루어진다는 것을 망각한다. 사회는 자발적인 구매자와 자발적인 판매자 이상으로 구성되어 있다. 하이에크(Hayek)는 *단일* 목표와 "모든 상이한 인간가치가 적소에 배분되는 완전한 윤리적 암호"를 가정한다. (57쪽.) 때문에 "사회가 조직화하는데 지향해야하는 '사회목표'나 '공동목표'는 '공동선', '일반복지' 또는 '일반이익'으로 보통 모호하게 기술한다." (57쪽.) 대부분의 사람들은 경제체계의 목표는 공동선, 또는 일반복지, 또는 "최대다수의 최대행복"이라는 제르미 벤담(Jeremy Bentham)의 구절에 동의하곤 했다.

"공익"또는 그와 유사한 것은 극히 일반적인 관용구로서, 그것은 아리스토텔레스(Aristotle)의 「정치학」(*Politics*)의 출발점이었다.

아리스토텔레스(Aristotle)는 그렇게 거대한 목표에 순응한 여러 상이한 정부유형이 존재한다는 것을 보고 말할 정도로 충분히 도량이 크고 솔직했었다. 어떤 계획가들이든 스스로 천명했던 *단일*의 원리는 무엇인가? 나는 모든 개인적 가치들을 덮어 버리거나 모든 것을 지시할 만큼 포괄적인 요구를 했던 어떠한 사람도 모른다. 나는 파시즘, 나치즘, 그리고 공산주의를 싫어하지만, 그들 중 어느 것도 사실은 하이에크(Hayek)의 이러한 포괄적인 기술(記述)에 근접한 어떤 곳에도 오지 않았고, 어떤 민주사회의 어떤 계획가도 전체주의적 목표를 수용하지 않는다. 그러나 만일 하이에크(Hayek)의 가정(*그리고 그 이상은 전혀 아니다*)이 성취되었다 하드라도, *만약 그 장치가 민주적이라면,* 그것은 아직도 독재정권이거나, 그가 설계한 모든 윤리적 목표들이나 선택들의 완전한 결정을 의미할 수는 없다. 여기서 민주적 장치란 그것의 운영
33 자가 인민에 의해 자유롭고 주기적으로 선출되고 변경되는 입법기관에 의해 또는 명령에 의해 임명되는 것을 말한다. 그러한 선출과정 때문에 국민들은 계획의 목표, 인간의 장점, 그것의 수행수단, 그리고 그들을 거절하고, 다른 방법들과 다른 입법자들과 다른 집행자들의 선택하는 문제를 판단하게 될 수 있다.

그는 계획은 도덕성의 좌절을 만들어 낼 것이라고 덧붙여 주장한다. 전체적이기에, 모든 것에 대해 무엇이 옳고 그른가를 규정하는 완전한 윤리법규가 요구된다. 사용되는 모든 수단들은 사회의 재산이고, 단일계획에 따라 사회의 이름으로 사용된다. 여기서 단일계획은 "무엇이 이루어져야 하는가에 대한 '사회적' 견해가 모든 결정을 인도해야 하는 것이다. 그러한 세계에는 우리의 도덕적 규정이 간극으로 충만되어 있음을 우리가 곧 발견해야 한다." (57~58쪽.) 아직도 경제적 개인주의 세계의 규정도 또한 지

독하며 불길한 간극들로 충만해 있고; 오늘날 계획된 것보다 나은 경제적 생활을 계획하는 것을 바라는 사람들은, 심각한 간극과 관련된, 모든 사람과 모든 것의 통제와 관련되는 것은 아니다.

하이에크(Hayek)는 현대사회가 고정된 윤리적 규칙에 점점 덜 지배되고 있다고 생각하는 척한다. 그의 신념을 기술하는 그의 태도는 흥미로운데, 그것은 진리란 실제로 무엇인가를 우리가 드러낼 수 있게 하기 때문이다. 그는 다음과 같이 말한다. 즉

> 현재까지 문명의 성장은 개별행동들이 고정된 규칙에 의해 속박되는 영역의 점진적인 감소와 동반했었다고 단순하게 지적할 수도 있다. 우리의 일반도덕률을 구성하고 있는 규칙들은 그 특성이 점차 줄어들고 보다 일반적이 되고 있다. 원시인들의 일상활동 거의 대부분이 정성스런 의식에 의해 구속되었고, 셀 수 없는 금
> 34 기들에 의해 제한 받았으며, 동료들과 다른 방법으로 일을 하는 것을 거의 생각하지 못했는데, 그 원시인에서부터 도덕은 개인이 그가 좋아하는 데로 행동할 수 있는 영역으로 범위를 단순하게 더욱 더 제한해왔다. 단일의 경제계획을 결정하기에 전체적으로 충분한 공동의 윤리강령의 채택은 이러한 경향과 완전히 배치되는 것을 의미할 것이다.[6]

하이에크(Hayek)에게는 아담 스미스(Adam Smith)의 「국부론」(*Wealth of Nations*)시기인 1776년 이전을 입증하기 위해 거슬러 올라가는 것은 소용없을 수도 있는데, 이는 당시의 유럽과 영국 사회는 중상주의자로, 국가가 도덕과 종교의 광범한 통제자임은 물론 교역의 과중한 규제자였기 때문이다. 그러나 벤담(Bentham)

---

6) 하이에크, 「노예의 길」(*The Road to Serfdom*), 58쪽.

의 [1776년에 출간된 「정부의 분해」(*Fragment on Government*)에서 가정한] "최대다수의 최대행복"의 효용이론이후에도, 미국과 영국사회는 사회의 다양한 부문의 장점을 위해 법 위에 법을 쌓아 올렸고; 미국에서는 상인의 이익을 위해, 헌법은 인민보다 입법부에 연계되게 만들어 졌다. "셀 수 없는 금기들에 의해 제한된다"라는 구절이 얼마나 무의미한 것인가를 보라! 1789년 또는 1830년의 매사추세츠의 가난한 사람 이상을 제약했던가?

하이에크(Hayek)교수의 역사는 역사가 아니다. 특히 19세기 이전이지만 16세기이래로 매우 풍부하게, 법률이 사회의 모든 영역에서 도덕의 규제자인 관습의 성장에 의해 더욱 더 대체되어왔다. 하이에크(Hayek)교수로 하여금 「영국 빈곤법」(English Poor Law)의 역사, 예를 들면 1535년 이후, 를 읽게 하자. 하이에크(Hayek)는 미국과 영국 양국에서 교회의 지위까지 법규나 헌법에 의해 규제되었고, 규제되고 있는 것을 기억해야 한다. 개인과 사회생활의 모든 영역에서, 입법은 도덕들, 즉 결혼 · 이혼 · 가족에 대한 의무 · 종교 · 재산 · 절도 · 모욕 · 사기 · 중상 · 계약 · 기업 - 목록은 끝이 없다, 을 구체화한다. 이러한 입법은 창공에서 나
35 오는 것이 아니고, 조심스러운 숙고와 선택의 저울질 없이 만들었다. 하이에크(Hayek)는 그것을 알아야 한다.

지난 시대의 인과적이며 공허한 관습의 증가는 이제 보다 신중하고 합리적이다. 그것은 우리 사회가 본질적으로 서로 다르고, 상이한 목표와 삶을 위한 상이한 돈벌이 방법을 가지고 있기 때문이고; 그것은 전체적으로 보다 복합적이다. 그것은 또한 이전의 사회들이 그랬던 것처럼, 자연과 기술에 대한 무지의 노예는 아니다. 그것은 때문에 그 자체와 그것의 가능성을 보다 명료히 인식하는 것은 어렵다. 잘못된 입장에서 과거를 숭배하는 덕목은

없다.

도덕성의 관점에서 과거와 현재의 실제적 차이는 법을 만드는 과정, 즉 도덕성을 입법으로 발전시키는 변환, 이 이제 여러 국가에서는 *전체공동체의* 수중에 있다. 그것이 성직자들·의료인들·금지된 사과 그리고 보다 나중에는 강도남작을 갖는 과거와 현재에 대한 진정한 구별이다. 도덕을 법으로 바꾸는 과정은 민주적이고, 점진적이며; 그리고 민주적이기 때문에 점진적이다. 하이에크(Hayek)교수는 이러한 사실을 드러내지 않았거나, 또는 그것을 그의 논쟁과정에서 사용한다.

자연히, 하이에크(Hayek)가 지금까지 그렇게 이해한 때에, 그는 그의 동향인인 루드윅 폰 미제스(Ludwig von Mises)가 적의 캠프 속에 많은 기병전초전을 만드는 군마인 늙은 경주마를 자랑스럽게 내보이는 것을 피할 수 없다. 여기서 모든 계획은 절박한 성격의 명확한 의식적 목표에서 시작되기 때문에 그것은 군대조직화(Military Regimentation)와 동등하게 보인다. 대부분의 사람들은 조직화가 무엇을 의미하는지에 대해 생각을 가지고 있다. 그래서 그들이 그것은 우리의 자유를 수호하기 위해 전쟁 중에 우리 모두가 용인해야 할 일의 종류지만, 우리를 위해 정부가 정의한 경제적 복지를 위해 우리가 이를 절대 수용할 수 없기에, 그 정부가 그 자신의 주민들에 대한 극적조치들을 강요할 수 있
36 고, 엄중한 강요에 의해 효율적인 성취를 확보할 수 있다고, 물론, 주장할 수 있다. 하이에크(Hayek)가 오스트리아에서 태어나서 성장했고, 따라서 그의 일생에서 최상의 시기를 압제적·관료적, 그리고 비효율적인 군주제하에서 소비했기 때문에, 그는 사람들이 자신의 법을 스스로 부여하고, 귀족이건 재력있는 유산계급이건 간에 주인들 없이 스스로 지배하는 것을 진정으로 이해할

수 없다. 그러나 그들은 하고, 할 수 있다.

이는 우리를 그의 논쟁에서 필수부문이고, 진정한 요체인, *민주주의는 위험하고 제한되어야 한다*는 생각, 에 이르게 한다. 하이에크(Hayek)는 경제적 개인주의에 대한 그의 강박관념적인 집착의 결과로 민주주의의 반대론자가 되어야 하는 것은 불가피하다. 정부의 모든 성공적 행동은 계획은 독재이다(planning - is - dictatorship)라는 그의 신념에 대한 논박이다. 그것은 기업계 앞에서는 "최선의 정부는 최악의 정부이다"라고 들렸다.

하이에크(Hayek)는 민주정부는 "자의적"으로 행동할 수 있고, 때문에 "독재적"이 된다고 주장한다. 이러한 가정적인 독선적 결과를 피하기 위해서는, 민주주의에 의한 권력사용은 고정규정에 의해 인도되어져야 한다. 물론, 그것들은 수정될 수 없는 규정들이 되어야 한다. 이것이 민주주의란 주제에 관해 그의 사고가 작용하는 방법이다. (70과 71쪽.) 그는 민주주의를 맹목적 숭배물로 만들 수 없는데, 이는 그는 민주주의자체보다 민주주의가 제공하는 가치에 보다 흥미를 갖기 때문이다. 그는 민주주의의 의미를, "민주주의는 내부평화와 개인자유를 보호하는 본질적으로 수단이고, 효용적 장치이다"에, 자의적으로 국한한다. (만일 그것이 오직 수단이라면, 목표에 즉각 삽입하기 위해 무엇이 보장되어야 하는가?) 환언하면, 만일 민주주의자들이 그렇게 결정한다면 입법의 방법에 의해서는 어떤 것도 달성할 필요가 없고; 그는 인민에 의한 정부라는 민주주의의 첫 번째 의미를 무시한다. "그 자체로는 결코 오류를 범하지 않거나 확실한 것은 아니다. … 일부 민주주의들 밑에서 보다도 독재적 지배 하에서 보다 많은 문화적, 정치적 자유가 종종 있었다." 이는 닮지 않은 것을 닮지 않은 것과
37 비교하는 것으로, 독재 하에 정신적 자유가 어디에 있었으며, 어

떤 민주주의와 비교했는가? 답이 없다. 논쟁을 미국과 영국의 민주주의에 적용할 수 있는가? 없다. 한편으로는, "독재가 이상을 강요하고 강제하는 가장 효과적인 도구이고, 대규모의 중앙계획이 가능해진다면 그것 자체로서도 필수적이기 때문에, 계획은 독재로 인도한다", 라고 한다. (70쪽.) 계획의 형편상 "무산계급의 독재"가 있을 수 있겠지만; 비록 이것이 "형태가 민주적"이라고 하드라도 개인적 자유를 파괴할 것이고, 개인적 자유는 경제적 자유이고, 민주주의는 "내적 평화와 개인적 자유를 보호하는 수단"이기 때문에 그 자유는 민주주의이다.

응답은, 만일 독재정권이 형태에서 민주적이라면, 독재정권일 수 없는데; 이는 민주적 형태는 독재정권의 행동과 기질과 양립할 수 없게 만드는 도구와 절차들을 포함하기 때문이다. 이 한 조각의 비뚤어지고 건방진 논리에 첨부된 유일한 의미는 만일 어느 민주주의도 하이에크(Hayek)가 생각하는 것을 하지 않는다면 경제적 개인주의의 이름으로 요구되는 것은 독재정권이다 는 것이다.

왜 그는 민주주의를 관리하는 수백만의 개인들이 "개인주의"의 원리에 의해 경제체계를 경영하는 수백만 보다 자의적이 되어야 한다고 가정했어야 했는가? 그는 민주정부에 대한 불신의 추가적 표현에 의해 이러한 고찰을 극복하고자 시도한다. "민주주의에 대한 유행적 집중…"(영국에서 - "유행적" - 이라는 구절은, 그들이 3백 년 전에 왕을 처형하였고 대중주권을 확보하기 위해 3세기 동안 노력을 완화하지 않았고; 또는 미국에서는, 사람들이 독재를 피해 도망했고, 말뿐인 민주주의를 위해 독립전쟁과 남북전쟁을 했다!) "…위협당하고 있는 주요 가치는 위험이 없이는 없다. 그것은 최종적 권력원(權力源)이 다수의 의지인 한, 그 권력

은 자의적일 수 없고; … 기술에서 제시한 대조적인 것도 정체적
38 으로 오류이고; 그것은 근원이 아니라 *자의적임을 방지하는 권력의 제약*이라는 것은, 오해를 초래하고 사실무근인 신념에 주로 책임이 있다."(71쪽. 이탤릭체는 내 것임.)

그는 제한없이 인민을 믿지 못할 뿐 아니라; 다수의 권위도 못 믿고; 권력의 근원으로서 인민도 믿지 못한다. 다수의 의지에 궁극적으로 의존하는 영국과 미국의 민주주의는 정신적 노력, 신중한 숙고, 그리고 점진적 발전의 적어도 3백 년 되는 산물이다. 그 비밀들의 대부분은 중도에 발견되었었고; 그중 하나, 즉 오직 하나, 이며 민주주의가 작용되도록 해왔던 정신을 나타내는 것은 "자유(liberty)가 절차의 틈새 속에 숨겨져 있다"이다. 그것은, 나중에 하이에크(Hayek)에 의해 오용된 상이한 인용의 근원인, 헨리 메인 경(Sir Henry Maine: 영국의 비교법학자)으로부터 우연히 인용된다.

민주주의는 실은 과정들로 구성되었고, 그것들은 지속적인 숙고를 위해 제공되고, 논쟁에 대한 관심을 강요하고, 신중하게 입법으로 나아가고, 논쟁을 허용하고, 조사에 집행부가 종속되는 것과 같은 것들이다. 동일성격의 다른 것들이 많다. 왜 그것은 이렇게 복합적이고 정교하게 연결되었지만 장치의 장력부분은 존재하지 않는다고 가정했어야 하는가? 그것은 민주주의들은 민주주의의 물신으로 만들어졌기에 확실히 최고의 찬사를 위한 문제이고; 그것이 "유행적"이다! 라는 점에 대해 조소할 이유가 없다. 이는, 사실은, 그가 바란다고 하이에크(Hayek)가 말한 "자유주의(liberalism)"의 유일한 안전장치이다. 일단 인류가 민주주의 자체의 정치력을 의식했다면, 다른 생각할 수 있는 담보물은 없다. 적절한 이성이 명제로 진전되지 않는 한, 민주주의 밑에서 의회

과정의 잘못된 그림을 도출하고, 이것이 소멸될 것이라는 의심을
주입하는 것은 잘못이다. 이는 국가는 계급전투의 자손이고 경제
39 적 세력들의 아주 불가피한 승리에 의해 불가피하게 극복할 것이
라는 생각을 나타내는 칼 마르크스(Karl Marx)의 전략을 흉내 내
는 것이 될 것이다.

하이에크(Hayek)는 의회과정을 조롱하는데; 이는 비교제도의 모든 학도들이 잘 인식하고 있는 것처럼, 미국의 그것보다 더 성숙해 있는 영국의 그것을 조롱한다. 인민들은 그것이 큰 번영을 만든다는 구실로 "지시된 경제체제"를 채택했을 것이라고 그가 주장한다. 목표는, 입법이전의 논의에서, "공동복지"와 같은 용어에 의해 기술되어 왔을 것이다. (61쪽.) 그러나, 사실, 전후 경제와 사회재건에 대한 논의에서부터 영국의 최근 총선거에서 와그너 - 머레이 - 딩갈(Wagner - Murray - Dingell)의 사회안전법안과 킬고(Kilgore)의 완전고용법안들이 보인 것처럼, 정당프로그램들은 상당히 특이하게 유권자에게 제시하기 전에 각 정당에서 순화된 많은 이해관계가운데서 당내 토론 · 수정 · 조정에 의해 아주 상세하고 철저히 다듬어졌었다. 미국에서조차, 1944년 11월 대통령선거는, 주로 하이에크(Hayek)학파의 사상을 만든 일부 "완고한 보수주의자들"을 제외하고는, 공화당원들과 민주당원들의 많은 그러한 주제들에 대해 괄목할 만한 합의를 보였다.

최근 영국총선의 목록을 생각해 보자. 보수당은 자유기업을 강
조하면서, 높고 안정적인 고용수준의 유지; 기업에서 소수를 위한
기회; 아마도 많은 통제가 있는, 석탄산업에 대한 가능한 국가협
력; 모든 형태의 교통에 대한 지원; 세금감면; 공 · 사기업 양면에
40 의한 주택; 예전보다 식량을 더 많이 재배할 수 있도록 농업에
대한 지원; 보험원리에 기반한 광범하고 중요한 사회안전체제에

대한 정부의 약속; 모든 사람을 위한 국가의료서비스; 광범한 교육기회; 산업연구의 기회; 독점의 규제를 포함한 국내업무에 대한 강령을 제출하였다. 노동당은 석탄광산·철과 제강산업·연료·동력의 국유화; 은행업에 대한 무거운 규제; 완전사회보장의 제공; 완전고용; 국민건강안; 주택과 교육에 대해 다른 당보다 큰 조치; 그리고 필요하다면 다른 관리방안이 없다면 독점의 접수를 제안했다.

이 논의는, 인식할 수 있는 것처럼, 단순히 수단에 대한 것이 아니고 목표에 대한 것이다. 보수당 수상인 볼드윈(Baldwin)씨가 한때 "의사의 명령"(doctor's mandate: 보호관세에 대해 의회에서 자유재량적 접근을 허용)으로 불렀던 것에 대한 요구를 어느 당이건 지원한다는 것은 우스꽝스럽게 될 것이다. 이것은 주목할 가치가 있는데, 왜냐하면 정당들은 그들 자신의 내부집단들을 모두 조화시켜야 하기 때문이다.

비록 이 사실들에 대해 대체로 무모하지만, 하이에크(Hayek)는, "[정당들 내와 정당들 간의] 합의는, 사실은, 사용되어질 장치에서만 존재할 것이다", 라고 맹목적으로 고집한다. 그 위에, 만일 합의가 이루어진다면, 그들은 목표들에 불일치가 존재한다는 것을 곧 발견하게 될 것이다. 하이에크(Hayek)에 의하면, 이 불일치가 발견된 때에는, "우리는 우리가 합의할 수 있는 과업들에 대해 집단적 행동을 한정할 수 없지만, 어떠한 행동이라도 약간은 취할 수 있게 하기위해 모든 일에 대한 합의를 도출하기 위해 강요[*어떤 강제에 의해?*]되어져야 한다." 이는 "계획된 체제의 특성을 결정에 대부분 이상으로 기여하는 특징들의 하나이다." (61~62쪽.) 만일 사고의 책임이 감각의 경험과 논리적으로 통제된 사고에 의해 상상하는 것을 검증하는 수단이라면, 하이에크

(Hayek)는 완전히 무책임하다. 만일 민주적 과정으로 정부가 무엇을 했어야 하는가에 대해 합의할 수 없다면 경험이 그것을 보여 주어야 하기 때문에, 그것의 행로가 사람의 의지문제로서 제출되어 결정될 때까지 행동을 연기할 수 있다. 왜 또는 언제 어떤 상이한 실제가 채택될 것인가를 보이는 하이에크(Hayek)의 주장에는 알맹이가 없다.

41 그 모든 것은 하이에크(Hayek)가 계획에 대해 가정했던 것이 어떻게 민주인민들이 결정들에 이르는가에 관한 이 엉터리없는 모조품에 의해 훼손된다는 결론에 이른다. 경제·건강·재산·시민행태·주·지방·중앙정부에 대한 집단들의 관계·공급시설들, 등(명세표는 끝이 없다)에 관한 광범한 법전은 미국과 영국에서 우리가 그것을 기술했던 것과 같은 민주적 과정에 의해 확립되었었고, 국가들은 보다 융성하고 예전보다 자유가 많다고 말할 수도 있다. 아직도 하이에크(Hayek)는 입법은 계획과 의견을 같이 할 수 없다고 주장하여 섬뜩하게 만들려고 하며, 때문에 대의적 입법부들과 민주주의에 대해 불만족할 수 있는데, 이는 의회는 오직 "잡담장소"로 볼 수 있고; 이러한 확신은 "만일 효율적인 계획이 이루어진다면, 그 방향은 '정치에서 제거' 해야 하고, 공무원들이나 독립적인 자치체같은 전문가의 손에 두어야 한다"는 견해가 많아질 수 있기 때문이다. (62쪽.)

미국의 농업부, 법무부, 노동부, 시민서비스위원회, TVA., 보네빌(Bonneville)댐이 정치에서 이루어진다는 의미에서, 정치로 부터서 "방향" - 행정관리를 의미 - 을 취하는 것이 정말로 일반적으로 바람직하다. 여기서 모든 중요한 공공서비스기관들은 정치로부터 취해지고, 때문에 운영에 자연스럽게 관련되는 내부기술문제들은 정치수단의 목적, 방향, 책임에 남겨두는 것을 적절하게 고려될 수 있다.

하이에크(Hayek)와 그의 친구들은 만일 이런 종류의 "정치의 무력화"가 정부계획에서 이뤄지지 않았거나 제시되지 않았더라면 제일 먼저 비웃었을 것이다. 잉글랜드에서 거의 한 세기의 노력은 공공관리에서 이러한 파벌적 정실의 정화에 기여해 왔으며; 미국에서의 장점과 "전리품"과 단골과 파벌적 선입견의 추방이
42 1883년 이래로 현저한 신속함과 성공을 보이며 발전해오고 있다. 민주주의는 객관적인 초당파적 관리의 필요성을 이해할 수 있었고, 그것은 경쟁이 가정과 다른 정실주의를 경제적 서비스에 대한 기술적 고려사항들에서 분리를 달성했던 것보다도 아마 더 큰 성공의 정도를 발전시켰다고 모든 것이 칭송되었다.

언급된 "자치체들", 아마도 미국과 영국에서의 정부기업체와 같은 조직체들처럼, 에서도 또한 같다. 이러한 행정형태의 발명은 최고의 순간의 하나인데, 이는 그것이 두 가지 이점을 가지고 있기 때문이다. 하나는 공공시설의 관리에서 당파적 고려를 추출하고, 둘째는 불필요하고 구속적이며 기능적으로 나쁜 것으로 이제 알려진 가정의 전통적인 속박에서 관리를 자유롭게 한다는 점이다. 이들 양자는 동시에 보다 발명적이고 보다 책임이 있으며, 그리고 행정에 손을 들이밀 수 있는 어떠한 집단에 의해 타락되는 것을 따르지 않는 정부-즉 계획-에 의한 민주적 경제적 및 사회적 행동을 만드는데 흥미를 가지고 있는 사람들의 발견들이었다.

하이에크(Hayek)만이, 다수는 "모든 것에 대한 합의를 이룰" 것으로 추측된다고 변덕스럽게 규정하여 다수당에 의한 정부계획에 관한 생각을, 처부술 수 있다. 여기서, 하이에크(Hayek)가 모든 것(everything)이라고 말할 때는 그는 *온갖 것(every-thing)*을 의

미한다. (64쪽.) 누가 도대체 그렇게 질문했나? 도대체 어떠한 법
이 만장일치로 수용해 왔던가? 사회가, 어떠한 법의 수용에 대한
투표가 이루어지기 전에, 동시에 모든 법을 만장일치로 도대체
합의해왔는가? 다수당은 창공에서 입법부가 갑자기 나타나는 것
처럼 나타나는 것은 아니다. 그것은 선거의 결과이고, 선거는 오
랜 준비과정의 결과이다. 입법부의 다수당은 법을 만들지만, 사
람은 그 다수당을 만들고, 그 다수당이 무엇을 할 수 있는가를
정의해 왔다. 만일 입법부 내·외의 다수당이 결정하지 못한다
43 면, 문제는 결정되지 않지만, 합의되지 않은 문제는 즉각 도달할
수 있는 최대합의에 기초하여 연기된다. 계속하여, 그 이상의 논
쟁, 연구, 언쟁의 과정에 의해 문제는 어떻게든 해서 결정될 것
이다. 하이에크(Hayek)가 이것을 이겨낼 수 있는 유일한 길은 다
수당의 주권을 부인하는 것이다. 그리고, 물론, 그것은 그가 한
것이다.

입법을 보장하는 민주과정(왜냐하면 그것이 어떠한 정부계획이든 간에 최초의 기반이기 때문이다)에 대한 하이에크(Hayek)의 조잡한 모조품은 전체적으로 민주관념에 대한 그의 일반적인 경멸에서 최고조에 이른다. 이 구절은 매우 이상하기 때문에 생략하지 않고 인용해야만 한다. 즉

> 우리는 모든 선량한 사람은 민주주의자들이어야 하거나, 또는 정부에 참여하는 것을 반드시 바란다고 믿도록 우리 스스로를 속여서는 안 된다. 의심의 여지없이 많은 사람들은 그들이 생각하기에 다른 사람이 보다 적합하다고 생각하면 정부를 위임하게 될 것이다. 비록 이것이 현명하지 못 하드라도, 선량한 독재를 승인하는 것이 나쁘거나 불명예스러운 것은 아니다.[7]

이것은, 확실히, 미국이나 영국 민주주의의 정신은 아니다. 그것은 그것의 치명적이고 유해한 적(敵)이다. 이 악명이 높고 악의적인 전망은 대륙에 약하게 뿌리내린 민주주의들을 전복시켰던 것이 틀림없다. 영국의 민주주의정신은 "좋은 정부는 자립정부를 대체할 수 없다"는 구절을 반영한다. 미국의 동의어는 존 아담스(John Adams)의 "일 년의 선거가 끝나는 곳에 전제(專制)가 시작된다"이다.

하이에크(Hayek)는 이 모호한 기술에 의해 그의 *선량하지만 교활한 사람*에 대해 결론을 맺는다. 즉

> 미국이나 영국의 "파시스트" 체제는 이태리나 독일모형과는 크게 차이가 있음은 의문의 여지가 없고; 의문의 여지없이, 만일 과도기가 폭력없이 초래된다면[어떻게 그래 될 수 있겠는가?], 우리
> 44 는 보다 나은 지도자유형을 갖게 될 것을 기대할 수 있을 것이다. 그리고, 만일 내가 파시스트체제하에서 살아야 한다면, 나는 의심의 여지없이 다른 어떤 사람들에 의해 운영되는 것보다는 영국인들이나 미국인들에 의해 운영되는 체제하에서 살고 싶다.[8)]

영국인이나 미국인은 무엇을 이러한 방법으로 말하려고 했는가?

---

7) 전게서 134쪽.

8) 전게서 135쪽.

제4장 법의 지배는 하이에크의 지배

어디서 그리고 어느 장소에서 이들 그의 선민(選民)이 말하는 것이 먼저 들리도록, 어느 누구도 신(神)이 선택하거나 제한하지 않았다.

__존 밀턴(John Milton), *에어로파지티카(Aeropagitica).*

45 하이에크(Hayek)와 그의 추종자들이 기질을 가진 사람들이 "경제적 개인주의"로 부터 시작해서 국가의 헌법에 적합하게 제안하는 것으로 종결되어야 한다는 한 것은 그럴듯한 모순일 뿐이다. 이 야망은, "적법절차"의 판례들에서 미국대법원이 내린 판결들에 대해 보수주의자들의 장기적인 태도에서, 매우 명쾌하게 증명되었다. 내가 로터리클럽(Rotary Club)에서 연설할 때 한 회원이, "대법원은 없다"라고 가로막으며 외쳤던 것은 전적으로 이러한 정신이었다. 내가 대법원이 실제 개정 중이었고 판결이 이루어지고 있다고 대답했을 때, 야유하는 사람들은 재판관들이 더 이상 보수적 판결을 하지 않았기 때문에 대법원이나 헌법은 없다! 는 것을 의미했던 것이 분명해졌다.

하이에크(Hayek)도 정확히 말해서 동일한 입장을 취하지만, 그 입장을 우리가 이제 드러내야 할 많은 전문어들로 숨기고 표현한다. 간략히, 그는 조악한 목표들을 위해 법의 지배(Rule of Law)라는 가장 고상한 관념을 개발하고; 그렇게 하는데 있어 그는 정치학자들 사이에는 잘 정립된 용어들과 사고들의 의미를 어쩔 수 없이 왜곡한다.

46 법의 지배(Rule of Law)라는 용어는 영국 헌법학자인 에이 브

이 디시(A. V. Dicey)가 1885년에 처음 출간하고 이제 9판중에 있는 「헌법연구서설」(*Introduction to the study of the Law of the Constitution*)에서 사용했다. 즉

> 우리가 주권 또는 법의 지배가 영국헌법의 특징이라고 말 할 때, 우리는 하나의 표현 밑에 적어도 세 가지의 명료하지만 혈연적 개념들을 일반적으로 포함한다. 우리는, 첫째로, 어떠한 사람도 국가의 보통법원들 앞에서 정상적인 법적 방법으로 제정된 법률에 대한 명백한 위반을 제외하고는 처벌되거나 신체나 재화에 고통을 주는 것을 적법하게 만들 수 없다는 것을, 의미한다. 이러한 의미에서 법의 지배는 광범하고, 자의적 또는 자유재량적인 강제권의 권위를 가진 사람들의 권위행사에 기초한 정부의 모든 체계와는 대비된다. … 우리는, 둘째로 … 우리와 함께 어떤 사람도 법 위에 있지 않을 뿐 아니라, (다른 것은) 계급이나 여건이 무엇이든 간에 여기의 모든 사람은 보통재판의 영역과 관할권에 대해 수정할 수 있는 보통법에 지배된다는, 의미이다. "법의 지배"는, 마지막으로, 헌법이 우리와 함께한다는 사실을 표현하기 위한 양식으로 사용될 수 있고, 여러 외국[1]에서는 헌법적 규약의 일부를 자연적으로 형성하는 법률들이 법원들에 의해 정의되고 강제되는 개인권리들의 근원이 아니고 결과로서; 이는, 간략히, 사법의 원리들[2]은 왕실과 그것의 종복들의 지위를 결정하는데로 확대할 수 있는 법원과 의회의 행동이 우리와 함께 했으며; 때문에 헌법은 국가의 보통법의 결과이다.

디시(Dicey)논문의 나머지 대부분은 입법기관으로서 의회가 모

1) 디시(Dicey)는 유럽, 그리고 종종 18세기의 거의 전부를 생각한다.
2) 대륙 "공법"과 구별된 헌법과 행정법.

47 든 사람과 모든 것에 최고임을 예증하는데 몰두했다. 정말로, 그는 의회는 남자를 여자로 바꾸는 것 말고는 모든 것을 할 수 있다는 구절의 고안자였다.

그런데, 디시(Dicey)의 목적은, 국가의 모든 사물과 사람 위에 있는 영국의회주권과 *그것의 아래에 있는* 사법주권을, 독재로부터 가까스로 출현하고 있는 대륙헌법들과 구별하는 것이었다. 의회 자체는, 성문헌법의 범위를 넘어서는 것을 제외하고는, 어떠한 권위에도 복종해야 한다고 가르치는 것보다 더 그의 생각과 거리가 먼 것은 없었다. 자유재량권의 사용과 관련된 그의 첫 번째 요지는, 유럽행정수반들에게 주권으로서 법령제정이라는 거대한 관습적 전통권력을 허용하는 실제와는 반대방향을, 지향했다. 그리고 "보통" 법원에 대한 그의 요지는 정부와 개인 또는 기업 간의 분쟁을 해결하기 위해 정부부서 내·외에 특별법원을 가진 유럽제국의 존재와 관련되었다. 그것보다 더한 것은 없다. 그는 영국의 의회주권원리에 미세한 것도 손상시키지 않았고, 이 주권 내부에서 법의 지배(Rule of Law)가 작용한다.

법과 헌법자체까지도 영국의 이론과 실제에서 다수당이 주인인 의회의 산물이라는 것에 대해, 하이에크(Hayek)는 그의 독자들에게 어떤 설명도 생략하고, 가장 약삭빠르고 회피적으로 "법의 지배"(Rule of Law)를 그것이 제공하는 평판에 따라 사용하면서, 그의 각주에서, "주로 디시(Dicey)저서의 결과로, 그 용어는, 어쨌거나, 이곳의 우리와 관계되지 않은 보다 협소한 기술적 의미를, 영국에서 갖게 되었다"라고 말한다. 그리고 다음으로 그는 "법의 지배 또는 *통치*의 *개념*에 대한 보다 광범하고 오래된 의미"에 대해 회피적이고 모호한 언급으로 살짝 빠지고; 이것은 독일인들이 *법치국가(Rechtstatt)!*의 성격을 논의했던 때인 19세기 독일에서 논의되었다고 말한다. *개념*이 그의 모호한 도피처임을 주목하라!
48 그러나 독일에서 *법치국가*의 관념이 무엇이었는가? 19세기(대략 1825~1875)에 독일의 자유주의자나 민주주의자들의 상위계급들(일반대중은 전연 계산하지 않았다)이 2세기 된 보조관료제를 보유한 그들의 오래되고 뿌리 깊은 절대군주제를 완화하고자 원했을 때, 그들은 아마도 영국과 미국과 같은 대표제에 기반한 대중적이며 책임있는 정부체제를 획득할 수 없기 때문에, 그들이 요구할 수 있는 최소의 정부체제는, 왕실공무원들이 법령을 공포하고 집행하는데에 있어 그들의 권위를 결정하는 법원에 따라서만 행정을 수행해야, 하다는 것이었다. 이 체제는 민주적인 법의 지배는 아니었지만, 공무원들이 법적으로 운영할 수 있는 범위내의 구조일 뿐이다. 그것이 *법치국가*가 그들에게 의미할 수 있는 전부이다.

하이에크(Hayek)에게, 법이란 입법부에서 제정한 것을 의미하지 않는다. 그는 입법부의 이면을 캐고자 원하고, 그가 적합하다고 생각하는 것 이외로 입법부가 행동하는 것을 금지한다. 다른 모든 것은 그에게는 자의적이다. 월터 리프만(Walter Lippmann)도 거의 같은 경우이다.

이를 살펴보자: -

> 법의 지배(Rule of Law)로 알려진 대원칙들에 대해 자유국가내에서의 관찰보다는, 전제정부 밑에 있는 국가에서의 필요조건들과 자유국가에서의 그것들을 보다 더 명료하게 구별할 수 있는 것은 없다. *모든 전문어를 제거하면*, 이는 정부의 모든 행동들은 사전에 확정되고 공포한 법령들에 구속받는 것을 의미한다. 여기서 그 법령들은, 어떻게 당국이 주어진 상황에서 그 자신들의 강압적 권

력을 사용하는데 상당한 확실성을 가지고 예견하며, 지식의 기반으로 사람들의 개별적인 일들을 계획할 수 있게 만드는 규칙들은 … 강압적 권력을 행사하는 집행기관에 남겨둔 분별력은 가능한 한 축소해야 한다는 필수적 관점은, 분명하다.3)

49 하이에크(Hayek)가 "모든 전문어의 제거"를 말할 때, 그는 법관들과 정치가들이 350년 간 싸워왔던 바로 그 안전장치를 매춘한 것이다.

다음으로, 하이에크(Hayek)는 서로 다른 의미의 법의 지배(Rule of Law)를 일괄하여 제공한다. (73쪽. 이탤릭체는 나의 것.) 법의 지배는 "생산활동이 *개인적* 결정들에 의해 인도되는 범위 내에서는 법률들의 영구구조"이고; "전제정부"는 "중앙기관에 의한 경제활동의 지시" - 즉, 계획이다 - 이다. 환언하면, 법의 지배(Rule of Law)는 다름 아닌 우리의 오랜 친구인 경쟁이고, 다음에 고찰하겠지만, 레이브니쯔(Leibnitz G. W.: 독일철학자)가 확인한 것처럼, 모든 개인들 간에 "사전에 확립된 조화"에 이르도록 신에 의해 준비되고, 나중에 홀로 버려진 공학자의 가격시계(Engineer's Clock of Prices)이다.

하이에크(Hayek)는 공식적인 규칙들이나 법들을 좋아하지만,

---

3) 하이에크(Hayek), 「노예의 길」(*The Road to Serfdom*), 72~73쪽. 이탤릭체는 나의 것. 나는 개인적인 기억력을 피하길 바랐으나, 하이에크의 회피성을 고려하는 것은 불가능하다. 그가 약 3년 전 저자와 일부 친구들에게 법의 지배(Rule of Law)와 계획에 대한 특이한 개인적 생각을 처음 끄집어냈을 때, 그로부터 들었던 모든 사람, 세계적인 명성을 가진 학자들이라도, 법의 지배(Rule of Law)에 대한 그의 역사와 인용이 잘못되었다고 즉각 부인했다. 그는 "모든 전문어의 제거"라는 수단에 의해 진실을 회피하고자 했지만, 법의 지배(Rule of Law)는 전문어의 협정이다.

계획기관이 만들 수도 있는 규칙들과 법들의 종류는 좋아하지 않는다. 그가 생각하기에, 후자가 생산에 대한 결정들을 하곤 했다. 그 결정들은 무엇이 생산되고, 산업에 종사하는 사람 수는 몇 명이고, 신발가격은 얼마이며, 얼마나 많은 버스들이 운영되어야 하는 것과 같은 것들이다. 이 모든 결정들은 순간의 상황에 의존한다. 그래서 누군가 주어진 과업을 위해 계획을 변경해야 하고, 이것은 대의제에 기초한 입법부에 의해 이룰 수 없기 때문에, 자의적 권력만 있고, 법의 지배(Rule of Law)는 작동되지 않는다.

이것이 모조품이 아닌가? 첫째, 소위 경쟁시장체제에서도, 순간의 상황에 따라 이루어져야하는 유사한 조정들이 있다. 둘째, 국가기업의 관리자들 또는 그들에 의해 규제되고 있는(그것이 완전
50 관리의 대안이기에) 개인과 기업들도, 입법부에 의해 정해졌고, 모든 이해관계자들의 자문기관들의 조력으로 잘 다듬어진, 원칙들에 따라 행동한다. 셋째, 이 사람들은 경제적 개인주의자가 변화들을 예측하는데 (세미나토의에서 개념에 대해 작업하는 것으로 가정한 것이 아닌) 실제로 작업하는 것처럼 할 수 있고, 때문에 그들은 변화들에 대비한다. 획득한 수익의 합계, 손실과 파산에서의 변동의 횟수, 파산한 채권자들과의 발표하지 않은 청산은, 예측에서 현실의 개인주의자들이 보이는 무능력의 신호들이다.[4]

---

4) 참조. 국가연맹의 경제적 침체에 관한 대표단 보고서(Report of the Delegation on Economic Depressions of the League of Nations), 「전쟁에서 평화경제로의 전환」(*Transition from War to Peace Economy*), 제1부, 23~24쪽: "지난 20년 동안 밀과 황마의 가격은 약 12개월 내에 세 번이나 절반이 되었고, 면화가격은 18개 내에 3배가되었다. 구리와 납의 가격은 2년의 기간에 네 번이나 절반이 되었고, 보다 빠르게 세 번이나 두 배가되었다. 아연의 가격은 18개월간에 두 번 절반이 되었고, 주석은 24개월 내에 두 배가되었으며, 아연과 납은 2년

넷째, 특정한 시장들과 수요들이 특히 모험적·유동적·탄력적이고, 염려스러운 사치품들에 관한 곳에서는 계획가들은 통제를 위해 전혀 노력할 수 없게 결정할 수도 있다.

나는, 하이에크(Hayek)가 이례적으로 중얼거린, 러시아체제를 지지하지 않는다. 그러나 그것은 법의 범위 밖이라거나 또는 소련사람들은 그들의 상황이 어떻게 되어야 하는 것을 예측할 수 없다고 말하는 것은 어리석은 것일 수도 있다.

하이에크(Hayek)가 찾고자 하는 것은, 그의 말처럼, 사람들이 어디로 가야할 것인가를 명령하는 법보다는 도로의 규칙(Rule of the Road)을 정하고 있는 「영국고속도로법령」(British Highway
51 Code)과 유사하며; 또한 그는 국가는 신호대만 제공하고 사람들이 어느 길을 선택할 것인가를 명령하지는 않는 것을 주시한다. 이는 그가 그의 생각을 예증하는데 선택할 수 있는 가장 극단적인 예이다. 그러나, 실제로 의회는 「고속도로법령」(Highway Code)의 원칙들을 입법했고, 이 기관 밑에 있는 교통부는 자동차·보행자·자전거이용자·기타 연맹들의 도움을 받아 그것을 준비했고, 공포하고 승인을 위해 의회에 제출했다. 그 법령에 대한 확실한 위반은 처벌할 수 있고, 법원은 계속하여 그것의 위반사항들에 대해 전념한다. 법은, 간략히, 사람들이 어디로 가야하는가 - 도로를 횡단하지 말고, 일정하게 우회해야하고 따라서 추가적인 휘발유를 소비하고, 일방통행로를 가지 못 한다 - 를 말

내에 3배가되었고, 구리는 18개월의 기간에 3배 되었다. 한번은 커피의 가격이 8개월 기간에 절반이 되었고, 다른 경우로 설탕가격은 4개월 이내에 3배 되었다. 1920~1933사이에 천연고무의 가격은 1파운드에 4센트에서 같은 양에 25배까지 변동했으며, 그리고 수개월 내에 2배되거나 절반이 되는 경우가 여러 번 있었다."

한다. 「영국고속도로법령」(British Highway Code)이 사람들에게 결정했던 것은 다음 두 가지 이유 때문에 그들의 특정한 자유들을 포기해야 한다는 것이다. 그 이유는 (a) 다른 사람의 생명·수족·시간을 구하고, (b) 그들 자신을 구하기 위한 것이다.

토지배수(土地排水)를 위한 법을 인정할 수 있는가? 토지와 광물의 보전기관을 만들고 토지소유자의 의무를 기술하는 법령이 수용가능한가? 청정식량과 약품의 기준들, 그에 따른 의무들을 제정하는 법이 허용가능한가? 전기의 판매를 규제하는 법은? 곡물엘리베이터의 사용을 위해 요금일람표를 제정하는데 있어, 어떤 것이 농업세계에서 요충점인가? 노동자들 간에 그들의 노동조합을 선택하는 선거가 되도록 규정하는 법과 이들이 근본적으로 다른 것이 어디인가? 후자의 종류에 해당하는 법률들은 순간상황이라는 독재로부터 사람을 자유롭게 하는 것을 모색했다. 도둑에 대비한 법은 무엇인가? 사회보험법은 무엇인가? 모자복지의 서비스를 확립하기 위한 법은 무엇인가? 「공정노동기준법」(Fair Labor Standards Act)은 무엇이고, 위험한 기계와 작업과정으로부터 노동자를 보호하는데 관련된 법은 무엇인가? 국가가 명료한 방법으로 행동해야 하는 것에 대한 지식이 이 모든 법들의 정확한 특징이다.

52 하이에크(Hayek)가 서로 다른 법들의 필수적인 속성들을 구별할 수 있도록 하는 방법은 없다. 모든 법들은 사람들이 무엇을 하지 않아야 하고 무엇을 해야 하는가를, 일부는 보다 상세하고 일부는 덜 상세하게, 알리는 명령들이다. 그것들은 사전에 알려지는데; 그것들은 각각의 개별적 사례에 대해 아주 상세한 적응성을 갖추어 알려질 수는 없고, 그것들은 성실의 보증아래, 그리고 재판관에 의해, 해석되어야 한다. 국가가 전체적으로 적극적인 곳

에서는 우리가 할 수 있는 것보다 국가에 의해 취해진 조치들의 특정효과에 대해 우리가 *보다 적게* 알기 때문에 경쟁이 덕목이라고 한 하이에크(Hayek)처럼 주장하는 것은 예외적인 완고함이다! 실제로, 경쟁의 실무를 맡고 있는 모든 사람들은 그것의 특정효과에 대한 충분한 지식을 가지고 있지만, 많은 경우 그들은 그것들을 치유할 권위가 없고, 누구도 그들의 불평을 들어 줄 사람이 없고, 누구도 치유가 요구되는 상황에서 정의와 부정 여부를 결정할 수 없다.

하이에크(Hayek)는 국가는 특정한 인민들과 특정한 목표들 가운데서 공평해야(75쪽)한다고 주장한다. 이것은, 경제적 개인주의를 지지하는 그 자신의 주장이 제시한 것처럼, 도깨비불(will - o' - the - wisp: 사람을 홀리는 것)이다. 이제까지 존재해왔던 어떤 국가도 개인들에 대해 공평하지 않았다. 국가는 목표의 계층을 지지하기에 국가가 편파적이라고 정의할 수 있지만, 목표의 계층은 목표의 계층이지 국가는 아니다. 모든 법은 일정한 집단이나 일정한 목표를 위한 불공평한 선언이다. 휘그당원(the Whig)인 존 록(John Locke)이 그에게 그렇게 말할 수 있다. 모든 정부는 이 토대에 기초를 두고 있다. 정부를 제거하는 것이 하이에크(Hayek)의 목표인가? 그렇지 아니하고, 그는 그 자신의 목표들, 즉 그와 그의 친구는 그것이 그들의 시각에서 불공평하기를 매우 단호하게 바라는 것, 을 위해 그것을 필요로 한다. 도대체 국가와 같은 것은 존재하지 않지만, 영국과 미국의 중상주의자들이 한때 그렇게 했던 것처럼 그들 스스로 소유해야 할 기업인의 규칙만 존재할 수 있는가? 만일 국가가 존재한다면, 그것은 국회의원들과 행정부에 의해 운영되고, 그것은 법의 토의와 제정에서 청취되도록 그들에게 요구할 수 있다.

국가의 제약을 요구할 수 있는가? 하이에크(Hayek)와 리프만
53 (Lippmann)은 분명히 "예"라고 답한다. 어떻게? 주권재민은 제한되어져야 한다. 리프만(Lippmann)은, 민주주의를 "재정의" 하고, 환언하면, 그것을 제거하여, 재산가들이 지배할 수 있기를 원했던 *자유방임(laissez faire)*주의자들이 아니고, 중상주의자들인 미합중국의 헌법제정자들에게, 거슬러 올라간다[5]. 하이에크(Hayek)는 다음과 같이 말 한다: -

> 법률제정자들의 권력에 제한이 없다는 생각은 얼마간 주권재민과 민주정부의 결과이다. 그것은, 국가의 모든 행동이 입법에 의해 정당하게 권위를 부여받는 한에서는, 법의 지배(Rule of Law)는 유지될 것이라는 신념에 의해 강화되었다. 그러나, 이것은 법의 지배(Rule of Law)의 의미를 완전하게 오해한 것이다. 이 지배는 정부의 모든 행동이 사법적 의미에서 합법적인가 여부에 대한 문제와는 거의 관계없다. 그들은 법의 지배(Rule of Law)에 합치할 수도 있지만 합치되지 않는다.[6]

이제, 이 교조는 미국과 영국의 민주주의교조에 대한 반명제(antithesis)이다. 법의 지배(Rule of Law)는 사법적이 아니라, 의회적이다. 주권이, 영국에서는 의회에 있고; 미국체제에서는 헌법적 재량권에 속하고, 때문에 수정단서(amending clause)에 따라 행동하는 인민에 있다.

하이에크(Hayek)는 무언가 전적으로 다른 것으로 피난한다. 그는 "적어도 로마시대이래로, 어쨌든, 존재해 왔고" 그리고 "지난

---

5) 월톤 해밀톤(Walton Hamilton)의 저명한 저서 「지배의 권력」(*The Power to Govern.*) 참조.

6) 하이에크, 전게서, 82쪽.

수 세기동안에는 오늘날처럼 심각하게 위협 당하지 않았던” 그 “모호한 이상으로서”법의 지배(Rule of Law)에 되돌아 왔다. (82쪽.) 이 이상(理想)은 무엇인가? 하이에크(Hayek)가 그것을 충분히 기술하지 않았기에, 우리가 하겠다. 사회에 살고 있는 사람들은 사회관계를 맺지 않을 수 없다. 민중은 고립된 크로스(Crusoes)처럼 살 수 없다. 사람들이 요구할 수 있는 자유가 무엇
54 이든, 누구도 정의(justice)로부터의 자유를 요구하지 않았다. 일부 명령, 즉 도덕적 관계, 은 결사와 해체에 관한 사람들의 많은 충동의 결과로서 사람들 간에 자체적로서 확립해야 할 의무가 있으며, 명령은 가치의 계층을 스스로 확립해야 하는 것을 의미한다. (나는 외부정복자에 대한 설명은 생략한다). 사람들은 평화 · 질서 · 평안 · 복지를 소유할 것인가, 또는 절도 · 거짓말 · 강제 · 폭력을 소유할 것인가? 그들은 인간의 운명에 관한 그 자신의 신념과 때문에 그의 권리와 의무들을 각각 가지고 있는가? 누가 이것들이 무엇이라고 기술하는가? 그러한 결단이 없이는, 삶은 참을 수 없이 불안정하고 어림할 수 없다. 그것은 홉스(Hobbes)의 명언처럼 “모든 사람의 모든 사람에 대한 전쟁”이 될 것이며, 그것의 산출물로서 삶은 “외롭고 · 가난하며 · 역겹고 · 야만적이고 · 짧다.”

그러므로, 인간이 자신의 문제들에 대해 반추(反芻)하기 시작했던 시기 이래로, 그는 채무들을 신고하고 그것들을 집행하는 데 누가 적법하고, 올바른 사람 또는 집단인가를 밝히기 위해 많은 시도를 해왔다. 다양한 사람들이 이 질문 - 즉 누가, 무엇 때문에, 그리고 얼마나 멀고 깊이 정부의 기관이 되어야 하고 지향해야하는가 - 에 대해 어떤 결정을 하든, 그들은 자연법에 대한 그들의 발견들의 결과, 즉 그들은 이는 자연의 조사로부터 추출된다고

말했던 것, 에 보통 귀인시켰다. 자연, 또는 신, 또는 자연 속의 신, 또는 신 속의 자연이 그들의 근본적인 정당성이 되었었다. 일부에게는 자연은 그들이 이해해왔던 것처럼 신의 관조를 의미해왔고; 다른 사람에게는 역사의 오랜 과정이나 직접적으로 현대의 행동과 사고에서 나타난 것처럼 심리학과 인간역사의 보다 세속적인 조사를 의미했으며; 또한 일부에게는 자신들의 바램들을 통해 인간의 미래를 검색해 오고, 이것이 자연이고 신성이라고 선언해 오고 있다. 물론, 이렇게 발견된 모든 자연법과 자연권이 그들에게는 최고의 법이고 영속할 것으로 생각된다. 키케로(Cicero)는, "우리는 정의를 위해 태어났고, 이 권리는 선택사항이
55 아니라 자연에서 발견된다. 정말로, 자연과 조화되는 진정한 법·권리·이성이 있고, 이들은 모두에게 전파되고, 불변이며, 영속한다 …. 이 법은 변경하거나 일탈하는 것을 허용하지 않을 뿐 아니라 폐기할 수도 없다. 상원이나 인민들에 의해서도 이 법으로부터 우리가 면제될 수 없다."라고 언제나 말했다. *이것은* 그러면 누가 적법하게 지배해야 하는가를 결정하고, 언급한 목표들과 제한된 기준에 의한 이 기관의 발언들은 선의(善意)의 법에 대한 것이다. 나머지 모든 것은 독단적인 것이다. 하이에크(Hayek)는 이것을 의미하고; 하이에크(Hayek)는 마찬가지로 행동하고 있다. 그는 자연법과 그 법에서 도출된 자연권들을 모색하고, 그것을 그는 법의 지배(Rule of Law)라고 부른다. 이것은, 어쨌거나, 전적으로 주관적이고, 영국의 법에서 사용되고 있는 용어로서 법의 지배(Rule of Law)에 기반한 어떠한 구실과도 연계되지 않아야 한다.

따라서 하이에크(Hayek)는 그의 수정할 수 없는 헌법으로 이동한다. 거기에는 "사전에 규정된 규칙들"이 있어야 하고; (83쪽)

법의 지배(Rule of Law)는 “모든 이해관계의 갈등을 사전에 정해진 규정에 따르기보다는 ‘그것의 장점에 따라’ 결정하는 것을 관리했던 민주주의에서” 보전되어질 수 없다. 미국의회의 법규와 영국의회의 법들은 사전에 정해진 법규들이라고 응답할 수도 있다. 아니다! 그는 이것을 의미하지 않는다. “법의 지배(Rule of Law)는, 때문에, 입법의 범위를 제한하는 것을 의미한다. … 이는 모든 것은 법에 의해 규제되지만, 반대로 국가의 강제력은 *법에 의해 미리 정해진 경우에만 사용될 수 있고,* 그것이 어떻게 사용될 것인가를 예측할 수 있는 그러한 방법으로 사용되는 것을 의미한다. 특별입법은, 때문에, 법의 지배(Rule of Law)를 침해할 수 있다.” (83~84쪽. 이탤릭체는 나의 것.) 법령이전에 규칙들이 있어야 한다. 그는[리프만(Lippmann)처럼] 권력들이 제한된 입법부를 원한다. “일부 국가에서처럼, 법의 지배(Rule of Law)의 주요한 적용이 권리헌장 또는 헌법규정에 규정된 것이냐 여부, 또는 원리들이 공고히 확립된 전통이냐 여부는, 비교적 거의 문제가 되지 않는다. 그러나 그것이 어떠한 형태를 취하든, 입법의
56 권력에 대한 모든 그러한 인식된 제약들도 개인의 양도할 수 없는 권리이며 인간의 불가침권리로서의 인식을 의미하는 것으로, 쉽게 이해된다.”(84쪽.)

그래서, 이 법의 지배(Rule of Law)는 단순한 전통적인 속박이 아닌 성문법을 필요로 한다. 만일 우리가 전통적인 것에만 의존한다면, 많은 재산권보유자들은 그들의 권리들을 심각하게 남용할 것이다. 그것은 전통을 파괴한다. 어떤 사람들은 울타리로 둘러싸인 토지를 저지하며 제거하고; 다른 사람의 땅을 부당하게 가로채고; 유물도둑을 죽이고; 유독한 토메인(ptomaine: 단백질 부패로 생기는 유독물)을 주는 오염된 햄의 소매인을 채찍질하고; 위

험한 기계를 파괴하고; 차별적 요금을 시행하는 소유자의 기차를 탈선시키는, 사람들이 있는가? 또는 그렇게 복합적인 사회에 속한 사람들이 전통을 잊어버리거나 조롱당하지 않도록 질서있는 법제정에 의해 나아갈 수 있는가? 만일 교정가능하다면, 부상이나 파멸, 또는 아마도 사망, 후에, 처벌과 보상되어져야 하는가, 또는 예방적 행동이 있어야 하는가? 만일 그들이 자제(自制)의 경이로움인 후자를 결정한다면, 누가 어떤 절차에 의해 법을 만드는가? 하나의 입법기관, 그리고 다수? 소수에 적법성을 귀인시키는 것은 별문제로 하고는, 여기에 대한 다른 길이 없다. 때문에 하이에크(Hayek)의 원리들에 대한 보장은 수정할 수 없는 권리헌장의 형태를 취해야 하는데, 이는 만일, 자격을 갖춘 다수에 의해서라도, 수정할 수 있다면, 조만간, 곤란함에 처해있는 사회가 그 권리헌장을 수정할 것이기 때문이다.

만일 헌법을 수정할 수 없다면, 누가 권리헌장의 해석자인가? 하이에크(Hayek)가 사용한 말인 "개인의 양도할 수 없는 권리, 사람의 불가침권리"는, 모호하고; 비록 미국헌법에 대해 훨씬 상세한 수정형태를 기술하고 있다고 하드라도, 해석에 따라 큰 신축성을 필요로 한다. 그가 미국헌법하의 권리헌장들의 운명에 대해 얼마나 아는가? 헌법에 첨부되어야 한다는 의미에 대해 1789년이래로 약 30,000여 소송에서 다투었었고, 소위 권리헌장과 일
57 반복지 · 적법절차 · 과세에 관한 조항을 특히 해석하는데 있어 수천 명이 싸웠고, 그 결과로 사회, 사회의 경제, 그리고 마음의 상태의 변화의 충동 하에 있는 법이 수많은 변화가 있었다는 것을 그가 아는가. *시카고 트리뷴(Chicago Tribune)*의 논설위원들과 같은 사람들이 더 이상 헌법이 없다고 믿는 그러한 상대적 가변성이 발달되었다.

그러나 이 문제에 대한 응답은 무엇인가? 재판관들은 독립적이지만; 언젠가 그들은 죽을 것이고, 그러면 새로운 임명이 있어야 한다. 누가 임명하는가? 다수당의 하원의원들? 만일 다수당의 하원의원들이 그들을 임명한다면 시간경과에 따라 헌법은 "재판관들이 말하는 것"이며, 재판관은 다수가 원하는 것을 말할 것이고, 대법원은 선거개표결과에 따를 것이다. 재판관들이 대중의 영향에 의해 그들의 마음을 바꾸는 것이 적절하다는 것을 하이에크(Hayek)는 믿지 않는다. 다음에 그는, 절대 바꾸지 않는 그들의 생각들에 완전히 의존할 수 있는 판사들을 임명하는 방안을, 제안해야 할 것이다. 한명이 아니고 여러 재판관들이 있다면, 그는 그들의 변덕, 변심, 그리고 사람들이 마음을 바꾼다는 사실 때문에 나타나는 모호함을 어떻게 피할 것인가? 그것은, 하이에크(Hayek)의 섭리 밑이라도, 사람은 심판되어져야 하고, 영원히 심판하는 것으로 보인다. 그러나 그것조차도 하이에크(Hayek)의 논문에 도움이 될 수 없을 것이다. 그것을 회피하기 위해 모든 노력을 들인 후에, 영원한 심판은 경제적 개인주의에 대한 그의 생각을 아직도 바꾸고, 사람들을 불확실성이 경제적 개인주의의 행동에서가 아니라 국가의 행동에서 발생할 때 하이에크(Hayek)가 영향받는 것을 두려워한 그러한 불확실성의 상태에 사람들을 남겨둔다. 그가 딜레마에서 탈출하는 유일한 방법은 하이에크(Hayek)가 재판관이 되고 영원히 사는 것이다. 그러나 그는 케인즈 경(Lord Keynes)이나 윌리엄 베버리지 경(Sir William Beveridge: 영국의 복지국가에 관심을 가진 경제학자)의 이론들에 의해 영향을 받아서
58 는 안된다! 그가 허버트 스펜서(Herbert Spencer)의 「사회통계」(*Social Statics*) - 「노예의 길」(*The Road to Serfdom*)의 직접적인 전신 - 를 미국대법원의 보조로 격하시킨 많은 양식(良識)을 가진

올림프스(Olympus)출신의 양키(Yankee)같은 사람들을 금지해야 할 것이다.[7] 이는 하이에크(Hayek)의 *자체적인 귀류법*(歸謬法: 명제의 반대가 거짓임을 증명하여 본래의 명제가 참임을 증명하는 간접증명방법)이다. 그는 하이에크(Hayek)의 원리에 바탕을 둔 독재로 인도한다.

---

7) 이에 대해 미국 대법원에서 경의를 표했고, 표하고 있는 이제 오랫동안 유명한 언명이 있다. 그것은, 5호에서 4호 법정(경제적 개인주의의 확실성에 대한 주석이 무엇인가에 대한 결정 같은 것)이 제과점들에 대한 1일 10시간 법이 계약의 자유 - 제14차 수정조항에 의해 보호되는 자유에 포함되는 것으로 생각되었던 것 - 를 방해한 것이라고 결정한 *로크너(Lochner)대 뉴욕(New York)*의 소송 때, 법관 홈스(Holmes)의 언명이다. "이 사례는 국가의 많은 부문에서 받아들이지 않은 경제이론에 의해 결정되었다. 만일 그것이 내가 그 이론에 동의하느냐 여부의 문제였다면 나는 내 마음을 결정하기 훨씬 이전에 더 깊이 연구하고자 했을 것이다. 그러나 나는 그것이 내 의무이어야 한다고 생각하지 않는데, 이는 나의 찬성 또는 반대가 법에서 그들의 의견이 구체화되는 다수의 권리와는 아무 관련이 없다고 강하게 믿기 때문이다. 주(州)헌법과 주법들이 입법자로서 우리가 분별없는 것으로 생각할 수 있거나, 당신이 이것처럼 전제적인 것을 좋아하거나, 그리고 동시에 이는 계약의 자유를 방해한다고 하는 여러 방법으로 생활을 규제할 수 있는 이 법원의 다양한 결정들에 의해 해결되어진다. … 제14차 수정조항은 허버트 스펜서(Herbert Spencer)씨의 「사회통계」(*Social Statistics*)를 입법하지 않았다."

"헌법은 온정주의와 국가에 대한 주민의 조직적 관계이거나 *자유방임(laissez faire)*에 대한 것이든 간에 특정한 경제이론을 구체화할 의도를 가지지 않는다. 이는 사람들은 근본적으로 상이한 견해를 갖게 만든다. … 모든 판결이유는 법이 되는 경향이 있다. 나는 제14차 수정조항의 자유라는 말은 합리적이고 공평한 사람은 제안된 법령이 사람과 법의 전통들에 의해 이해되어왔던 근본적인 원리들을 위반하지 않는 한, 지배적인 의견의 자연적 결과를 방지하고자 할 때 왜곡된다.…"

전제군주들을 폐위시키고 교황의 무류성(無謬性)을 반대하는데, 어떤 사례가 하이에크(Hayek)를 추앙하기 위한 것인가? 왜 우리를 자유롭도록 강요하기 위해 그것을 하이에크(Hayek)에게만 부여해야 하는가?

59 그것은 그가 바라는 권리헌장이 아니고; 그 특별한 권리헌장은 하이에크(Hayek)의 특수한 경제이론들을 영구히 존경하도록 한다. 예를 들면, 1936년의 소련헌법에는 권리헌장을 포함하고 있다. 그것이 하이에크(Hayek)를 만족시킬 수 있을까? 그것은 그의 *공식적*인 처방에 만족한다. 제1조에서 제12조까지는, 생산수단이 노동자와 농민사회의 수중에 있는 사회주의경제의 기반을 주장하고; 일정한 개인재산과 이의 상속권리를 허용하고; 국가의 경제생활은, 국부증가 · 노동인민의 물질적 및 문화적 수준의 지속적 제고 · 소련의 독립 및 방어능력의 강화, 그리고 일하지 않은 사람은 먹지 말아야 한다는 분배법칙이 기술된 것을 위하여, 국민경제에 관한 국가계획에 의해 결정되고 지시된다. 제10장은 소비에트주민의 기본권과 의무를 포함하고 있는데, 그것은 고용을 보장하고, 휴식 · 사회안전 · 교육에 대한 권리를 보장하며, 양심 · 표현 · 출판 · 집회(지도자로서 공산당과 함께) · 개인 가정 · 통신의 신성불가침의 자유를 보장한다. 그러나, 하이에크(Hayek) · 리프만(Lippmann) · 체임벌린(Chamberlin), 그리고 모든 유형들과 종류들의 사람들(*et hoc genus omne*)은 하이에크(Hayek)의 경제이론들과 합치하지 않기 때문에 그것을 거부할 것이다. 그러나 그들 중 누구도 궁극적인 거부의 기반을 확보하지 못했는데, 이는 비록 권리들이 확립되었어도 인민에 대한 정부책임의 장치는 왜곡되기 때문이다.

하이에크(Hayek)는 다수결원리(多數決原理)를 거부한다. 그러면 무엇이 남는가? 우리는 개인주의가, 대개, 남는다고는 말할 수 없는데; 이는 개인주의의 유일한 보장은, 만일 그것이 있을 수 있다면, 하이에크(Hayek)가 거부한 다수결원리이기 때문이다. 그는 그의 특정한 무정부형태를 세습적이고 약점이 없는 왕관 위에 올려놓으려 한다.

그것은, 법의 지배(Rule of Law)라는 주제에 대한 구두논쟁에
60 서, 우리가 논의한 것처럼, 하이에크(Hayek)가 놀랍고 결정적인 것으로 간주한 이 신랄한 질문에 대해 제시한 그가 좋아하는 계략중 하나이다. "다수가 독재자, 이를 테면 히틀러, 를 권력자로 선출한다면, 그것도 역시 법의 지배(Rule of Law)일 수 있는가?" 실제 그는 「노예의 길」(*The Road to Serfdom*)에서 이 문제를 제기했다. 대답은 **예(Yes)**인데; 이는 다수는 올바르기에, 만일 다수당이 그를 권력자로 선출한다면 법의 지배(Rule of Law)는 작용한 것이기 때문이다. 다수당은 현명하지 않고 사악할 수도 있지만, 법의 지배(Rule of Law)는 우월할 것이다. 왜냐하면, 민주주의에서, 권리는 다수당이 그렇게 되도록 만드는 것이다. 어쨌든, 미국이나 영국의 대다수가 히틀러(Hitler)를 공직에 선출할 수 있다는 것은 믿을 수 없다. 왜냐하면 이 대다수의 사람들은 다수결원리의 일부로서 그들 자신의 능력들, 사고의 유형, 그리고 절차들을 가지고 있기 때문이다. 하이에크(Hayek)는 자신의 박사논문의 일부에서 "히틀러(Hitler)는 그의 제한없는 권력을 엄격한 헌법적 방식으로 획득했고, 그러기에 그가 무엇을 하든 간에 사법적 의미에서는 합법적일 수 있다. 그러나 누가 그러한 이유로 법의 지배(Rule of Law)가 독일에서 아직도 우월하다고 제안할 수 있는가?" (82쪽.) 누구도 그렇게 할 수 없고, 히틀러(Hitler)가 엄격히 헌법적인 방식으로 제한없는 권력을 획득했다는 사실을 말할

사람은 아무도 없다.

히틀러(Hitler)는 독일의 다수에 의해 공직에 선출된 적이 없었고; 1933년 3월에 그가 획득할 수 있었던 투표는 노쇠한 힌덴부르크(Hindenburg)대통령에 의한 권리헌장(Bill of Rights)의 유보로 히틀러(Hitler)가 *강제로* 자신의 반대자들을 해산시킬 수 있도록 만든 조치에 의해서만 가능했다.

그것에 대한 다른 도리는 없고, 다수당이 그러한 방법을 가질 수 있다. 다수당의 내부에는 법의 지배(Rule of Law)가 정당하게 작용하고 있다. 우리의 신뢰와 희망이 이 세기(世紀)들의 높은 민주의식 가운데 머무를 수 있는 곳은 어디에도 없다. 우리는 이러한 사회의 큰 치유력(*vis medicatrix*)을 보전하고 개선하기 위해, 민주주의를 소중히 보살펴야 한다. 우리 개인들은 그것의 구성부문이고, 모든 다른 개인들은 우리가 그들에게 장래를 위해 길을 개방하는 것처럼 우리에게 신세를 진다.

61 미국과 영국의 다수당은 신중한 지혜를 가지고 권력을 사용했다. 다수당은, 교육이 항상 더욱 더 개선되도록(잉글랜드에서는 "관리" 계층의 의지에 반하여), 요청했고 확립했다. 그 다수당은 공직후보자들의 임명과 선발; 그 구성원들의 교육; 국가와 지방문제에 대한 연구; 그러한 견해들을 도출하고 오류를 줄이고 열정을 완화하는 방법과 전략에 대한 반대견해들의 논쟁; 입법의원들을 통제하고 정부부서에 대리와 대표자의 파견하기, 위해 관련된 법률들과 함께 정치적 결사들을 만들었다. 강렬하고 의기양양한 권력과 함께, 국회와 법원에서 의사록의 공지에 대한 이전의 제한들을 때려 부셨다. 다수당은 통신의 자유에 반하는 법을 폐기했다. 입법부를 강화했기에 그들이 행정장치와 과정의 모든 부문을 조사하고 침투할 수 있다. 자유출판의 조항을 지지했고, 자유

출판의 수행자의 일부가 인기없는 견해를 가지고 있는 사람들이라고 해도 이를 지지했다. 입법에서 절제된 의사록을 조장하고, 선거와 의회의 로비에서 더욱 더 삼가고 통제된 부패관행을 조장한다. 수백만의 삶에 영향을 주는 공공업무와 민간기업의 운영은 수시로 철저히 조사된 *소환*을 보장하는 절차들을 지지했다. 적절한 토의·수정과 함께 최초의 형성단계에서부터 법의 모든 프로젝트에 적정한 고려사항을 조장하는 규칙의 개발, 민주적 상호관계의 기반에 대해 토론과정에서의 발언뿐 아니라 상의하는 소수의 권리, 법에서 구체화되는 소수의 관점도 충분히 보유할 수 있게 하는 방해의 권리에 대해서도 호의를 보였다. 마지막으로, 의회의례를 창안했기에, 사람들은, 정의가 정신적 경쟁의 목적일 수도 있는 공동의 회의장에서 맞날 수 있다. 여기서 정신적
62 경쟁은 하나의 "정의"가 다른 것에 비해 보다 강하다는 것을 결정하는 것이 아니고, 각 측면의 "정의"에서 구체화되는 생각들이 동료들의 공동거주지가 되어야 할 법률에서 조화될 수 있는가를 결정하는 것이다.

다수당들이 스스로에게 부여했거나 또는 과거세대에서부터 유래한, 이 논제들은 현재의 사용을 위해 수용되고 적응되었다. 다수당들은 그들 자신들의 약점, 그들 자신의 힘을 사용 또는 남용하기 위해 자유를 보유하고 있음을 알고, 그들은 자기정부의 유일한 보증서인 자기통제를 실행한다. 외부에서는 역사에서 하나의 큰 체제를 다른 것과 비교하고 내부에서는 지식·기법·도구의 점진적인 증가를 관찰하는 이 진보를 다루는 학도에게는, 취한 행로(行路)는 지속적인 개선의 행로이다. 그 행로는 정부에 대한 긍정적 측면과 자아에 대한 자유로운 강력한 감각의 양면을 강조하는 것과 함께, 보다 많은 자기지식·보다 많은 자기통제·

보다 많은 자립정부의 길인 것이 분명하다. 이 모든 것에 대해, 매우 상이한 이익을 가진 집단들이 합의해 왔다.

계획국가에서 국가가 다양한 기업프로젝트들을 수행할 때에, 어떻게 집단들이 따라야 할 노선의 차이점들을 해결할 수 있는가에 대해, 하이에크(Hayek)는 이해할 수 없다. 그는 이 경우에 무엇이 "공정하고 합리적"인가를 결정하는 "문제에서 재판관과 권위의 분별력"에 남겨두어야 할 필요가 있다고 가장한다. 이는 또한 가설이다. 해결책은, 어떻게 계획의 법칙이 구축되고, 의회 · 법원 그리고 문제를 해결하고 중요한 경험을 구축하는 관세위원회 · 주간상업위원회 · 연방통신위원회 · 증권거래위원회와 같은 규제기관들에서 협상자들의 마음의 능력과 상태에, 의존한다. 그러나 주로, 그것은 과학적 연구와 경험의 탐구적 결과에 의해 도움을 받은, 수년에 걸쳐 수행된 전국적인 논의에 의존된다. 그것과 같은,
63 계획은 다수에서 출현하고; 오직 그것은 다수가 작용할 수 있는 그이후의 다수에서 출현한다. 그것이 하이에크(Hayek)의 반계몽주의에 대한 응답이다.

법의 지배(Rule of Law)에 대한 논의는, "대의입법", "행정법" 또는 "하위입법"으로 다양하게 알려진, 보다 작고 기술적 문제이지만 아직도 매우 중요한 문제를 제기한다. 비록 영국에서 법과 행정에 높은 평판을 가진 시민들에 의해 이루어진 장기적이고 신중한 조사가 보수적 재판관과 많은 기업인들이 소위 "**신독재**"에 대해 반대했었던 부담을 단호하게 거부하고, 정부부서들이 자의적 행동이나 남용된 권력이 결백했다고 선언했어도, 하이에크(Hayek)는 이것이 이상하다고 말할 어떤 기회도 잃지 않았다. 본질적으로 동일한 평결이 미국에서 「정부기관의 행정절차에 관한

법무장관위원회의 보고서」(1941)에 의해 내려졌다. 이 위원회들은 행정부서들에 대한 정실의 어떠한 의혹, 또는 하이에크(Hayek)가 개인주의에 반하는 "집산주의"라고 부를 수 있는 것에 대해서도 전적으로 초연했었다. 과업들이 많으면 많을수록 국가는 보다 많은 공무원을 가져야 하고; 입법부들은 시행과 규칙작성의 양자를 포함하는 행정을 그들 공무원들에게 이전해야 한다고 알려졌다. 그러나 입법부들이, 명료하고 오해의 여지없이 원칙들을 기술하고, 각 사례에서 사적이익들에 대한 정의를 보장할 정규과정 - 조사; 청문과 협의; 증거기록; 발견기반의 기술 - 을 확립하는, 그들 자신의 의무를 완전히 인식하고 있는 것도 또한 분명하다. 많은 장치들이 확립되어왔고, 시간이 지남에 따라 그것들이 지속적으로 재정의되고 있다. 때문에 법의 지배(Rule of Law)가 확립되고
64 유지된다. 오류들은 미숙의 오류들이었었고; 그것들은 유익한 다수와 사회적 업무의 권위적 관리에 비해 작다. 중간에, 선거과정과 언론에 대한 억제와 시민단체들의 힘찬 도전이 항상 있다.

입법부에서 소수당인 반대당은 오늘날처럼 계획국가에서 동일한 지위에 있을 것이며, 위원회와 전체회의에서 동일한 토론의 권리와 수정제안 및 설득의 권리들을 가지고 있다. 그 권력은 아직도 대중투표에서 유래한다. 구성의 변화를 일으키는 다수당 자체의 분열이 항상 있을 수 있고; 교차투표도 있을 수 있다. 때문에 소수당에 대한 다수당의 행태에 대해 유권자들이 무엇을 생각할 것인가 하는 것은 현재의 상황처럼 중요한 요인이 될 것이다. 일련의 법령들은, 다수당이 투표자들이 수용하도록 설득할 수 있고, 소수당은 지금처럼 법의 제정에 참여할 권리를 갖고 있을 때에만, 통과된다고 가정되어져야 한다. 현재 소수당 또는 소수당의 일부와, 다수당이 하는 것에 대한 동의로서, 일정한 합의가 있고;

다수당 자체도 하이에크(Hayek)가 수시로 넌지시 말한 것처럼 지적 또는 감성적 밀집대형(密集隊形)처럼 고정된 곳에 사례가 있었다.

만일 선거가 그렇게 되어야 한다고 결정했다면 어떠한 분리된 법도 무효화할 수 있는가? 물론 할 수 있다. 유권자들은 계획의 수립, 그것의 목적, 그것의 도구, 그리고 그것의 정신과 과정에 책임졌다. 계획을 재고하고 계획에 대한 생각을 바꾸는 것에 반대하는 것은 아무것도 없다. 계획은 이미 수시로 직접적인 폐지를 해왔거나; 집행의 묵과적인 무시로, 법은 사문(死文)이 된다.

부의 생산과 분배를 지배하는 법이나 일단의 법들을 폐기하는 생각이 얼마나 번거로운가? 거기에 낭비된 지출이 있고, 한 종류의 법에 대한 기대 밑에서 생활해 왔던 그 사람이 이제 다른 종류의 법 밑에서 살아야 한다. 그러나 그것이 자유와 진보
65 의 일부분이고; 소란의 효과는 변화의 가능한 이점들에 비해 무거울 것이다. 비록 선례구속력(先例拘束力)의 법칙이라도 숙련된 재판관이 중요한 변화가 계속되는 것을 중지하는 것은 허용되지 않았다.

인민은 그들이 참을 수 있고 수행할 여유가 있는 것을 할 것이다. 이 모든 것은 정기적 선거와 표현의 자유가 아직도 완전히 작용되어야함을 의미한다. 물론 그것은 그렇다. 그것은 민주국가들에서 그들의 계획에 대한 속도와 종합성을 지배하는 조건이다. 인민들에게 스스로 만족하도록 증명하는 것이 무엇이든 간에, 사용하고픈 모든 열정을 가지고 무엇이 불만족스럽고 무엇이 불만족스럽지 않은가를 말하는데 제한받지 않는 권리를 갖고 있는, 그들은 - 비록, 모든 정부의 형태에서, 다수당의 의견에 설득되지 않고 남아있는 사람처럼 지금 있더라도 - 남을 것이다. 그들은 법

과 행정에 대해 아직 비난할 수 있고, 다수가 그들의 견해를 수용하도록 설득하려 한다. 독재를 제외하고 어느 사회도 만장일치의 표결로 운영이 가능한 것처럼 가장해 왔었던 것은 전연 없었다. 민주주의에서, 비록 그가 우둔하거나, 잘못 알려지거나, 비논리적이라고 생각되어지지만, 하이에크(Hayek)가 유일한 반대자인 상황이, 나는 그것을 확신하지만, 설령 발생된다 해도, 사람들은 아직 그에 귀 기울이고 놀라워 할 수 있다.

그런데, 시간이 법들의 필수적인 고려사항이라는 것은 명백한데, 이는, 베이컨(Bacon)이 말한 것처럼, "진리는 시간의 딸이다"이기 때문이다. 다수결 자체는, 열정이 뒤섞인 신중함을 강요하는 상황에 훌륭하게 처해져있기에, 실험이 시도되고, 합의의 조건들과 자유와 복지의 결합이 지성인들의 전국적 모임 및 소규모연구모임에서 발견되었다. 만일 어떤 사람이 계획은 자격을 제대로 갖추면서도 급격히 출현한다고 매우 부당하게 가정한다면, 그는 제5의 에이스를 카드 패에 단순히 숨겨 와서 그것을 교묘하게 만들고 있다. 이 계략을 사용하는 사람들은 게임의 법칙이 더 이상 의미없는 카드경기자들과 같은 악명을 갖게 될 것이다.

우리는 직물방직 경제학자, 특히 미국과 영국, 의 상아탑 밖의
66 이 세상에 대해 이야기하고 있음을 기억해야 한다. 왜 하이에크(Hayek)는 그가 언급하지 않은 국가로부터 소원해졌지만 지배적인 관계에 있는, 계획가들의 집단을 가정하는가? "…전체경제체제를 지휘하는 기관은 생각할 수 있는 가장 강력한 독점자가 될 것이다. … 그것은 우리에게 무엇을, 얼마동안 줄 것인가를 결정하는 완전한 권력을 가졌을 것이다"라고 말하는 것은 그의 완전한 망상이다. (93쪽.) 그는 누가 이 독점적 권력들인 "그것"을 줄 수 있는가에 대해 말하지 않는다. "우리의 사생활에 대한 계획가의

권력은 이것[배급과 유사한 장치]에 의존하지 않는다. … 계획사회에서 당국이 소유할 수도 있는 모든 소비에 대한 이 권력의 근원은 생산에 대한 당국의 통제에 있을 것이다." (93쪽.) 실제에 있어 권력의 근원은 도대체 조정되고 등급화 된 당국이 인민들에 의해 책임있게 행사되고 규제되는 곳이 될 수 없을 것이다. 경쟁집단들에 대한 보상배분의 어려움은 "사회정책이 인민의 다수를 구성하는 많은 상이한 집단들의 지지로서 실제로 시도할 때에만 표면에 등장한다고 그는 말한다. 그러면 그것이 곧 서로 다른 이상군(理想群)의 가장 중요한 문제는 국가의 전체자원이 그것에 이바지하도록 만들어서 *모두에 부과*되어져야 하는 것이 된다."! (113쪽. 이탤릭체는 나의 것) 증명? 권력을 획득할 때의 나치의 전술!(113~114쪽.) 계획가는 강요할 것이고; 신비를 창조할 필요가 있고; 공식적 교조를 만들어야 하고; 시간이 지남에 따라 상이한 수요사이의 갈등을 발견하고 필요시 결정을 한다. 그러면 계획가는 어떻게 계획가가 되는가? 누가 거기에 종사시키는가? 만일 그가 거기에 종사시킨다면, 이는 목적을 가지고 이렇게 하도록 하는 사람이 있었음을 의미하고, 그 목적은 우리가 기술해 왔던 민주적이며 다수-소수 과정에 의해 법으로 형성된 것이어야 할 것이다.

왜 이것이 논의되지 않았는가? 그것은 계획은 부과되는 것이고
67 민주인민의 활력에서 나온 것이 아니라는 인상을 단순하게 준다. 계획가들이 스스로를 부과할 수 있다고 가정할 수 만 있다면, 하이에크(Hayek)는 다음의 결론에 도달할 수 있다. 즉

> 경제력이라고 불리우는 것은, [하이에크(Hayek)는 이것을 경제적 개인주의-집어치워-를 의미하지 않지만 국가가 사용할 때에는] 그것이 강요의 수단이면서도, 개인의 수중에 있을 때는, 배타

> 적 또는 완전한 권력인 적이 없고, 사람의 생활전체에 대한 권력인 적이 없다. 그러나 정치권력의 도구처럼 집중화되면, 경제력은 노예제와 구별하기 어려운 의존도를 만들어 낸다.[8)]

하이에크(Hayek)의 가정은 정치권력은 그 범위를 제한할 수 없고, 권위를 제약할 수 없고, 운영책임도 없을 뿐 아니라, 집행에서 협력적이거나 분권화 할 수 없다는 것이다. 이 가정은 어리석다.

8) 하이에크, 전게서, 145~146쪽. 괄호 안은 현저자의 논평.

제5장 아담 스미스와 경쟁을 위한 계획

그들이 유기체를 창조했었다는 것을 인식하거나 희망하는 것은
그들(헌법을 만든 사람)에게 충분했으며;
그들이 국가를 창조한 것을 증명하는데 1세기가 필요했고
그들의 계승자들에게 더 많은 땀과 피를 요구했다.
우리 앞의 사례는 우리의 전체적 경험에 비추어 고려되어야 하고,
오직 백년이전에 말했던 것이라고 여겨서는 안 된다.

__*미조리(Missoure) 대 홀랜드(Holland)*에서,
재판관 올리버 웬델 홈즈(Oliver Wendell Holmes)

68 아담 스미스(Adam Smith)의 「국부론」(*Wealth of Nations*)은 1776년에 출간되었다. 최초도 아니고 전부 독창적인 것도 아니지만, 그것은 그 시대의 경제적 부에 대한 가장 종합적이고 통찰력 있는 논문이었다. 하이에크(Hayek)는 거장에게 적절하게 존경을 보내지만, 스미스(Smith)가 당시에는 그렇게 가르쳤지만 만일 그가 불평등과 독점들의 팽배를 지금 숙고했다면 의심의 여지없이 아주 상이하게 가르쳤을 수도 있었을 "천부의 자유체계"에 대해서는 그러한 조절을 하지 않았다. 스미스(Smith)가 경제이론 뿐 아니라 도덕철학의 대가였기 때문에 우리가 특별히 이렇게 기대할 수 있다.

아담 스미스(Adam Smith)는, 만일 사람들이 경제문제들에 대
69 해 정부의 간섭이 없이 있는 그대로 자유롭도록 내버려둔다면, 그들의 사욕은 그들 자신의 복지를 궁리할 뿐만 아니라 필연적으로 사회전체의 복지로도 그들을 인도할 것이라고 가르쳤다. 그는

물론 사실상 그 시대의 어떠한 이론가들이나 정치가들도 국가에 의한 최고의 국가복지수준이나 정부의 정당성을 거부하지 않았다. 미국헌법의 아버지들에게는, 상업과 이민의 규제처럼, 연방정부에 위임된 권력들에는 계획에 대한 권력을 포함했다.

아담 스미스(Adam Smith)는 *자유방임(laissez faire)*이라는 용어를 사용하지 않았다. 그는 *경제학자들(économistes)* 또는 중농학자들로 알려진 학파인, 프랑스에 있는 그의 친구들과 스승들로부터 그 개념을 차용했고, 그것을 그의 연구기반으로 수용했다. 이들은 거의 삼백년 동안 운영되었던 산업에 대한 그들 정부의 상세한 규제 - 즉, 수출입관세와 국내·외에서의 제조 및 판매의 금지, 제조될 다양한 재화의 양과 질에 대한 미세한 처방, 오래된 과세체계, 국가에서 지금(bullion)의 보유를 위한 이론들, 등등으로 국가자체 내에서의 상업을 제약했던 것 - 를 설득하도록 하는 매우 특별한 과업을 가졌다. 잉글랜드, 특히 잉글랜드의 교역에 영향을 미치는 미국식민지들 및 서인도제도들, 의 상황은 그렇게 극단적이지는 않아도 유사했다. 거기에는 길드(guild)와 법인제약의 유풍(遺風)이 있었고, 특정재화생산과 식민지들과의 교역에 대한 독점들이 특정기업들의 수중에 들어갔다. 잉글랜드의 농업은 수출장려금과 수입제약에 의해 촉진되어졌다. 이 모든 것은 장기적이고 오래된 성장이었다. 전체에 대해서는 어떠한 조사도 전연 이루어지지 않았다. 그것의 관리는 필연적으로 불량했는데, 이는 양질의 관리에 대한 과학과 전통은 오랜 수양 또는 적어도 주의 깊은 합리적 관심이 요구되기 때문이다.

그것은, 아담 스미스(Adam Smith)가 천부의 자유는 거의 변함
70 없이 보다 좋은 결과를 만들 수 있다고 가정하여 기술했던 이 체제와, 배치되는 것이었다. *자유방임(laissez faire)*은 "정부는 인민

에게 최선으로 보이는 것을 인민이 하도록 남겨두자"는 것을 의미했다. 그것은 모든 정부의 부재를 의미하는 것은 아니지만, 적어도 프랑스의 옹호자들에게는 정부가 아주 많이 존재하는 것을 의미하지는 않는다. 아담 스미스(Adam Smith)의 주요한 항변은, 중상주의개념에 대한 반대, 즉 해외교역에 대한 제약에 반대하는 것이었지만; 그는 이 제약들이 국방을 강화했던 것처럼 - 또는 "방어는 풍요 앞에서 나온다"라고 그가 말한 것처럼 -「항해조례」(Navigation Act)의 제약들은 좋다고 인정했다.

상업에서 제약들을 제거하는 것에 대해 유념하면서, 그는 "모든 개인들은 그가 지배할 수 있는 자본이 무엇이든 간에 가장 유리한 고용을 발견하기 위해 계속해서 스스로 노력한다. 그것은 참으로 그 자신의 장점이지, 그가 의도한 사회의 장점이 아니다. 그러나 그 자신의 장점에 대한 연구는 자연히 - 좀 더 정확히 말하면, 필연적으로 - 사회에 가장 유익한 고용을 선택하도록 그를 인도한다"고 말한다.[1] 그리고 그는 반복적인 인용의 대상이 되었었던 기술을 계속해나간다. 즉

> 때문에, 모든 개인들이 그의 자본을 국내산업의 지원에 사용하고, 그 산업의 산물이 최대가치가 될 수 있도록 지향하는데 사용할 수 있도록 노력하는 한; 모든 개인들은 그가 할 수 있는 최대한으로 사회의 연간가치를 보상하기 위해 반드시 노력한다. 그는, 대체로, 공익의 제고를 시도하지 않을 뿐 아니라, 그가 얼마나 많이 공익을 제고하고 있는가에 대해서도, 참으로, 알지 못한다. 외국산업보다 국내산업에 대한 지원의 선호에 의해, 그는 그 자신의 안전만을 꾀하고; 그 산업의 산출이 최대가치가 될 수 있는 그러

1) 아담 스미스,「국부론」(*Wealth of Nations*), 제4권 제2장.

한 방법으로 산업을 지휘함으로서, 그는 그 자신의 이득만을 시도하고, 그는 다른 많은 경우처럼, 이 경우에도, 그가 의도한 부분이 없는 목표의 촉진을 위해 보이지 않는 손에 의해 인도된다.

71 아담 스미스(Adam Smith)는 개인적 이득과 사회의 그것과의 이러한 조화는 모든 영역에서의 경제적 노력에 유익하다고는 말하지 않았다. 여기서 그 경제적 노력은 해외교역에 대한 국내교역의 선택과 관련되고, 그밖에 "많은 다른 사례들" - *모든* 사례는 아니고 - 과 관련된다.

그 다음에 스미스(Smith)는 본제(本題)에서의 짧은 이탈 후에 다음과 같이 말한다. 즉 "개인의 자본을 사용할 수 있는 국내산업의 종류가 무엇이고 어떤 산출물이 최고가치가 될 것인가 하는 것에 대해, 모든 개인들은, 그의 지방적 상황에서, 어떠한 정치가나 법제정자가 그를 위해 하는 것 보다 훨씬 나은 판단을 할 수 있다는 것은 분명하다" - 그러나 이는 개인이 사회의 행복을 만들 수 있거나 그 자신의 이익추구는 다른 사람에게 어떤 폐해를 야기할 수 있다는 것에 기여하는 것이 아니라, 자본사용자 스스로를 위해 제공하는 가치에만 적용한다.

아담 스미스(Adam Smith)는, 대중에 유익하다는 구실로 독점(獨占)을 확보하지만 실제로는 그들 자신들의 이득을 위해 국부를 착복한, 거상(巨商)들을 비난한다. 마치 독점성향은 인간본성에 고유했던 것처럼 보인다. 즉

교역의 자유가 영국에서 전적으로 회복되어져야 한다고 진정으로 기대하는 것은 그 곳에 대양주나 유토피아를 언젠가는 건설해야만 한다고 기대하는 것처럼 얼빠진 것이다. 인민에 대한 편견뿐

> 만 아니라, 더욱 억제할 수 없는 것은, 많은 개인들의 사익들은 교역의 자유를 불가항력적으로 반대한다는 것이다.

그리고 그는 많은 영국인들이 했던[그러나 거의 그것의 반대를 가르치는 하이에크(Hayek)에게는 효과가 없는] 그러한 경고를 한다. 예를 들면 –

> 인류지배자들의 폭력과 불공정은 내가 두려워하는 태고로 부터
> 72 의 해악이고, 인간문제의 본질은 해결책을 거의 허용하지 않는다.
> 그러나 인간의 지배자도 아니고, 지배자가 될 수도 없는, 상인들
> 과 제조업자들의 치사한 탐욕과 독점적 정신은 비록 교정되어질
> 수 없다고 해도 다른 사람이 아니라 그들 스스로의 고요를 저해
> 하는 것을 매우 쉽게 예방할 수 있다.[2)]

아담 스미스(Adam Smith)는 재산, 국방, 계약에 관한 법들의 존재를 가정한다. 그리고 그는 일정한 특별의무로 공공사업, 군비와 외교를 통한 해외무역의 제고와 방어, 정의, 그리고 교육을 추가한다. 여기서 우리는 교육과 공공사업만 고려하고자 한다.

아담 스미스(Adam Smith)는, "모든 사람은 그가 어떤 단체에서 자유를 획득하기 이전에, 또는 마을이나 도시의 기업이 교역을 시작할 때 허가를 받기 위해서 입회시험을 치르는 것을 강요함으로써", 가장 필수적인 교육(教育)의 이수필요성을 "인민전체"에 대해 공공에 의해 부과하는 것을, 옹호한다.[3)] 그러나 이것은 국가의 강력한 개입이다. 즉, 생계비획득에 필요조건인, 교육을 받기

2) 전게서, 제4권, 제3장.

3) 전게서, 제4권 제1장.

위해서는 일부는 공공지원을 받고 일부는 학생들이 지불하는 적정한 수업료로서 공공에 의해 설립된 학교에서 교육을 받아야 하기 때문이다! 그들은 읽기, 쓰기, 그리고 산수, 기하, 역학을 배운다. 거기에는 엄격한 제재와 함께 정부의 강제적인 행동을 지지하는 약간의 심각한 필요성이 있어야 한다. 그 필요성은, 정말로, 아담 스미스(Adam Smith)의 생각으로는 가장 중대한 종류이다. 그는 사람들이 상업사회(그리고 그는 농업과 소규모 가내공예와 그 시대의 매우 소규모 가게에 대해서도 언급했다)에서, 날이면 날마다, 과업의 세분에 몰두하고 있는 곳에서는, 그들은 멍청하고, 냉담하고, 그들의 정신, 특히 군인정신, 을 상실하게 되며, 그리고 이성과 판단이 결핍된다고 믿는다.

73 그들이 더 많이 지시 받을수록, 무지한 국가들 가운데서 열광과 미신의 망상이 가장 지독한 무질서를 종종 야기하는 것에 대한 그들의 책임은 더욱 줄어든다. … 교육받고 지적인 사람들은 … 보다 많이 검토하는 경향이 있고, 보다 본질을 간파할 수 있으며, 파당과 선동에 대한 흥미로운 불평분자이며, 그리고 그들은 그 이유로 정부의 조치들에 대한 모든 부당하거나 불필요한 반대에 덜 오도될 수 있다. 자유국가들에서는 정부의 안전은 인민이 정부의 처신을 구성할 수도 있는 긍정적 판단에 매우 많이 의존하는데, 인민은 정부의 안전과 관련하여 성급하거나 변덕스럽게 처리하지 않아야 한다는 것에 최고의 중요성을 확실히 부여해야 한다.

하이에크(Hayek)와 그의 동료노예들은, 정부가 수용하고 성실하게 운영되도록 지지하는 교육체계는 정부에 조화되어야 한다고 제안하는 사회주의자들과 계획가들에게, 커다란 열정을 가지고 설득하여 따르게 한다. 지금까지 알려진 어떠한 정부체제도 정부

목적에 적합한 교육이 없이 유지될 수는 없다. 현명한 아담 스미스(Adam Smith)를 주목하라. 아리스토텔레스(Aristotle)를 주목하라. 플라톤(Plato)에 의해 그 앞에 놓인 공산주의문제와 직면했고 플라톤(Plato)만큼 나아가려고 하지 않은, 그는 인간의 소유를 평등화하기보다는 "국가에서 제공하는 충분한 교육"에 의해 "인간의 욕구평등화"하는 것을 제안했다. "자유(liberty)와 면제(immunity)가 최고의 행정가들이고, 정부는 어떤 일을 함에 있어 그 자신을 필요하지 않게 하는 것 이외에는 실제로 아무것도 하지 않는다"는 금언을 가진 아담 스미스(Adam Smith)의 프랑스선생들을 주목하라. 그들은 그들 자신의 논리에 포획되어 있는데, 이는 경제적으로 무정부적인 사람들은 다른 사람들에 피해를 회피할 만큼 현명해야 하기 때문이다. 그들은 토양의 경작에서만 부가 생성된
74 다는 그들의 특이한 이론을 포함한 "정치사회의 자연적이며 필수적 질서"를 사람들이 이해할 수 있다고 확신하지 않았다. 때문에, 교육은 주권자의 제1의, 필수적이고 숭고한 - 자유롭지만 강제적인 - 의무였다. 우리시대의 과업은 완전한 민주시민의 교육이다. 해링톤(Harrington)이 말한 것처럼, "교육은 정부의 조형예술이다." 역사상 모든 국가는 교육을 사용해왔고, 모든 가정도 그것을 사용하고, 자본주의 국가는 그것을 억제함으로 일부 그것을 사용했고, 경제적 개인주의의 결함을 발견하기 위해 탐구하는 민주국가는 그것을 스스로에 내버려두어야 한다.

국가의 적극적 행동에 대한 질문에 관해, 아담 스미스(Adam Smith)는 현명한 금언을 지니고 있다. 즉

주권국 또는 연방의 세번째이며 마지막 의무는 그러한 공공기

관들과 공공사업들을 설립하고 유지하는 것이다. 그것들은, 비록 위대한 사회에 최고로 유익하다고 하드라도, 어쨋든 수익이 어떤 개인이나 소수의 개인들의 경비를 상환할 수는 없는 속성을 가지고 있다. 때문에, 어떤 개인이나 소수의 개인들이 설립하거나 유지해야 한다고 기대할 수 없다. 이 직무의 수행은 사회에서 상이한 시기에, 아주 상이한 정도의 비용을, 역시, 요구한다.

아담 스미스(Adam Smith)는 양호한 도로, 교량, 운항할 수 있는 운하, 항구 등 - 그리고 일반적으로 "어떤 나라든 상업을 촉진하는 공공사업(公共事業)의 설립과 유지" - 에 대해 언급한다. 그 경우에 "상업"은 농업생존이외의 모든 경제활동들을 의미했다. 기업에 대한 실증적인 정부의 진흥이나 정부자신에 의한 활동들의 수행이 있어야 할 것인가 여부에 대한 제한이 없다.

자연히, 우리는 기술지식의 진보에 따라 완전히 스미스(Smith)의 이해범위 밖에 놓인 과업들을 생각할 수 있게 한다. 즉,

75 1. 정부에서 필요하다면, 자연자원의 보전은 보호적·지시적, 그리고 직접적으로 수행되었다.

2. 정부개발(Government exploitation)

(a) 경제적 수익이 모든 사회에 간접적인 곳, 그리고 (투자가 매우 장기적인 곳, 그리고) 화폐적 수익은 특정한 사업들 - 예를 들면, 신용대부의 인가, 수력전기의 개발; 사막폭풍지대의 식수, 또는 벌목지의 개간, 또는 창고·냉장·처리공장의 건립과 같은 것들 - 에서 전혀 또는 전부 발생하지 않는 곳;

(b) 비록 개발(exploitation)의 경제가 최선의 상태가 된다고 하드라도, 요구되는 자본이 거대하여, 볼더댐(Boulder Dam: 또는 말하자면 철강이나 시멘트산업, 또는 석탄액화의 설립)의 사례처

> 럼, 프로젝트를 구상하는 사람들이 일생동안에도 적립되어질 것 같지 않아서, 사업시작에 지원이 필요한 곳;
>
> (c) 중추적 중요성을 갖는 사업들과 자연자원의 임차와 관련된 (예를 들면, 연료·동력·통신 또는 화학산업의 사례) 곳;
>
> (d) 재산의 불평등이 덜 중요한 다른 수요를 먼저 고려하도록 하기 때문에 사기업이 적절히 공급할 수 없는 중요한 기본공공수요 - 보건, 어린애의 급식과 의복, 시간에 따라 변하는 주택;
>
> (e) 체제에 대한 최선의 경제를 위해 다수의 공업·농업 그리
> 76 고 상업적 고려사항들이 통합되어야 하는 곳, 그리고 기술적 기예·아이디어·공공장려 그리고 개인과 재산에 대한 국가권력이 성공을 위해 요구되지만 권력이 너무 거대할 수 있는 것처럼 개인이 양보할 수 없는 곳, 의 개발계획들. 예를 들면, TVA., 인도나 중국의 경제개발계획, 또는 칠레개발회사에 의해 이루어진 사업이다.

이 모든 것은 투자와 "노동시장"의 방향, 산업입지의 방향과 관련된 추가적인 관심사항이다. 만일 그것이 다르게 이루어진다면, 공익, 보건·영양·주택·사회보장과 같은 사회서비스에 배치될 수 있는 것으로, 그것은 연방·주·지방의 정부에 의한 계획의 광범하고 명료한 영역이다. 이들에 부연하여, 우리는 이제 다른 방법으로는 독점·폭력·사기가 있을 수 있는 곳에 경쟁과 공정기업의 강제가 있다는 것을 언급할 수 있다.

하이에크(Hayek)는 가격(도로에서 광고기둥들과 같이, 그리고 "대부분의 경우에서 … 도로들 자체로")의 지불에 의존하는 특정 서비스들을 향유(享有)하는 것이 비현실적인 곳에서는 국가가 사업들을 수행해야 하고; 사적인 타산과 관련되는 상품들과 사회복

지에 영향을 미치는 상품들 간에 일탈이 있는 곳, 그리고 재산의 특정한 사용에 의해 타인에 야기된 피해를 재산소유자에게 적절히 부과하지 못한 때(산림벌채, 일정한 농사방법, 공장들의 연기와 소음처럼)에도 역시 국가가 행동을 취해야 한다는 것에 동의한다. 그는 공장과 건물의 규제(81쪽), 산업에서 사기·속임수·무지한 개발에 대한 예방이 있어야 한다는 것을 용인한다. 그는
77 댐의 건설(그러나 내가 전력생산이나 대규모 기계를 만들지 못하도록 하는 것을 이해하는 한에는)에 동의한다. 그는 참을 수 없는 약간의 위험이 존재한다(그러나 그는 이에 대해 특화적이지도 않고 강제적 장치도 준비하지 않는다)는 이유로 사회보장의 요구에 응답한 것으로 보인다.[4)]

하이에크(Hayek)는 국가에 하나의 과업을 더 요구하는데, 그것이 그의 주요한 적극적 행동으로; 그는 국가가 경쟁을 "가능한 효과적"으로 만드는 행동을 해야 할 것을 바란다. 그것은 경쟁업무가 작동할 수 있게 하는 구조－즉, 그것은 모든 경직성을 극복하게 한다－를 제공한다. "국가가 '행동해야 하는가' 또는 '방해하도록' 해야 하는가 또는 하지 말아야 하는가 여부의 문제는 전체적으로 잘못된 대안을 제기하고, '자유방임'이라는 말은 자유정책이 기반하고 있는 원칙들에 대한 매우 모호하고 오해하기 쉬운 기술이다." (80~81쪽.) 그가 생각하기에, 우리는 경쟁과 완전규제 사이에서 선택해야 한다. 왜냐하면, 생산에 대한 효과적인 인도로 운영을 중지하게 하는 결합이 없이는 우리가 바라는 어떠한 범위에서도 경쟁을 계획과 결합하는 것은 불가능하기 때문이다. 즉 "경쟁과 중앙지시는, 만일 그것들이 불완전하다면, 빈약하고 비능

---

4) 이는 시카고대학교의 라디오 포름의 인쇄된 요약본(1945. 4. 22. 4쪽)에서 나타난다.

률적인 도구가 되고; 그것들은 동일한 문제를 해결하기 위해 사용된 대안적 원리들이고, 어느 것도 실제로 작동되지 않고 어떠한 체제도 일관되게 의존했었다면 결과는 악화될 수 있는 두 수단의 혼합이다.” (42쪽.) (결과의 가치는, 조직된 체계가 있는, 계획에서 추구한 목표에 의존한다는 잘못된 이유를 우리가 더 진행하기 전에 이를 지적하자.)

하이에크(Hayek)는, “독자들이 유념해야 할 본 저서의 논쟁에 대한 최고의 중요성 가운데서, 우리의 모든 비판이 지향하는 것에 반(反)하는 계획은 오직 경쟁에 대한 계획 - 경쟁을 대체되는
78 계획 - 이다”, 라고 계속하여 이야기한다. 그리고 그는 가장 부조화된 방법으로 책임을 포기하는데; 이는 만일 그것이 건전하다면 그것은 그가 그의 사례를 지지하기 위해 인용할 수 있는 최선의 적극적 논쟁이 될 것이라는 사실에도 불구하고, 경쟁을 *위한* 계획이 무엇인가를 그의 저서에서 말할 시간을 갖지 못함을 발견하기 때문이다!

우리는 하이에크(Hayek)가 생략한 것을 제공해야 한다. 경쟁의 보존은 정부의 강제력에 위임되어야 한다는 점을 기억해야 한다. 이것은 끊임없어야 한다. 그것은 단호하게 이룰 수 없는데, 이는 경쟁에 *대항하는* 경향들은 타고났고, 억압하자마자 뛰어 오를 것이기 때문이다.

이들은, 그렇다면, 정부가 자유경쟁을 강요하기 위해 수행해야 하는 최소의 활동들이다. 즉,

1. 모든 독점의 분산
2. 부의 균등화
3. 기업관행에서 강요, 사기, 정실주의의 폐지
4. 교육의 평준화

5. 교육의 주입과 선전의 이용
6. 계획을 역설하는 노동조합들과 정당들의 청산
7. 수정할 수 없는 헌법의 제정; 또는 다수당과 입법부를 제한하는 과점적 헌법의 제정

1. *독점의 분산*은 독점을 정의하고, 벌칙들을 기술하고, 그리고
그것을 관리할 기관을 설립하는 법을 요구할 것이다. 즉, 그것은
공무원, 그렇지 않으면 대단한 명칭인 “관료들”, 을 요구했다. 관
료들은 현대기술과 대규모경제의 보다 양호한 이용목적을 위한
연대(連帶)의 권리들과, 공공정책에 대한 공모(共謀)를 구별할 수
있어야 한다. 이것은 하나의 중요한 막료, 많은 연구들, 기업인들
에 대한 간섭, 문건들과 선서한 진술문들의 발간, 그리고 기업임
원들은 모호하고 우둔하게 행동하는 것으로 알려졌기에, 그들이
79 진실을 말했던가를 알아보기 위해 평상복의 형사들과 스파이들의
사용까지도 요구할 것이다. 거짓말탐지기들도 사용해야 한다. 왜
냐하면, 만일 우리가 완전하게 경쟁을 강요한다면, 우리는 비용
절감에 특별한 재능을 가진 사업을 시작하고자하는 누군가에 대
해서도 불공정해서는 안되지만, 아직도 모든 그의 방해자들을 발
견하지 못한 일부 공공기관의 태만에 의해 격리될 수 있기 때문
이다. 학교를 탐정 및 보안 참모를 위해 설립되어야 할 필요가
있을 수 있기에, 그들은 “신사협정”·비밀 리베이트(rebate)계략,
시장과 이윤의 분점, 그리고 기타 그와 비슷한 공모의 시도를 배
울 수 있을 것이다. 법을 결합하거나 회피하기 위한 가장 초기의
도의 암시가 유력자들을 다루는 최선의 방법이라는 원칙에 따라,
모든 잠재독점자들을 중앙기관과 휴대용 무전기로 연결하는 것이
유용할 것이다.

추가하여, 분산명령의 시행을 규정하는 것이 적절할 것이다. 이것은 탈세위험을 가진 중과세에 의해 이루어 질 것이다. 형사 판결들은, 공모적인 행동에 의해 손상을 입은 모든 사람들에게 지급할 수 있는 벌금과 배상에 대한 비합법화 그리고 여러 임원들과 그들의 공장과 사무소에 대한 물리적 개입처럼, 역시 필요할 것이다. 미국에서 독점들에 반대하는 행동이 지금까지는 매우 인상적인 결과는 가져오지 못했어도, 연방무역위원회와 법무부의 막료들, 그리고 기소와 관련된 검사들의 수를 상당히 늘릴 필요가 있다.

시장을 확보하기 위한 합병의 유인책으로서 시장의 이익을 보장하는 효과를 가지고 있는 모든 관세들을 폐지하는 것도 또한 필수적일 것이다. 이는 관세의 도움으로 일정한 통합과 가격구조에 이른 공업과 농업의 여러 부문에서의 부수적인 변화와 관련될 것이다.

만일 독점들이 분산된다면, 경제적 개인주의의 내면에 있는 실
80 제적 자극과 함께, 기업법인에 대해 책임있는 통제를 복원시키는 문제가 아직도 존재할 것이다. 기업들의 감독과 관리를 위한 실제적 통제와 소유권관계를 조사하기 위한 정부부서를 설립할 필요가 있을 것이다. 소유자들은 정부차관에 의해 제공된 자금으로 주식대금을 지불할 수 있는 관리자들이나 경영자에게 그들의 지분을 넘길 것을 강요받을 것이고, 소유자들은 주주회의에 참여를 강요받을 것이다. 정책을 통제하는데 충분한 지식이 없는 회의에의 참여가 무의미한 것처럼, 타 기업들과 좋은 경쟁자들이 되고 그들의 감독자들의 기대에 부응하도록 하기 위해, 주식소유자들은 그들이 추구하기를 원했던 거래를 보다 더 인정하기 전에, 보고서를 읽고 정부학교들을 보수하는 것이 강요될 것이다. 여기서

정부학교는 아담 스미스(Adam Smith)가 제안한 곳으로, 주식소유자들이 읽기·쓰기·회계·기하·역학을 배울 수 있는 곳이다. 그들은 그것을 하도록 강요되어야 한다. 자유롭도록 강요하라! 더할 나위없는 기쁨이다!

대자본을 가진 기업들 가운데서 경쟁하는 것 - 어떻게 그것이 가능한가? 흥미로운 생각들과 좋은 프로젝트를 가진 경쟁자들을 짜맞추는 것에 의해서만 가능하지만, 그들이 죽기 전까지는 필요한 자본을 축적할 수 없을 것이다. 이는 경쟁을 유지하기 위해서 모두 참여할 수 있는 경쟁을 위해 정부계획가는 경쟁자가 될 수도 있는 사람들에게 신용을 제공하거나 보장하는 것을 의미한다. 아무에게나? 만일 *그*가 아무나 택하지 않고 그와 특별한 관계에 있는 사람만 선택한다면, 전국적으로 아우성소리가 치솟도록 만들 것이고; 그들 가운데 선택하지 않는다면 커다란 많은 실패가 있을 것이고 협잡꾼들이 정부를 악성부채로 몰아 갈 것이다. 만일 그가 채권자들을 선정했다면, 어떤 기준을 선택해야 하는가? 특정한 기업라인에 좋은 경쟁적 재료들이 있다는 것을 추정할 수 있다. 그리고 여기서 하이에크(Hayek)가 말한 자신의 계획가는 *특정목적을 위한 사람들 간의 구별* - 그가 말한 것은 자연법에 반하는 것이다 - 하도록 하는 것이다. 이는 완전한 편협에 대한 비이성적인 집착으로 꼭 인도해야하는 그러한 모순이다.

81 사실은, 재건금융법인(Reconstruction Finance Corporation: RFC)은 그러한 신용들을 제공하고, 이 법인의 연구는, 하이에크(Hayek)에게 다음을 증명할 수 있었다. 즉 (a) 그것은 모험에 처해 있는 국가자금이기 때문에 그가 모든 사람에게 대출할 수 없으며, (b) 정부 - 그리고 정부가 위탁하여 임명한 공무원들 - 가 광산을 운영하고·채유하며·공장을 운영하고·부동산을 개발하

지 않는 한, 상황을 통제하기 곤란하다. 그래서 민간기업의 신용성과 효율성에 대한 추측은 나중에 그를 통제하기 위해 사람과 권리를 선택하게 하는 완전한 권위와 대체되었다. 현재의 상황에서 RFC가 이의 자금을 돌려받거나 또는 받지 못하게 되는데, 반제되는 자금이 많은 이유는 RFC가 가능한 모든 위험을 부담하지 않기 때문이다. 지원자들이 토지관련 보통법원에 가서, HRFCFC[하이에크(Hayek)의 경쟁을 위한 재건금융법인(Hayek's Reconstruction Finance Corporation for Competition)]에 주어진 자유재량은 "어떠한 사람도 적법절차 없이는, 말하자면, 경쟁기회라는 국가신용을 박탈할 수 없다"는 그러한 효과의 관점에서 하이에크(Hayek)의 권리헌장과 상충한다고 주장하는 것을, 허용할 수 있는가? 만일 이것이 허용되지 않는다면, HRFCFC가 호의적으로 행동하지 않는데 대해 어떠한 보장이 있는가? 경쟁의 강도가 제고되어 하이에크(Hayek)적인 감독관들이 뇌물을 받지 않았을 것이라고 어떻게 확신할 수 있는가? 경찰에 대한 경찰! 그들 스스로 행정가들과 조화되었던 분별의 발견에서 의원들이 얼마나 놀랐으며, 그래서 그들이 제시 존스(Jesse Jones: RFC회장, 상무장관)를 잃었을 때 어떻게 그들이 헨리 월리스(Henry Wallace: 루즈벨트 대통령하 부통령)를 갖는 것을 거부했는가를 회상하자. 개인적 관리인정신이 다시 등장하고, 경쟁의 "무분별한 힘"은 아니다.

그것은, 100%로는, 이루어질 수 없고; 100%가 아니라면, 공동의 복지를 위한 경쟁을 *위한* 계획과 경쟁에 *대항하는* 계획은 모호해진다.

2. 경쟁적 평등이 널리 보급되는 것을 확실히 하기 위해 *재산*
82 *을 평균화하는 것이 필요할 것이다*. 우리가, 그들의 능력이 다른

사람의 그것보다 특히 양호했던 노선을 따라 경쟁하고자하는 그들의 기회들을 줄이는 약간의 개인적 흠결을 가진 사람들에게, 소액의 추가지원으로 이를 변상하고자 했을 때는 헛되지 않을 것이다. [존 스튜어트 밀(John Stuart Mill)은, 우연히, 이를 제안한다.] 그래서 아직은 우스우리만큼 부족하지만, 설득력있는 목소리와 논쟁적이며 인상적인 권력들을 가지고 있는 매우 유능한 판매원이 특별한 전리품을 제공받거나; 그의 "접근방법" 보다 더 추악한 안면을 선천적으로 가진 불이익에 처해, 성형외과수술이나 가면을 받아들일지도 모른다. 그러나 보다 개인적인 차별과 관련된 이 사례들을 떠나서, 재산의 불균형이라는 장애를 감소시켜 시장을 만족시키는 능력을 자유롭게 제공하는 고삐가 가장 심각하게 요구될 수 있다. 이것이 요구하는 심문은 무엇인가! 무엇을 조사하는가! 정의들(definitions)에서 무엇을 탐색하는가!

그러한 경쟁만의 관점에서는, 재산(fortune)과 관련하여, 사람들이 평등하게 시작하게 하는 가장 확실한 방법은 생산목적을 위해 모든 민간수중의 자산(property)을 폐지하는 것이다. 만일 그것이 진정으로 경쟁이 작동하도록 하기 위해 의도된 것이라면, 이것은 그렇게 하기 위한 길이다. 그것의 우생학적인 효과는 오래 전에 버나드 쇼(Bernard Shaw)에 의해 추천되었다. 소련체제는 이 원리를 채택했는데, 이는 생산과 행복에 대한 불균형의 족쇄를 풀기 위한 것과 같은 토의되고 있는 바로 그 이유 때문이다. 나는 이것은 과도하다고 생각하지만; 하이에크(Hayek)의 사례에 있는 경제조직의 단일원리는 경쟁이라는 절대적 집착의 논리적 귀결이다.

그는 그것을 다음과 같이 이해해야 한다. 즉, 여러 가정(家庭)의 어린이들은 경쟁을 위한 출발기회의 동등성을 교란할 수 있는 그들 부모사후에 상속의 개시를 허용하지 말아야 할 뿐만 아니라, 어린이들이 그들의 경쟁적 효율성을 증대시킬 수 있고 작은 노력에 대한 추가적 보상을 주어야 하기 때문에 보다 좋은 음식
83 과 보다 좋은 처우를 받는 것을 방지해야 한다. 경쟁의 혜택에 대한 믿음에 관한 지지는 그것의 지속을 위한 중요한 기반이고; 만일 일부가 보다 좋은 기회를 갖게 된다면, 그것은 믿어 질 수 없다. 세 가지 결과들이 수반될 수 있는데: 부모들은 그들의 경쟁적 능력이 무엇이든 간에 동등하게 지불되어야 하고; 빈곤한 어린이들은 국고에서 수당으로 보조되어야 하고; 어린이들은 그들을 전부 동등하게 취급하는 공공에 의해 유지되는 학교에 보내져야 한다는 것이다.[5)]

그것의 모든 면에서 재산균등화의 주제에 대해 이야기했던 것은 법령으로서만 집행될 수 없을 뿐만 아니라, 은밀한 뇌물과 청탁이 법의 의도를 타파하기 위해 주어지진 않는다는 것을 특히 조사하기 위해, 많은 조사요원들과 집행관리들이 필요할 것이라는 점은 더욱 관찰되어져야 한다.[6)]

3. *일반교역실무에서 강제 · 사기 · 정실주의의 소멸.* 이것은, 연방무역위원회 · 법무부 · 그리고 NRA하 법령들의 어리석어 보이는 작업들에 의해 제기되었었던, 모든 문제들을 적어도 제기한다. 경제활동의 모든 부분들에서 매일 일어나는 수많은 거래를 생각하자! 하이에크(Hayek)의 국가행정이 시작하고 끝나려는 곳은 어

---

5) 아담 스미스, 「국부론」(*Wealth of Nations*), 제5권, 제1장. 아담 스미스의 하나의 충고 즉 민간정부는 재산소유자가 자신의 재산을 보호하기 위해 설립된 것이며, 그 재산과 출생은 양자로부터 정부의 운영에서의 주요한 지배로부터 혜택을 받은 사람들에게 준다는 것을 기억하자.

6) 존 록(John Locke)의 이 문제들을 회피하는 길 즉 누구도 자신의 직접적인 소비를 위해 자신의 노력으로 투입하는 이상의 재산을 가져서는 안된다는 것을 기억할 필요가 있다.

디인가? 하이에크(Hayek)주의자의 행정은 재화에 대한 잘못된 호
칭, 고객에 따른 불공정한 선호, 성분이나 성능에 대한 부정한
기술, 증여로서의 추가적인 출하, 통명스럽고 방해적인 서비스,
경쟁자들의 재화에 대한 거짓기술과 같은 경쟁을 절름거리고 왜
곡하는 부패가 시작할 수 있는 곳을 처음에는 알지 못한다. 하이
84 에크(Hayek)는, 경쟁에 대한 어떠한 잠식도 전체장치를 관통하
고, 다른 사람들이 그들이 하고자하는 데로 그들의 경쟁을 계획
하는 것을 예방한다고, 말했다. 이것은 경쟁적 교역에서 공무원
이 아니고 민간인에 의해 사용된 강요·사기·음모의 장점을 보
유하고 있다. 수백만 가지의 거래에는 수백만 가지의 허점이 있
고, 국가가 모든 부문에 손을 대지 않는다면 비행이 발생될 것
임을 의미한다. 이는 가능하다면 국가는 단지 처벌적인 것이 아
니라 예방적으로 행동해야 하고; 행위자들의 네트워크는 잠재적
남성요인들처럼 광범하게 확산되어야 한다는 것은 잘 알려진 경
찰행정의 원리이다. 이것은, 모든 거래자들의 책들과 기록들은 정
기적인 검사가 가능해야 되는 것을 의미하고, 그러한 검사는 많
은 시간이 요구되기 때문에, 하이에크(Hayek)가 착수한 커다란
과업이다.

4. *교육은 평준화되어야 한다.* 모두에게 동일한 사항들을 가르칠 필요는 없지만, 모두는 그들은 시장에서 가장 잘 사용될 수 있다고 그들이 생각하는 그러한 재능들을 개발할 기회를 가져야 한다. 국가는 세계의 어디든지 오늘날 이루어지는 것보다 더욱 철저하게 참여하고, 평균화되지 않은 사교육은 제외시켜야 할 필요가 있다.

5. *그러나 교육의 목적은 직업과 전문성을 위한 단순한 훈련이 아니고; 경쟁상태에 관한 이론을 필연적으로 가르쳐야 한다.* 이것

은 인간의 바람직한 상태이고; 진정으로, 그것에 대한 선전은, 어린이가 하이에크(Hayek)체계의 혜택을 가르치는 적절한 기술적 방법에 적용된 학습의 의미를 의식적으로 수용할 수 있는 초기부터, 실제적으로 시행해야 한다는 것을 논증해야 한다. 거의 모든 남녀는 인간성의 가치와 운명에 관한 양심과 불안의 문제들을 지니고 있다. 그들 모두가 경쟁체제에 대해 선천적으로 유사하게 생각한다고 기대할 수는 없다. 다른 사람들을 타도하고 추방하는 것은 적절하지 않다고 생각하거나, 또는 그 외의 사람들이 다수당의 권력이 소수당의 선택을 결정하기 때문에 소수당을 강요하는 일과 장소에서 작업하는 것은 잘못이라고 생각하는 로버트 오
85 엔(Robert Owen)이나 에드워드 벨라미(Edward Bellamy)와 같은 사람도 있을 수 있다. 또는 삶의 중간에서, 사회적 행복의 길은 사회주의에 있다고, 생각하기 시작하는 존 스튜어트 밀(John Stuart Mill)같은 사람들이 있을 수 있다.[7] 이런 부류의 사람들이, 우리가 알고 있는 바와 같이, 있다. 왜냐하면 사회주의자이며 협동생산자들, 그리고 협동소비운동들이 있기 때문이다. 경쟁만을 *위한* 계획을 하는 국가에 의해, 무엇이 이들에 대해 이루어져야 하는가? 「선동법」(Sedition Law)이 경제적 개인주의자들의 헌법을 전복할 의도를 가진, 하이에크(Hayek)의 권리헌장원리에 대한 준수에서 타인을 선동하는 효과를 노리고 공개적으로 발언하는 것을 위반하도록 만들어야 하는가?

여기서의 문제는 경제기업의 체제, 그것의 방법, 그리고 그것의 정신이 인간개성의 나머지로부터 분리할 수 없다는 것이다. 화폐이론 · 정의 · 안전에 대한 목소리를 듣는 그들에 대해 무엇이

---

7) 참조 29쪽 이상.

이루어졌는가? 경쟁의 주입 또는 이의 위험에 대한 번복?

6. 재산권에 반대하는 집단협상기관 또는 권력의 사용자로서 *노동조합들은 폐지될 수도 있다.* 이 관점에서 수반될 수도 있는 방법들은 핑커톤(Pinkerton: 미국최초로 국립탐정회사를 설립한 사람) 탐정들, 최류탄, 자금강탈, 집회금지, 황견계약(yellow - dog contracts: 노동조합에 가입하지 않는 조건하의 고용계약), 인지거부, 희생 - 여기서는 이 이상 더 상세히 논할 필요가 없다 - 등과 같이 노동역사학도들에게는 잘 알려진 것이다.

정당들의 문헌, 회합들, 그리고 연설들은 경쟁을 위한 계획원리의 훼손을 지향할 수도 있기에, 계획에 적대적인 정당들은 금지가 필수적일 수 있다. 정당들은 그들의 운영에 특히 비판적이었던 기관들에 대해 과세저항으로까지 인도할 수 있고, 그들은 법령을 관리하기 위해 선출된 정부와 부서들을 귀찮게 할 수 있다.

86 7. *마지막으로, 헌법은 수정할 수 없을 것이다.* 만일 그 존재가 허용된다면, 야당은 이 *불명예스런* 경제적 개인주의의 체제에 반대하는 사람들을 설득할 수도 있기에, 그것에 대한 반대자는 제동될 수 있었을 것이다. 이것은 하이에크(Hayek)의 권리헌장을 소중히 모신 것에 의해서만 이루어질 수 있을 것으로, 그것은 헌법 속의 경제적 개인주의이고, 그래서 헌법을 수정할 수 없게 만든다.

전제정치의 모든 이론으로 알려진 수정할 수 없는 헌법 밑에서 만족할 수 없는 사람들을 위한 하나의 출구가 있다. 그것은 혁명이다. 이는 「노예의 길」*(The Road to Serfdom)*의 논리적 귀결이다.

제6장 "독재"는 독재를 의미한다

(만일 시대가 그것을 감내할 수 있다면)
소요들을 방지하는 가장 확실한 길은 그것들의 문제를 제거하는 것이다.
__프란시스 베이컨(Francis Bacon)

87 하이에크(Hayek)는 그가 오스트리아와 독일에서 20년이나 25년 전에 들었던 "사회주의의" 사상은 그들 국가의 독재 때문인 것처럼 가장한다! 그 국가들에서 살았고, 이제는 영국에서 살면서 미국을 주시하고 있는, 그는 사상(事象)들에 대한 이러한 사고관계를 이해하는데 있어 그가 능력자인 것으로 우리가 믿기를 바란다.

> 때문에, 한 나라에서 다른 나라로 이동함으로써, 사람은 유사한 지적발달단계들을 종종 두 번 관찰할 수도 있다. 의식은 그래서 특별히 민감해진다. 어떤 사람이 20년이나 25년 전에 처음 만났던 사람이 표현했던 의견들과 옹호했던 조치들을 두 번째로 듣게 되는 경우에, 그들은 하나의 확실한 추세의 징후로서 새로운 의미를 가정하다. … 독일의 운명이 반복될 약간의 위험이 있는 불쾌한 진실을 이제 기술할 필요가 있다.[1)]

같은 페이지(그러나 그의 반동적 테러에 대한 차후의 선언에
88 영향을 미침이 없이 거기에서 쇠약해지도록 방치하였다)에는 "잉

1) 하이에크, 「노예의 길」, 2쪽.

글랜드와 미국의 여건들은 독일에서 최근에 목격했던 것들과는 너무 동떨어져서 우리가 같은 방향으로 이동하고 있다고 믿기 어렵게 하고 있다"라는 마음이 내키지 않는 시인이 있다. 그러나 그 여건들은 초기와는 달랐고, 독일인들은 유사 이래 독일에서 거주해오고 있다. 그들의 사고는 항상 아주 특이했으며, 16세기 초부터 오늘에 이르기까지 거의 중단 없이 독재정부를 만드는 것과 같은 그들의 여건들도 항상 특이했다. 그 3개국에서 "창조"의 목적을 방어하기 위해 조직을 유지시키는 *동일한* 결의가 있다고 주장하는 것이, 정말로, 얼마나 잘못되고, 얼마나 부정한가! *동일한* "유사현실주의"와 냉소주의, 즉 "불가피한 추세"의 *동일한* 숙명적 수용, 이라고 주장하는 것이 얼마나 장난스럽고 비과학적이며, 얼마나 반지성적인가!

그는 사회주의를 파시즘과 나치즘의 산물로 돌려야 했다. 이 곡해는 때문에 다음과 같이 표현된다. 즉

> 파시즘과 나치즘의 발흥은 그 이전시기의 사회주의추세에 대한 반작용이 아니고 그 추세들의 필연적인 결과였다는 점을 인식하려는 사람은 거의 없다. 대부분의 사람들은, 공산러시아와 국가사회주의 독일의 내부정체에 있는 많은 불쾌한 특성들의 유사성들이 광범하게 인식된 때에도, 인정하려 하지 않는다는 것은 진실이다.[2)]

파시즘과 나치즘은 사회주의에서 발흥하지 않았다. 만일 우리가 사회주의에서 그것의 관대하고 균등화하는 인도주의적 목적,

---

2) 전게서, 3~4쪽.

민주적 진보, 남녀에 대한 염려와 친절, 깊은 정의감, 문학과 예
89 술의 사랑, 가정적 즐거움의 찬양을 배제할 수 만 있다면, 그리고 특히 영국사회주의에 초점을 두어 만일 그것에서 기독교적 기원과 양육의 충동과 저항을 제거한다면 - 간략히, 만일 모든 목표와 모든 정신을 제거한다면 - 우리는, 악몽의 연장으로, 하이에크(Hayek)가 말한 것처럼 생각할 수 있다.

파시스트와 나치스들은 자본주의질서에 확실히 반감을 가지고 있지만; 그들은 그들 국가들의 사회주의자들을 혐오했고, 투옥했고, 추방하고 죽였다. 나치스와 파시스트들은, 투표가 아직 가능한 동안에도, 사회주의자들에게서 반대투표를 받았다. 더욱이, 정치는 두 나라가 서로 달랐다. 이태리에서, 파시스트정권은 주로 무솔리니(Mussolini)의 폭력적이고 개인적인 야심에 의해 설립되었다. 무솔리니(Mussolini)가 없었다면 파시즘도 없었을 것이다. 그러나, 만일 우리가 도시정부에서 사회주의투표의 강점이 점진적으로 진전되는 것으로 미루어볼 수 있다면, 의회적 방법에 의한, 민주적 사회주의정부의 제도가 있었을 수도 있다. 이태리의회에서, 사회당이 의석의 30%를 차지함으로써 1919년 11월에 의회의 최대의원단에 이르렀고; 1922년 10월, 로마진군(March on Rome: 파시스트 무장부대와 당원이 정권을 잡기위해 로마로 진군한 사건)의 시점에, 하원에서 오직 약 20% 의 의석만을 보유했다. 그 경우에도 사회당정부가 다른 당들과 특히 거대당인 가톨릭대중당을 포함한 연립정부의 출현이 없이 가능했을 것인가의 여부는 모른다. 이러한 포섭들은 생산수단의 사회화나 토지국유화 보다는 사회서비스의 아주, 아주 점진적인 발달을 의미했다. 그것은 거대부동산, *대토지소유제(latifundia)*, 의 분리, 그리고 그 결과 정부육성의 협동조합의 결과로서 현대농업기술로부터 혜택을 받은,

농업에서 소규모민간기업의 창업을 아마도 의미했을 것이다.

하이에크(Hayek)는 무솔리니(Mussolini) 자신이 이전에는 "사회
90 주의자"였다는 사실에 의존하는가? 그는 자신을 "사회주의자"라고 불렀지만, 그의 기록을 살펴보자.[3] 무솔리니(Mussolini)는 품성이 혁명적이며 독재적이었고, 제1차 세계대전의 결과로서 나타난 이태리의 고통에 대해 그가 이익을 취하거나 관대해지는 것에 대해 개방적 이었다. 이태리에 물질적인 손실이 있었고, 반감을 가진 군인들의 탈주가 있었다. 그 군인들은 전쟁, 전쟁의 결과로서의 부당이득행위, 지도자가 부추긴 개선된 경제체질에 대한 희망, 모든 것이 제자리를 차지하고 · 거기에 사회원리가 있으며 · 기업과 직업이 근면과 인내를 요구하지만 타인에 대한 권위와 군대내에서 많은 사람들이 가졌던 위신 및 분별력을 허가하지 않는 곳에서의 평화로운 생활로 되돌아가지 않은 모든 정당들의 특정한 젊은 모험가들의 결의를, 모두 신뢰하지 않았기 때문에 반감을 품고, 탈주하게 되었다. 이러한 모든 일들이 하이에크(Hayek)를 제외하고는 모두에게 잘 알려졌다.

실업이 있었다. 고물가와 기근이 있었다. 전쟁은 이익 - 신성한 이기주의 - 을 위해 발발했었다. 이태리에서 민주주의는 거의 금시초문이었다. 인민들은 대부분 문맹이었다. 공업화는 최근의 것이고 미미했다. 의회체제는 부패했었고; 기회의 형평을 제공하지 않았고; 노동자들의 운동은 비록 자신의 찬가를 부른다고 해도 무력에 거듭 호소하여 심히 침체되었고; 사회주의적 사고의 민주

3) 이는 독재정치의 내부적 약점과 수치적 속성을 그린 최초의 저술인 나의 「무소리니의 이태리」(*Mussolini's Italy*)에 많은 것이 기술되어 있다. 또한 참조. 살베미니(Salvemini), 「파시즘의 도끼아래」(*Under the Axe of Fascism*).

적 의회의 점진학파보다는 무정부적 노동조합주의가 이태리노동자들을 유인했었다.

아직도 사회주의정당의 대다수는, 거의 만장일치로, 무솔리니(Mussolini)를 싫어하고 경멸했다. 정말로, 그들은 그를 1914년 11월에 추방했는데, 이는 그가 부패하고, 무자비하며, 민주적 기질이 결핍되었기 때문이다. 1919년에 정치에 복귀하는데 그가 이용
91 할 수 있는 길은 하나였다. 그것은 자신에 대한 관심을 이끌고 폭력에 승리를 거둔 정당의 지도자가 되기 위해 공장과 거리에서 불평을 조장하고 국내외적으로 폭력을 선동하는 것이었다. 승리자들은 사회불안의 상념과 사회주의운동의 가능성 있는 진전으로 공황에 처해있는 중산층과 상류층이었다. 여기서 공황에 처해 있음은 단시간에 다수가 되는 사회주의 프로그램 또는 전술 또는 실제적 기회들이 공포를 정당화한 것 때문이 아니라 - 하이에크(Hayek)가 현재의 순간에 보인 것과 동일한 공포에 처해 있기 때문이다. 그래서, 절대로 민주주의자가 아닌, 사회당의 낙오자들은 1922년에 당황한 중산층과 상류층을 권력으로 인도하였고, 이후 수년이내에 사회당의 구성원들을 분산시키고, 암살시키거나, 추방되었다.

이것이 이태리파시즘발흥의 진실되고 잘 입증된 역사이다. 사회주의자들이 너무 경직되거나, 너무 계획적이거나, 너무 결연한 것은 아니었다. 그들은 다른 사람들이 투표함대신에 칼을 던졌을 때는 무자비하지 않았다. 이태리파시즘은 사회주의운동의 자연스런 연장이고 현실적인 실행이라고 가장하여, 하이에크(Hayek)는 파시즘의 공포를 사회주의사고와 프로그램에 귀인시킬 능력을 가지고 있다. 그리고, 특히, 제2차 세계대전이 다소 의심스러운 금지를 폐지하고, 파시스트이태리에서 기차들이 정시에 운행되었다

는 자기만족적인 이야기들 대신에 정체에 관한 정말로 비열한 특징들이 공표될 수 있도록 한 이래로, 우리가 파시즘방법들을 되풀이하여 기술하도록 한 것처럼, 그는 파시즘방법들을 재점검한다. 이 파시스트정체가, 하이에크(Hayek)가 우리로 하여금 그렇게 믿기 바란 것처럼, 계획의 고유한 결과가 아니라는 것이 얼마나 얄미웠던가. 파시스트정체가 계획의 고유한 결과가 아닌 이유는 그 정체는 전쟁이외에는 계획하지 않았기 때문이다. 파시스트정체는 그 조성자들이 가진 고유한 정신의 직접적인 결과였다. 그 정체는 노동자들이 아닌 중·상위층의 주위에 모인 잔인하고·무정하고·조소적인 독재자와 그의 패거리(gang)의 통치였다. 그 중·상위층에 속한 사람들은, 모두가 심각함이 없이, 불량배와 무법자들이 승리하기를 바라정도로 민주주의의 시민으로서의 책임을 단순히 망각했었다. 그 정체에서 기원한 모든 것들은 그
92 정체의 신중한 창조자들로부터 유래한 독재정신의 산출물이었다. 사실, 일부는 노동자들에게 빵조각을 위해 입안되고 일부는 인구를 증가시키고 사람을 전쟁에 적합하게 하는 수단으로서의 고안된 일부 사회서비스들을 제외하고는, 자본주의체제는 만족스럽게 나아갔다. 그러나 자본주의체계로부터 억압받고 있는 대부분은 노동자들로, 그들은 비활성자산(inert property)의 거대한 권력에 대항하여 사용할 수 있는 유일한 세력을 구성하고 있는 그들 자신의 독립노동조합을 갖도록 허용하지도 않은 사람들이었다. 이 정체를 칭찬했던 사람들이 영국·미국, 그리고 프랑스에도 많았지만, 그들은 사회주의자이거나 자유주의자들이 아니고, 그들은 지금 「노예의 길」(*The Road to Serfdom*)을 칭찬한 사람과 같은 부류의 사람들이었다.

이제 독일과 나치스로 돌려보자. 그런데, 사회주의자들이 준비

했던 방법은 나치주의로 독일이 하강하는 원인이 되었다는 하이에크(Hayek)의 논문이 있다. 그는 아래의 단계들에서 그의 요점들을 주장한다. 1870년 이래로 사회민주당(Social Democratic Party)은 사람들이 이익동기를 혐오하도록 교육했고, 효율성 때문에 기술기반에서의 카르텔 · 연합체 · 독점의 성장을 노출했으며; 마르크스주의신념에 대한 집착으로 국가가 분열되었고, 때문에 사회적 증오를 야기했으며; 그리고 그것은 어린이 조직들과 함께 하고, 인간존재의 모든 측면을 포함하는 일반적인 사회주의적 생활방법을 가르치는 정당을 조직했다. 더욱이, 사회민주당원들은 사기업체제가 폐기되었을 때는 국가의 계획으로 인도하는 많은 계획안에 관여했다고, 그는 말한다. 그들은 계획의 선도적인 옹호자들이었다.

이는, 그의 이태리 파시즘에 대한 기술처럼, 가장 비역사적인 터무니없는 상상이다. 독일은 프랑스, 영국, 그리고 미국의 헌법을 개략적으로 모형화한 공화국의 헌법인 바이마르헌법(Weimar Constitution)을 만든 1919년까지는 민주주의라는 것을 전연 알지 못했다. 1919년까지는 독일에는 자유롭게 선출된 *책임있는* 주권
93 정부가 전연 없었다. 그때까지, 정부는, 호헨졸레른(Hohenzollern) 가계의 후손인, 프러시아(Prussia)의 세습지도자의 수중에 있었다. 그 체제는 정치형태의 발달에 있어서 시대에 뒤졌지만 군주제였다. 그러나 그것은 보통의 남성투표에 의해 매 4년마다 선출되는 제국의회(Reichstag)인 입법부의 협력에 의해 제약되었다. 노동자 계층의원들, 즉 사회민주당, 에게는 실질적 권력을 의미했을 그들의 정당한 대의제를 벗어나, 공업지역들은 특정정당에 유리하도록 선거구가 조정됐다. 때문에, 정부는 군주, 그의 각료대표들, 그리고 비노동자계급집단의 대표자들 수중에 있었다. 1878년과

1890년 사이에, 비스마르크(Bismarck)는 그가 "악당무리"라고 부른 것을 분쇄하기 위해 사회당(제국의회에서 12석을 보유했던!)을 신랄하게 박해하고 금지했다. 독일의 3분의 2를 차지했던 프러시아의 사정은 더욱 악화되었는데, 이는 의회가 더욱 약한 권력을 가졌기 때문이다.[4] 의회는 과세대장에서 상위 3분의 1을 납부하는 소수가 투표자의 3분의 1을 차지하고, 다음 계급(물론 보다 대규모)이 투표자의 3분의 1, 그리고 수많은 빈곤층이 따르는 3계층체제에 의해 선출되었다. 때문에, 1913년에, 첫 번째 과세계층의 투표자들이 두 번째 집단의 4배의 대표권을 가졌고, 제3계층의 16배 이상을 가졌다. 여기가 순전히 스스로 보증하는 자산이었고, 이는 경제적 개인주의에 관한 체계의 가장 흥미로운 범위에 속한다.

독일제국(German Reich)은, 간략히, 경제적 개인주의에 철저히 안전한 이 헌법에 의해, 자본이 없어도 경제적 개인주의의 장점을 향유할 수 있는 거대한 다수는 제외함에도 불구하고, 만들어졌다.

광범한 사회적, 철학적 속성의 세계에 대한 개념인 세계관(*Weltanschauung*)을 가졌기에, 정치적 낭만주의의 땅인 독일의 모든 사람들은 자기의견을 주장하는 세계적 시각을 가졌었고, 가
94 지고 있다. 그것이 문제다. 독일인들은 영국인이나 미국인처럼 회의론자가 아니고, 냉정하며, 온화하다. 그들은 다루기 쉽거나, 하이에크(Hayek)가 "흐릿한 중간층의 병폐"라 부른 질병에 감염되지도 않았다. 그들은 철학적인 사람들이고, 그들은 그들의 철학을 모든 그들의 추측들이 진실인 것처럼 심각하게 생각한다. 그들은

---

4) 잉글랜드에서는 1259년이래로 의회가 있었으나, 거기에는 1852년까지는 의회가 전연 없었다.

우리 모두가 가지고 있는 계시(啓示)라는 우발적 섬광에 따른 행태라는 점에서 논리적 결론을 도출하고, 그들의 논리구조는 행동하는데 있어 비타협적 명령이 되어야 한다고 믿는다. 그것이 나치즘이 발원한 곳이지, 사회주의가 발원한 곳은 아니다. 독일인들은 다른 어떤 단일국가보다 많은 철학자를 가졌고, 그들은 다른 어떤 곳보다 가혹한 독재정부를 거의 항상 가졌다. 그렇다. 행정에 상당한 경험이 있는 괴테(Goethe)는 에케르만(Eckermann)과의 「대화」(*Conversations*)에서 그들에 대해 다음과 같이 불평했다(1828년 3얼 12일). 즉 "그들은 관념에 전적으로 집착되어 있고, 최고의 사색문제들만은 그들의 이익에 부합되어야 한다. … 만일 우리가 독일인들을, 덜 이론적이고 보다 실용적인, 영국모형에 따라 바꿀 수 있다면, 우리는 보다 많은 보상을 얻을 수도 있었을 것이다."

공공업무에 관한 특징적인 영국작가들의 일람표와 독일의 일람표를 비교하자. 전자(前者)에는 홉스(Hobbes)·록(Locke)·해링톤(Harrington)·흄(Hume)·버크(Burke)·아담 스미스(Adam Smith)·벤담(Bentham)·밀 부자(the Mills)·허버트 스펜서(Herbert Spencer)·그린(T. H. Green)을 포함할 수 있고, 후자(後者)에는 칸트(Kant)·헤겔(Hegel)·피히테(Fichte)·겐쯔(Gentz)·아담 뮬러(Adam Muller)·훔볼트(Humboldt)·쇼펜하우어(Schopenhauer)·니체(Nietzsche)·마르크스(Marx) 그리고 스펭글러(Spengler)를 포함할 수 있다. 그들 정부의 정신·목적 그리고 제도들을 광범하게 분리할 수 있는 그와 같이 대립적인 유형을 그렇게 일관되게 만들어 낼 수 있는 사회들은 우연이 아니다.

하이네(Heine)는 자유(freedom)의 신조를 위해 싸웠기 때문에, 자유에 대한 아름다운 시와 노래를 저술한 후에 독일에서 추방되었다. 그는 프랑스, 영국, 그리고 독일의 자유(liberty)에 대한 상이한 개념을 다음과 같이 말했다. 즉

95 독일인들에게는 자유(freedom)는 물론 평등도 필요하지 않다. 그들은 과거와 미래에서만 살며 현재는 없는 사색적 종족이고, 이념주의자들이며, 예언자들이고, 반추적인 공상가들이다. 영국인들과 프랑스인들은 *현재*를 가지고 있고, 그들에게는 매일이 스스로의 행동영역, 대립적 요소, 그리고 역사를 갖는다. … 독일인들이 자유(liberty)를 사랑하는 것을 부인할 수 없지만, 다른 국민과는 다른 방식이다. 영국인은 그의 합법적인 부인처럼 자유를 사랑한다. 만일 그가 어떤 특별한 상냥함으로 그녀를 대접하지 않는다면, 그는 아직도 남자답게 그녀를 보호할 필요가 있을 때는 언제나 준비되어 있고, 그녀의 침실에서 자신의 방식을 강요하는 군인을 슬퍼한다. … 프랑스인은 그의 신부처럼 자유를 사랑한다. 그는 자유를 위해 불사르고, 불타오르며, 가장 아낌없는 단언으로 자유 앞에 무릎 꿇으며, 자유를 위해 목숨을 걸고 싸울 것이며, 자유를 위해 수많은 어리석음을 저지른다. 독일인은 자유를 그의 늙은 할머니처럼 사랑한다.

독일인들은 1848년에 헌법을 상실했는데, 이는 왕의 군대가 발포하는데도 그들은 철학적으로 사색했기 때문이다. 1925년과 1933년 사이에 그들은 철학들에 의해 그들의 자유를 논파했다. "나는 무솔리니(Mussolini)로부터 왔다"라고 말하는 사람의 태도는 매우 중요한 민주주의의 도구인데, 그것은 고맙게도 미국 전체에서 청취되었다.

독일은 혁명을 하고, 잉글랜드처럼 왕을 처형하거나 미국처럼 왕제를 제거할 때까지 자유(liberty)를 알지 못했다. 독일(또는 오

히려 게르만국가)은 거의 언제나 "계획된" 국가였는데, 이는 왕들과 상류층들은 주요한 영토들이 왕의 재산이었던 16세기 이래로
96 경제가 그들의 수중에서 벗어나지 못했기 때문이다. 농부들은 1811년까지 노예들이었다. 독일국가들은 중상주의(cameralism)의 거대한 실행자들이었고, 국가경제의 정책과 실제였다. 프러시아는 영국과 미국보다 2백년전에 관료주의를 적절히 훈련하고 학습했던 나라였다. 국가는 철두철미 군국주의적이었는데, 이것은 지리학과 심리학 때문이었다. 군대가 경제의 거의 전반적인 방향을 점진적으로 떠맡았는데, 이는 유럽에서 제1급인 이 군대가 부(富)를 필요로 했고 왕이 부를 소유하고자 했기 때문이다. 그의 권위를 하이에크(Hayek)도 부인하기 어려운, 역사가 어니스트 폰 마이어(Ernst von Meier)는 18세기 초에, "*프러시아는 군대를 가진 나라가 아니라, 나라를 가진 군대였다*"라고 기술한다. 그리고 이것이 프러시아와 여러 다른 독일국가들 - 전쟁의 "피와 철"에 의해, 프러시아의 군사적·경제적 강압에 의해 탄생하고, 프러시아에 의해 지배된 1867년과 1871년의 제국들 - 에게 위로부터의 명령, 밑으로부터의 복종이라는 절대 떨칠 수 없는 특성을 주었다. 또는 나치재판관들이 해석한 것처럼, 책임은 위로 그리고 위로부터의 권위는 아래로 이다! 이는 사회주의자들이 타도하고자 한 것이지, 이용하고자 한 것이 아니다. 사회민주당은 나치주의자와 독일 공산주의자들의 가장 강력한 반대자들이었고 이들 양자들이 전체주의적이고 비민주적이기 때문에 반대했었다.

때문에 역사에서 그의 사례를 채집하고자 시도한 비역사적인 하이에크(Hayek)가 "1870년에서 시작하자"라고 말할 때, 그는 250년이나 늦었다. 독일(1870년까지는 거의 대부분 농업·소상업·수공업이었다)에서 거대한 새로운 공업이 발흥할 때, 그것은 철저히

현대적인 방법, 즉 조직화된 결합, 일 것이고; 그것은 가장 선진적인 기술을 사용할 것이고; 그것은 다른 나라들[*문(Munn) 대 일리노이스(Illinois)*가 1871년 미국대법원에서 결정되었다]의 *자유방임*
97 에 반응하는 시기가 될 것이고; 때문에 국가의 묵인, 국가의 조력과 참여가 있을 것인데 그것은 약탈적 의도를 가지고 세계사에 개입하기 위해 국력의 숨은 목적이 있기 때문이다.

미국과 영국의 그것에 비해 얼마나 다른 역사의 행로인가! 두 국민들이 상이하다는 증거는 그들의 제도와 역사의 상이함에 있다. 그들의 제도들은 그들의 역사를 만들었는데, 그 역사는 시행 중인 인민의 특성이다.

히틀러(Hitler)는 사회주의자가 아니었다. 그는 국수주의자이고 인종주의자였으며; 「나의 투쟁」(*Mein Kampf*)에서, 그가 세계정복을 위한 제국(the Reich)의 목적을 위해 어떻게 사회서비스와 형평성의 사용을 설계했는가를 스스로 말한다. 사회주의의 목표 - 평등, 번영, 자비, 국제평화 - 는 히틀러의 목적이 아니었다. 그는 그러한 모든 것을 혐오했다. 그것은 하이에크(Hayek)가 학생일 때 그에게 감명을 주었을 수 있는 몇 명의 흐릿한 경제학교수들이, 사람들이 자신은 사회주의자들이었지만 영국이 상인들의 국가였기에 그 나라를 조소한 사람들이 독일은 영웅들의 국가였다라고 말한 것을, 하이에크(Hayek)가 인용했던 한 것처럼, 우리에게 인용하는 것과는 전연 관련이 없다! 그가 언급한 저작들은 제1차 세계대전 중에 기술되었고, 전쟁에 대한 논증법(polemics: 증명에 의해 설득하는 논리학의 삼단논법과 같은 방법)이었다.

제1차 세계대전에서 신속히 승리할 것으로 예상했던 독일참모들은 그들이 예상하지 못했던 과업에 직면하게 되었음을 1915년 말에야 그들 스스로 발견하게 되었다. 그들은, 선점권을 가진 주인으로서, 전쟁승리라는 단일목적을 위해 모든 것의 총동원이 필요했다. 여기에 군대경제인 *Wehrwirtschaft*의 기반 위에 계획경제로 *Planwirtschaft*라는 말이 발생했다. *Planwirtschaft*를 *Gemeinwirtschaft*, 공동체경제, 또는 최대의 공동복지의 달성을 지향하는 경제로 바꾸는 것은 멀지 않다. 그러나 민주독일의 사회주의자
98 들은 타협적으로 진행되고, 독일국민을 위한 계획에 갈채를 보내기보다는 타당한 사회화의 연구를 위한 위원회를 선호했다. 군국주의자들은, 어쨌거나, 전쟁의 종료가 임박했어도 그들의 생각을 중단하지 않았다. 독일의 공업 · 인력 · 농업에 대해 총동원을 명령했었던 총사령관 루덴도르프(Ludendorff)는 「총력전투」(*Der Totale Krieg*)[5]라는 제목의 책을 이제 출간했는데, 그는 최초의 전체주의자였다.

> 전쟁은 자기보존을 위한 인민의 최고의 긴장이기에, 평화 시의 총력정치(Total Politics)는 전쟁에서의 이러한 국가적 투쟁을 준비되어야 하고, 그러한 힘에서 투쟁을 위한 기반을 통합해야 하고, 전쟁의 격렬함이나 적군의 조치들이 이들 기반들에 대해 전진하게 하거나 이들 기반을 완전히 파괴할 수 있는 것은 없다. … 경제영역에서는 전투력과 인민은 강력한 조화를 이룬다. 총체정치와 총체전쟁의 지도력은 평화 시에는 이를 너무 빠르게는 배울 수 없다.

조국의 피와 흙인 종족정신은 전쟁에 대한 사명감이 충만해야 한다. 이 목표를 위해 기독교정신은 타파되어야 하고, 취해야 할 최선의 모형은 "일본국민의 단결력"인 신도(神道: 일본의 민족주의

5) 1936년에 「전쟁의 국가」(*The Nation at War*)(런던)로 번역되었음.

종교)신념이다. 완전한 산업조직이 항상 한쪽 끝에 위치해야 한다. 루덴도르프(Ludendorff)는 하이에크(Hayek)와 그의 열광자들의 연구에 유용한 사람이다. 히틀러(Hitler)가 그를 이해했고, 논리적 결론을 내렸다[6]. 독일국민들은 수백만의 사회민주당원을 제외하고는 제1차 세계대전이 1918년에는 종료되지 않았음을 절대 잊어서는 안 된다.

우리는 1920년 나치프로그램(Nazi program)의 요점들을 곧이곧대로 받아들일 수 있는가? 나치당(Nazis)은 그렇게 하지 않았는데, 이는 히틀러(Hitler)와 함께한 대부분의 "사회주의자들"은
99 1927년에 그를 떠났고, 다른 사람들은, 만일 그들이 "사회주의자들"라고 부를 수 있는 악한이라면, 그에 의해(1934년 6월) 대량학살되었기 때문이다. 하여튼 그 요점들의 절반은 반 셈족적(anti-Semitic)인 것이었고; 나머지는 연장된 사회서비스, 신탁과 그와 유사한 것에 대한 통제, 그리고 중산층지원에 관한 제안들에 대한 혼합된 선택이었으며; 하나의 "설명"으로서, 나치당은 사유재산의 원리를 지지했던 것을 관찰할 수 있었다. 히틀러(Hitler)는 그러한 약속들에 의해 그의 업무를 수행하지는 않았다. 그는, 지난 전쟁에서 독일의 패배에 대한 군사보복정신의 활성화, 그리고 이것 위에, 문제해결을 위해 바라는 것이 무엇이든 간에 유망한 모든 집단에 의해, 그의 업무를 주로 수행했다. 그는 패배와 부수한 조약의 치욕 - 그것은, 있었던 그대로 그리고 관대하드라도, 정복당한 인민들은 불공정하고 치욕적인 것 이외라고는 간주하기 어렵다 - - 을 씻고자하는 욕망을 미끼삼아 권력을 얻었다.

6) 루덴도르프는 1923년의 뮌헨음모에서 히틀러의 동료였으나, 비난받는 소심함을 히틀러의 공개 후로는 그와 더 이상 어떠한 일을 하는 것도 거부했다.

새로운 민주체제는 그러한 전술들에 대항할 수 없었다. 그것은 패배한 전쟁의 토막과 평화시기의 실현으로 이루어 졌다. 군국주의자들, 국수당(Nationalist Party), 보수집단들, 융커(*Junkers:* 국수주의적인 동 프로이센의 보수적인 토지귀족), 대생산업자들이 우선 첫째로 히틀러(Hitler)를 지지했다. 프라이드 박사(Dr. H. E. Fried)는 그의 「독일군대의 범죄」(*Guilt of the German Army*)에서 히틀러(Hitler)를 옹립함에 있어 독일군대와 그들의 친구들의 범죄 이야기를 엄한 정직성을 가지고 말했다. 콘라드 하이던 교수(Professor Konrad Heiden)는, 나치당에 대한 그의 역사와 「총통」(*Der Führer*)에서, 이것을 확인했고, 어떻게 생산업자들과 대자본가들이 히틀러(Hitler)를 재정지원했는가를 알렸다. 그리고 왕정을 회복시키고자 원했던 티센 씨(Herr Thyssen: 보수주의적 견해를 가진 독일의 국수주의자)는 역사에 개인적인 필치를 추가했었다. 즉

> 1930년 이후, 독일산업의 열망들은 하나의 구절, 즉 "강력한 국가에 건전한 경제", 로 요약할 수 있다. 이것은, 내가 기억하기에 1931년 루르(Rhur)지방의 생산업자들 회합에서의 슬로건이었다.
> 100 … 그러나 나도 역시, 히틀러(Hitler)와 그의 당에 대한 지지에 의해, 모든 활동부문들 - 특히 업무 - 이 다시 한번 정상적으로 작용할 수 있도록 하는 현실정부와 정돈된 여건들의 복원에 기여할 수 있다고 믿었다. 그러나 엎질러진 물을 다시 담을 수는 없다![7]

경제적 개인주의자들보다 더 순진한 것이 있을 수 있는가? 이 사람들은 사회주의를 바라지 않았고, 그들은 비록 그들 스스로가 지배자로서 준비하는 *고정된* 국가를 원했더라도, 경제적 개인주

7) 티센(Thyssen, Fritz), 「히틀러에게 지불하다」(*I Paid Hitler*), 32쪽.

의라는 이름을 가진 계획국가도 원하지 않았다. 확실히, 하이에크(Hayek)는 못난 사람들과 함께 한 것처럼 보일 수 있는데, 왜냐하면 이것은 어떻게 최악이 최상에 도달하는가에 대한 것이기 때문이다.

이 요인들에 첨부된 것은, 전쟁직전에 태어나 평온한 정권을 모르지만 비참하게 패배한 국가가 있는 대륙의 커다란 전후열기 속으로 던져진, 젊은이들이다. 그들은 그들이 전연 싸운 일이 없었던 전쟁에 수치를 가장 많이 느낄 수도 있는 젊은이들이지만, 그들은 히틀러(Hitler)에 지지투표를 했다. 더욱이, 마르크화의 고의적인 인플레이션에 의해 황폐화되고, 전쟁과 배상금지불(후자의 경우는 크지 않지만)에 의해 가난해진, 중산층은 가장 심각한 불확실성과 불안, 그리고 무엇보다 노동자계층－보다 잘 조직되고, 기본적인 일을 하고, 사무직 노동자의 사회적 지위를 위협하는 것으로 보이는－ 에 대해 적의적인 원한을 느꼈다. 수백만 명이 1928년 후반부터 시작된 대량실업으로부터 고통을 받았다. 이것은, 비록 그것이 다수에 이르지는 못했어도, 히틀러(Hitler)에 대한 지지투표가 팽창하는 것을 도왔다. 히틀러(Hitler)에 지지투표를 하는 사람들은 계획국가에 대해서는 지지하지 않았지만, 강력한 군대·희망·일, 그리고 불안으로부터의 탈출에 대해서는 지지하였다. 그들은 그의 목적들이 다른 것이었고, 그 목적들은 보살피기에는 너무 비참하고·너무 무지하고·너무 무자비한 것임을 알지 못했다.

히틀러(Hitler)정체의 행동들에 대한 모든 지루하고 가학적 설
101 명은, 어떻게 교의를 설정하고, 단일의 독점정당[하이에크(Hayek)는 전체주의의 핵심인 독재정당의 문제에 대해서는 깊이 파고들지 않았다]이 설립되고, 인민에게 새로운 도덕성을 억지로 주입

시키려 하고, 비밀경찰을 창설하고, 반대당 지도자를 투옥하고, 학교와 교과서를 부패시키고, *계획(The Plan)*을 제출하지 않은 사람을 처형할까하는 것들이다. 그 설명은 진실이지만 관련이 없다. 다글라스 밀러(Douglas Miller)에게 사업은 가능하고 유익하다고 믿는 경제적 개인주의자들에 대한 교정수단으로서, 그 괄목할 만한 지적저서인 「히틀러와는 거래할 수 없다」(*You Can't Do Business with Hitler*)를 저술하도록 하는 것이 필요했다.[8] 어떠한 민주정당, 정당지도자, 독자적인 민간사고인도 그러한 정부체제를 아직 제안하거나 호의를 보이지 않았다. 독재정치는 정권의 정신에 있는데, 이는 그것의 출현, 그것의 승리, 그리고 그것의 장치 때문이다. 첫째는 의지이고, 체제들은 파생물이다.

역사의 입장에서; 논리의 입장에서; 용어의 오용; 권위의 남용; 입증된 정보의 무시; 논리에 가장 초보적 오류로 알려진 것, 즉 그러므로 이를 위하여(*post hoc, ergo propter hoc*)의 사용의 입장에서 - 사회주의 · 계획 · 독재정치 · 전체주의를 확인하고자 하는 하이에크(Hayek)의 시도는 단지 실패한 것일 뿐 아니라 속임수이다.

이것은 신기하게도 하이에크(Hayek)가 거의 언급하지 않았던 러시아를 우리에게 남겨둔다. 러시아는 사회주의계획의 하나의 사례이고, 때문에 독재정치인가? 러시아는 사회주의자이고, 러시아는 계획경제이다. 흥미롭지만 거의 무시할 만한 예외로서, 생산

8) 1941년 5월 12일 서문: "그러나 사실에 적절하게 면대면 접촉을 가져오지 못한 하나의 집단이 미국에 있다. 나는 미국 기업인들을 의미한다." 영국의 경우는 그레큐스(Gracchus), 「당신의 의회의원」(*Your M. P.*).,(London: 1944), 특히 제5장과 제7장.

수단은 국가에 속하고 사유재산이 없다는 것이다. 무엇이 생산되
102 고, 언제 그리고 어떠한 질과 양이 생산되고, 어떻게 배분되는가 하는 것은 4년마다 선출되는 소비에트의회의 대리집행자인 통제위원들과 최고회의의 간부회의에 의해 결정된다. 구체적으로는 1936년 헌법에 의해 이들은 자유롭게 선출되고, 의회와 인민에 책임을 진다. 실제로, 그들은 미국과 영국에서 이해하는 민주주의의 의미, 즉 인민의 뜻에 따라 행동해야 하는 타인들에 의해 재직 중에 비난할 수 있고, 전직가능하며, 복직가능하다는 의미, 에서만 인민에 책임지는 것은 아니다. 그것은 어느 날 도래할 수 있다. 아직까지는 그렇지 않다. 최고회의의 간부회의, 통제위원들, 그리고 의회는 설득·선전 그리고 필요시 강제에 의해 유지되는 권력에서 배타적 정당인 공산당에 의해 통제된다.

이러한 사회주의를 위한 계획 - 그것은 국가의 주어진 과학·두뇌와 에너지·자본과 자연자원으로 최대의 생활수준을 이용할 수 있도록 하기 위함이고, 인민들의 지속적인 생산적 에너지를 유지하는데 적합하도록 배분의 형평성이 되는 접근방법에 가능한 근접하도록 하기 위한 것이다 - 이 필연적으로 독재적인가?

해답은 찾기 어려운 것은 아니고, 그것은 나처럼 하이에크(Hayek)도 이용가능하다. 볼셰비키들(Bolsheviks)이 사용했던 힘이나 그들이 사용했던 것 이상의 힘이 없이는, 몽고정복과 부패교회의 유풍과 혼합된 4세기 전 로마노프(Romanoffs)왕조에서 기원한 러시아의 재정체제(Czarist system)를 전복하는 것은 불가능했다. 러시아농민 - 인구의 90% - 들은 1865년까지 농노였고, 20세기 초까지 거의 나아지지 않았다. 강제는 사람들이 지금껏 알려진 것에서 가장 부정한 전제군주로부터 사용을 단순히 해방할 뿐 아니라 계급에 대한 계급의 전제(專制)를 중단시키는데도 사용되었다.

이는 결점 있는 이론인 마르크스이론, 그리고 부정하고 파괴적인
기질에 의해 이루어졌다. 재정체제(Czarist system)에 대한 분노의
일부는 사회주의정부를 위한 권력의 정복에도 적용할 수 있다.
103 그것은 필요하지도 바람직하지도 않고, 그것은 다른 어떤 나라보
다 1917년의 러시아의 특수한 여건에서는 혐오스러울 수도 있다.

이제 정부의 체제는 그것의 기원과 목적지를 고려해야 하는 현재의 방법들에 의해 배타적으로 판단되어서는 안된다. 러시아혁명은 사회사조가 자유·평등·우애 - 그러나 모두 한꺼번에는 아니고 - 그리고 무엇보다 민주주의의 확립인 프랑스혁명의 손자였다. 칼 마르크스(Karl Marx)는 "자유와 평등" 사회를 찾는 혁명의 아들이고 러시아혁명의 아버지였는데, 그는 프랑스혁명이 완성될 수 있는 철학과 도구, 특히 남녀의 자연미덕이 계급으로 이루어진 정부들의 전제에 의한 억압과 왜곡으로부터 해방될 수도 있는 곳을, 추구했다. 인간발달에 관한 그의 유물주의이론은, 비록 우리가 그는 위선적이었다고 주장하지는 않지만, 그의 실제적 목적에 부합되도록 만들어졌다. 우리는 점점 더 가난해지는 빈곤층과 점점 더 적은 수가 계속 부유해지는 부유층간의 위기들과 증대되는 간극에 대한 이론인 노동과 가치이론[록(Locke)과 아담 스미스(Adam Smith)에 기초!]에 너무 집착할 필요가 없다. 중요한 것은 그가 혁명에 몰두하고, 무엇보다 시간의 경과에 따라 프롤레타리아의 독재정치에 의해 착취계급을 전복시킬 수 있는 정당의 형성을 옹호했다는 것이다. 그리고 "계급들"이 분쇄되었을 때에는, 어떤 것도 자유와 평등의 길에 참여할 수 없을 것이고, 그리고 사람들은 드디어 그들 스스로를 지배할 수 있고, 욕구에 따라 각자에 주고 능력에 따라 각자가 가질 수 있는 그들 사회들을 바르고 공평하게 지배할 것이다. 그들은 정부나 관리의 개입없이

그들 스스로 지배하는 것을 배울 수 있다. 국가는, 하이에크(Hayek)가 제안해왔던 어떤 것보다도 거리가 먼 존재로서, 실제로 소멸될 것이다.

이것이 레닌(Lenin)에게 영감을 준 것이다. 마르크스(Marx)의 꿈의 실현은 전연 시도될 수 없었다. 그 꿈은 특히 마르크스(Marx)가 러시아와 같은 농업공동체가 아니고 계급과 공업, 신탁, 프롤레타리아, 등등을 가진 선진공업사회에 대한 것으로 가정했
104 었던 것이었다. 그러나 황제를 암살하려는 주기적 음모들의 하나에 참여했었기 때문에 레닌(Lenin)의 형(兄)은 1885년에 처형되었다[9]. 러시아혁명은, 끔찍하게 사랑한 형을 잃은 소년의 마음과 동포애의 신념을 가진 사도(使徒)의 마음간의 조우에 의해, 설명되어질 수 있다. 레닌(Lenin)자신은 1887년에 정치데모 때문에 카잔(Kazan)대학에서 추출되었다. 그의 결의, 그의 무자비한 혁명의 추구는 완벽했다. 성공하기 위해, 그는 그의 당(黨)에서 자유적·방관적·타협적 집단들을 정복했고; 그는 프롤레타리아독재정권(다수는 독재정치가 아닐 수 있음)은 만일 독재정권 내에 독재정권이 있다면 - 즉, 만일 높은 계급 의식적 혁명주의자들이 전위대가 되었다면 - 성공할 수 있다는 신념으로 투쟁했다. 어느 누구도, 특히 모든 교역 - 노동조합주의자들도, 그들의 사회적 운명이 약간 나빠지는 것 이상을 바라지는 않았을 것이다. 레닌(Lenin)은 인민들*과*, 인민들에 *의한* 지시, 그 자신의 정당의 대다수와 같이 의기양양해 하지 않았다.

러시아체제의 일탈은 두 가지 원인에서 발생했다. 즉, 마르크

9) 1825년 12월에 실패한 것이 있었는데, 이는 대규모의 자유귀족들에 의해 공작된 것으로 가혹하게 진압되었는데 - 그들은 계획국가을 바란다고 기소될 수 없다.

스(Marx)는 권력을 획득했을 때 어떻게 관리할 것인가에 대해 어떠한 단서도 제공하지 않았고, 그의 추종자들도 모든 개인들은 경제여건들에 동등하게 반응하기 때문에 근본적으로 유사하다는 마르크스(Marx)신념을 수용했기 때문이다. 따라서 스스로를 그 자체에서 정당화하고자 열망한 소비에트정부는, 개성이 진정으로 정상일 때, 모든 개성을 과잉으로 취급했다. 게다가, 생활수준을 매우 빠르게 제고하려고 신속히 결의되었고, 이는 급속한 공업화
105 를 의미했다. 그리고 또한, 국토는 불구대천의 외적에 포위되거나 침투 당했다. 마지막으로, 사람들이 수년의 유배, 혁명활동, 그리고 가장 곤궁하고 위험한 생활 – 경찰스파이들이나 암살을 항상 인식하고, 그들의 동무들이 황제의 사악한 형사들에 의해 침투되지 않았다고 절대적으로는 확신할 수 없는 생활 – 후에 복직되어 도착했을 때, 그들은 개인적 위험에 대한 그들의 경계를 결코 늦추지 않고, 그들의 개인적 안전을 위해 그들의 사회적 교의의 부분이 아닌 공격적 – 방어적 조치들을 취한다. 아직도, 그 체제의 기원과 동기는 유럽전제군주들의 가장 오래되고 강력한 독재력에 대항하여 자유와 평등의 문제에 기저하고 있지만, 이의 종점 – 증가된 번영, 사회서비스, 사회안전, 작업과 위락의 권리, 유능한 사람에 개방된 경력, 그리고 광범한 교육의 정책으로 부분적으로 요약할 수 있는 것처럼 – 은 나치주의자들(Nazis)의 운명이 *아니*다.

완전계획을 그들이 수행하든 아니든 그리고 그들이 그것을 괄목할 만한 속도로 추진했던 아니든 간에, 모든 곳에서 그들이 사용하는 기법들을 요구할 수 있고, 그들이 고취한 공포이든 아니든 그리고 그들이 불러일으킨 특이한 보상과 처벌이 모든 곳에서 사용하려 했던 그렇지 않았든 간에, 우리는 어떤 것도 말할 수단

을 가지고 있지 않다. 많은 사람들에게는 이상하게 보일 수 있지만, 러시아인은 러시아인이지, 미국인이나 영국인은 아니다! 그들은 르네상스도, 종교개혁도, 프랑스혁명도, 독립전쟁도 없었고, 황제와 동방정교회의 냉혹함과 부패에 의해 지배되었다. 그들의 천재성은 도스토예프스키(Dostoevski), 트루게노프(Turgenev), 체호프(Chekhov), 톨스토이(Tolstoy), 고골(Gogol)에서 볼 수 있지만, 월트 휘트만(Walt Whitman), 헨리 제임스(Henry James), 그리고 테니슨(Tennyson) 같은 것은 전연 읽지 않는다.

내가 러시아[만일 그것이 비교를 위한 하이에크(Hayek)의 기반이었다면]에 대해 이야기 했던 것으로 미루어보아, 미국과 영국에서의 계획이 어떨 것인가 하고 추정하는 시도는 제일 중요한 실
106 패이다. 영국과 미국은 러시아에 비해 민주주의의 길고 확고한 전통, 자립정부의 수많은 제도들; 인간을 지배해야 하는 원칙들에 대한 일반적인 인지; 자유로운 결사, 자유로운 정치정당체제, 그리고 책임있는 정부; 인간성에 대한 교육을 갖고 있는 국가들이다. 그리고, 미국과 영국은, 더욱이, 문제가 되는 계획, 그것의 목적들, 그것의 종합성을 정의하지 않는 것, 사용될 수도 있지만 러시아는 사용하지 않았던 기법들, 여러 집단 간에 자유롭게 협약하는 점진주의자들의 성격, 소수집단의견과 그 밖의 여러 가지에 대한 포용력 등의 특성을 가지고 있는 점을 고려한다면, 러시아와의 직접적인 비교는 실패에 실패를 추가하는 것이다.

파시스트와 나치스의 반대중적 성격과 소비에트체제의 친대중적 충동을 구별하는 것에 대한 실패 - 하이에크(Hayek), 리프만(Lippmann), 체임벌린(Chamberlin), 이스트만(Eastman), 그리고 유진 리용(Eugene Lyons)의 실패 - 는 민주세계자체의 자유(liberty)에 대한 대가의 하나이다. 오류가 지속된다면 세계평화를

혼란스럽게 할 수 있다. 이들은, 두 가지, 즉 그들은 둘 다 "집산주의자", 양자 모두 "전체주의자", 그리고 양자 모두 대중적 자유와 개인권리들을 부인하는 것, 가운데서 선택할 것은 없다. 때문에, 이 사람들 중 두 사람은 진주만 대기습 이전에는 제2차 세계대전에 미국의 개입을 반대하는 결정을 했다.

하이에크(Hayek)는, "우리에게 나타나는 현존전체주의체제들의 가장 나쁜 특징들은 전체주의가 조만간 확실히 산출할 우연한 부산물이 아니고 그 현상들이라고 믿을 만한 강한 사유들이 있다"라고, 말한다. (135쪽.) 그 현존전체주의체제들의 가장 나쁜 특징들은 우연한 부산물이 아니고; 그것들은 독재자들이 정권을 잡을 때 사용했던 방법의 지속이고, 그 방법은 민주적이 아니라는 것은 사실이다. 괘벨스(Goebbels)의 말을 경청하자. 즉

> 우리는 민주주의의 병기고에 우리 자신의 무기를 가지고 우리
> 스스로에게 공급하기 위해 의회에 들어간다. 우리는 의회자신의
> 도움으로 바이마르 감정(Weimar sentiment)을 마비시키기 위해
> 107 제국의회의 구성원이 된다. 만일 민주주의가 우리에게 이러한 업
> 무와 작업을 위해 자유투표와 월급을 줄 정도로 우둔하다면 … 우
> 리는 친구는 물론 중립자로서도 오지 않는다. 적들로서 온다. 늑
> 대가 무리에 뛰어들 듯이 그래서 우리도 온다. (1928년 4월 30일.)

그들은 민주주의자가 아니었고, 그들은 지독하게 목표를 세웠고, 그들의 목표는, 나치나 파시스트사례처럼, 지독했다. 그들은 민주주의, 그것의 발단, 그것의 장래, 그것의 희망, 그 기원을 가져오는 인간의 속성과 운명에 대한 견해를 믿지 않는다. 최악의

특징들은 최악의 사람들에 의해 수입되었고; 사람은 물론, 그들의 정권, 그들의 "부산물들"도 우연은 아니었다. 그러나 변함없이 근시안인 하이에크(Hayek)는 "경제생활에 대한 계획을 시도하는 민주적 정치가와 똑 같이 독재권력을 가정하거나 또는 그의 계획들을 포기하는 대안에 곧 직면할 수 있기에, 전체주의적인 독재자는 보통의 도덕을 무시하거나 실패하는 것 중에 하나를 선택해야할 것이다"라고 말한다. (135쪽.) 여기에 전체주의적 독재자는, 그가 독재자가 되기 훨씬 이전에 민주정부를 통제했던, 도덕성을 무시하는 이상한 도착이 있다. 그는 선택할 수 없고, 그는 "보통의 도덕"을 이미 포기했었다. 때문에 히틀러(Hitler)는 "우리는 자유를 모독한다" 그리고 [「나의 투쟁」(*Mein Kamp*)에서] "인민의 대부분은 단순하고 속기 쉽다. 모든 국가에 한 시대에 백 명이 아니라 매우 드물게 한사람의 진정한 정치가가 있고, 둘째로 모든 탁월한 천재에 비해 본능적인 편견을 가지고 있다"고 기술한다. 또는 1922년에 무솔리니(Mussolini)는, "*모든 것*은 민주주의의 주요 목표이다. … 소수의 선택이라고 말할 시간이다. 모든 색깔을 금지했고 모든 개성을 단조롭게 했던 익명성과 회색의 민주적 평등주의는 거의 죽어가고 있다", 라고 했다. 이것이 그들 정책의 진수이고 정신이며, 그들은 다른 모든 것들을 거부한다.

민주적 정치가는 이 견해들을 가지고 있지 않고; 만일 그가 가졌더라도, 그는 그 견해들을 이용할 위치에 있지 않을 것이다. 경제생활의 계획을 설계하는 민주적 정치가들은 어느 누구도 하
108 이에크(Hayek)가 제시한 잘못된 대안에 직면한 일이 없다. 하이에크(Hayek)가 좋아하는 것 - 여기서 그의 저서 - 이상으로 영국과 미국에는 이미 많은 계획이 있다. 계획들은 작동했고, 거기에 독재권력에 대한 가정은 없었다. 반대로, 우리가 민주주의의 운

영을 들여다보면, 정책과 이의 집행에서 보다 작은 입법, 사법 그리고 대중적 통제라기보다는 더욱더 많은 통제가 있는 것을 볼 수 있다.

하이에크(Hayek)는 "그것(정치가는 일상도덕의 경시와 실패사이에서 선택해야 하는 것)은 무절제하고 제약받지 않은 사람들이 전체주의를 지향하는 사회에서 보다 더 성공할 가능성이 높다는 이 이유 때문이다"라고 결론 맺는다. (135쪽.) 그는 이러한 유해하고 거의 무책임한 오류에 빠졌는데, 이는 그가 전체주의를 말할 때 그는 우리가 알고 있는 독재정권들과 *어떠한* 계획이든 양자(兩者)를 동일집단에 분류하여, 민주적 계획을 독재정권의 정신·목적·방법 그리고 도덕에 귀인시켰기 때문이다. 여기서 강제의 예견, 소수독재, 모든 생활에 대한 "조직화", 직장에서 사람들에 하는 것처럼 사적 생활에 대한 통제, 삶에 하나의 견해만을 가르치는 선전에로 한 걸음 걷는 것이고, "부인(婦人)들의 공산주의"에 또한 던져진다! 독재자는 실패하지 않기 위해 결정되기 때문에, 그는, 물론, 최상에 쓰레기 – 교수형집행인들 – 를 끌어들일 것이다.

전체주의에서 최악이 최상에 이르는 이유는 단순한데, 그것은 최악이 최상을 *만들기* 때문이다. 그들은 최상을 만들도록 사회가 허용하는 곳에서만 최상에 오를 수 있다. 그리고 최악이 최상을 이루도록 하용되었기 때문에 최악이 최상이 되는 사회종류의 하나는, 나는 하이에크[그는 이에 대해 아담 스미스(Adam Smith)와 협의할 수 있다]에게 경제적 개인주의의 사회라고 넌지시 말한다. 과거의 미국경제사에서 더욱 악명 높은 이름들이 약간 있는데, 이들은 아스토르(Astor)·마셜 필드(Marshall Field)·라인랜더(Rhinelander)·엘킨스(Elkins)·힐(Hill)·굴드(Gould)·스탠포드

(Standford)・록펠러(Rockefeller)・반더빌트(Vanderbilt)・모간(Morgan)・인설(Insull)・ 휘트니(Whitney) 등이다.

109 영국 경제학자 마셜(Marshall)은, 그가 "경제기사도(經濟騎士道)"라고 불렀던 것이 악덕재벌의 방법들을 극복하거나 수정할 수 있는, 시기를 기대했다. 그러나 이 방법들은 지속되었던 것 같다. 1921년과 같은 최근에, 석유자원의 약탈이 있었고, 이에 관계되는 사람이 미국대통령의 신뢰를 받는 친구들과 정치적 조언자들과 관련되었기에 수치스러운 것이다. 1934년에는 화물수송업자와 우체국관리 간에 비싼 항공우편계약들이 비난받은 부정거래의 주제들이었다. 1935년 인설(Insull)왕국의 붕괴와 뒤이은 조사 - 하이에크(Hayek)교수가 경제적 개인주의에서 최악은 단지 우연한 "부산물"이거나 최악이 최선이라고 믿지 않는 한 - 는 매우 불미스러운 활동을 보였다. 그리고 잉글랜드에서 뇌물과 비밀스런 구전을 취하는 것을 반대하는 사회가 있고, 그 사회의 장관은 부지런한 사람이라는 점에 대해, 나는 주목한다.

상원의 394쪽 분량의 「증권거래관행에 관한 보고서」(2년의 조사와 청문회의 1만2천 쪽 인쇄물의 결과로 만들어 진 것)는 다음과 같이 요약할 수 있다. 즉

> 폭로된 많은 해악들은 … 상업은행업무와 투자은행업무의 상호관계에 고유한 것이었다. 이 다수의 해악들은, 어쨌든, 주식보유자들이나 예금자들 뿐 아니라 재정적인 융통과 조언을 구하는 사람들에게까지 연장된 신뢰관계에서 발생한 기본적 의무와 기준들의 상업은행들과 투자가입자들의 관리들과 이사들에 의해 전적으로 무시한데에, 귀인시킬 수 있다. 청문은, 많은 은행가들의 입장에서, 공익에 대한 관심의 심한 결핍과 신탁책임에 대한 적정개념

을 폭로했다. 자금의 보호를 위해 대중들이 의존한 명사들은, 그들의 지위에 신뢰를 주입시키는 것으로 여기는 것이 아니라, 개인
110 적 이익을 위한 수단으로 여긴다. 이 자금관리인들은 그들이 지배하는 금융기관들의 주식에서 그들 자신의 계좌를 위해 도박했거나 투기했고; 그들이 지불해야하는 이 기관들의 이자에 대해 직접적으로 다투고 있는 그들의 금융기관들에서 하는 자본금의 투기적 거래에 참여했고; 풀(pool)운영 혜택에 참여했고; 이 관리들과 이사들의 그들 자신의 개인적 강화를 위한 지배와 통제를 보장하기 위해 가입한 그들의 금융기관들과 그들의 투자에 대한 관리들과 이사들에 대해 특별한 호의를 부여했고; 그들의 목표와 계획들을 방조하는 위치에 있던 개인들에 대해 선택된 리스트들의 혜택을 부여하는, 집행관리로서 그들의 유용성과 효력에 대해 결과적인 손상을 갖는 "선택된 리스트"의 혜택을 받았고; 이들 관리들이 공여하고 있는 기관들의 손상에 대한 추가적인 금융활동과 지위에 대한 실제적 고려를 위한 그들의 시간과 노력의 기여했고; 부적절한 담보물을 가지고 있거나 갖지 않은 금융기관들로부터 자금을 차입했고; 이들 관리들과 이사들의 목표들을 효력화하기 위해 다른 개인들을 위해 은행들의 대부의 조달했고; 그들 자신의 금전상 획득을 위해 수행된 운영을 숨기기 위한 사기업들의 설립, 이들 회사들의 거래의 안전에 도움이 되는 내부정보를 민간기업의 관리자들로서 그들 스스로 이용가능했고; 그들 스스로의 과도한 배상에 대해 금융기관들에 의해 지불되는 원인이 되었고, 관리기금과 실질연금에 스스로 참여하도록 투표했었고; 그들의 정의로운 정부조세의 지불을 피하기 위한 우회수단에 호소했다.[10]

111 그것은, 어쨌거나, 하이에크(Hayek)가 이와같은 사건들을 깊이 생각하지 않는다는 것은 놀랄만한 일이 아닌데, 이는 그가 "공정"

10) 1934년, 73차 의회, 제2차 회의, 1455번.

과 "합리적인" 것은 시장에서 - 비록 실제로는 동등한 것이 없다고 하드라도 - 동등한 것을 만드는 거래의 수단이 아니고 경제문제로 정의될 수 있다고 앞선 페이지에서 부정하는 고통에 처해 있기 때문이다.

거래력(去來力)의 동등성이라는 주제에 관해 대법원장 휴스(Hughes)를 회상해 보자. 웨스트 코스트 호텔회사(West Coast Hotel Company)에서 일하는 여자들은 최소임금을 받는 계층이었으며, "그들은 그들의 궁핍한 여건의 이점을 이용하는 사람들을 위한 즉석희생자들이다." … 봉급은 한계적인 생활비에도 충족되지 못할 정도로 낮기 때문에, 그들의 바로 그 무기력이 가장 부정한 경쟁의 계기를 만든다. … 거래력의 측면에서 불평등한 위치에 있는 노동자계층의 착취는 … 지역사회에 대한 그들의 지지에 대해 직접적인 부담을 준다. … 지역사회는 부당한 고용자들을 위한, 요컨대, 지원이라는 것을 반드시 제공할 수는 없다. 지역사회는 자신의 입법력을 공익에 대한 그들의 이기적인 무시에서 유래한 남용을 교정하기 위해 조정할 수도 있다.[11)]

위에서 인용한 경제행태의 표본은 1929년의 지독한 경제적 파산이 미국의 기업과 가정의 구조를 손상했고, 수백만의 순진한 소시민의 저축을 탕진해 버린 때에, 의회에 의해 이루어진 중요한 일련의 청문회에서 단순하게 취해진 것이다. 현재 고지(告知)할 점은 만일 정오(正誤)에 대한 사회적 의무나 기준의 규정에 대한 조정없이 최악이 상부에 이르도록 허용한다면, 그들이 상부에 이르게 되고, 보다 순수한 속성을 격파하게 될 것이라는 것이다. 공
112 화국이 의존하고 있는 대중이, 고유한 계획속성을 모호하게 하는

---

11) 패리쉬, 등(v. Parrish, et al.), (1937), 「웨스트 코스트 호텔회사」(*West Coast Hotel Co.*), 300~379.

이론에 의해, 그리고 무솔리니(Mussolini), 파리나찌(Farinacci), 발보(Balbo), 히틀러(Hitler), 하이너(Heiner), 레이(Ley), 스트라이쳐(Streicher), 괘벨스(Goebbels), 히믈러(Himmler)와 같은 범죄자의 살인적 행태에 귀인시키는 오류의 역사적 분석에 의해, 잘못 인도되어진다면 비극적일 것이다. 독일과 이태리의 경쟁체제에서 권력을 보유한 사람들은 불량배들의 증가를 억제하지 않을 뿐 아니라 영국과 미국의 기업가들에 의해 배척되지 않았다. 실제로 은행가 안칠로티(Anzilotti)는 이태리전범재판에서 뭐니 뭐니 해도 그는 무솔리니(Mussolini)의 명령을 수행한데 불과하다고 설명했다.

정부에 의한 계획의 특성은 어떤 사람들이 계획하고; 그들이 전체적으로 계획하는가 여부; 그들이 신속하게 계획하는가 여부; 그들이 그들의 계획을 서둘러서 수행할 의도가 있는가 여부; 관련된 문제들에 대한 대중의식에 의해 자유롭게 동의되었는가 여부; 대중이 이의나 반대할 권리를 보유하는가 여부; 정부책임의 적절한 장치가 있는가 여부; 계획안이 분산되었는가 여부; 대중대표가 잘 선택되었는가 여부 - 간략히 계획의 전체적인 과정이 진정 민주적이었는가 여부에 좌우된다.

하이에크(Hayek)의 사상과 그에게 향을 피우는 사람들은 인민들의 불신에서 유래한다. 이러한 불신을 암시하면서, 그는 "*일반적으로* 개인들의 교육과 지성이 보다 높을수록 그들의 견해와 취향들이 더욱 분화되고, 특정한 가치계층에 대한 합의가 줄어들 것이라는 점은 *아마도* 사실이다"라고 주장한다. (138쪽. 이태릭체는 저자의 것.) "고등" 교육이란 그에게 무엇을 의미하는가? 그가 가장 익숙한 대학교선생들 무리에서의 선택을 생각한 것인가? 그들의 소득과 전문성이 보다 더 서로를 유사하게 만들기 때문에 교육은 아니라고 나는 생각한다. 그리고 어떤 관점의 "취향"인가?

공공재의 원리? 도덕성? 교회가기? 알콜? 음악? 섹스? 취향의 차
별화는 거의 언제나 탐닉하고 있는 소득과 안전의 산물이며, 출
113 생부터의 자연적인 성향이다. "교육"과 "지성" 간의 관계가 있을
것으로 생각하는가? 그러나 6,000장의 시험답안지들의 채점들(말
하자면, 1931~1945년 사이의 15년 기간 동안 매년 400장)은 이
것보다 더 하이에크(Hayek)교수를 가르쳐왔어야 했다. 14세에 교
육이 중단된 많은 사람이 거리에 있다. 그들의 지성 - 그들에게
설명될 때 복합적인 주제들을 신속하게 이해할 수 있고, 아직 토
의되지 않은 상황에 나타날 수 있는 원리에 적용하는 능력, 그리
고 수행해야할 직업의 주요 전략에 대한 결정의 능력 - 은 거의
혜택받을 수 없음에도 "고등교육"을 거쳤던 바로 그들처럼 쉽게
좋은 것이고, 드물게 보다 나은 것은 아니다. 기술은 뽐내는 허
세이다.

움찔 놀라게 하는 비논리의 조각에 의해, 하이에크(Hayek)는 이제 관찰이 아니라 단순한 구절에 의존하면서 그 자신의 정체를 다음과 같이 드러냈다. 즉 "만일 우리가 전망에 대한 높은 수준의 획일성과 유사성의 발견을 원한다면, 우리가 보다 원초적이고 '공동'의 본능과 취향이 우세한 곳의 보다 낮은 도덕적 및 지적인 기준의 지역으로 *내려가야* 한다는 것이 이의 추론이다." *취향*의 차이는 이제 "보다 낮은 도덕과 지적수준"이 되고 있다는 변화하는 그의 말들에 대한 논리적 오류에 주목하라. 태반의 사람들과 공유할 높은 기준은 있을 수 없다! "소수" 가운데서는 높은 수준이 우세하고, 다수가운데에서는 낮은 수준이 우세하다! 그는 이를 딱 잡아 말하고자 하지 않았고, "이는 다수의 사람은 낮은 도덕수준을 가지는 것을 의미하지 않고(비록 그가 그렇게 말했다고 해도), 가치들이 매우 유사한 사람들의 가장 거대한 집단은 낮은

수준을 가진 사람들이다. 이는 언제나처럼 가장 많은 사람을 결합시키는 최소공통분모이다."라는 말로 표현하는 것을 넌지시 말한다. 이는 사람의 미천함에 대해 히틀러와 무솔리니 이전부터 주어진 인용구와 잘 조화된다.

114 그러한 이야기의 목적은 많은 사람들은 독재자가 되려는 의도를 가진 선동자들에 의해 지배되는 경향이 있는 반면에, 보다 높은 교육과 지성을 가진 사람들은 그렇지 않는다는 것을 넌지시 알리는 것이다. 단순한 논쟁은, 인민은 그들이 좋아하지 않는 정책방향으로 기울게 할 수 있다고 가정하는 반면에, 인민은 대체로 그들의 이익에 의해 움직인다는 것은, 잘 알려졌다. 이런 점에서 아리스토텔레스(Aristotle)의 「수사학」(*Rhetoric*)을 보고, 에드먼드 버크(Edmund Burke)의 "사람의 주위상황은 그 사람의 의무에 대한 지도교사이다"라는 말을 고려하고, 아담 스미스(Adam Smith)의 「국부론」(*Wealth of Nations*)을 읽고, 벤담(Bentham)과 존 스튜어트 밀(John Stuart Mill)의 효용철학을 읽고, 세계에서 하이에크(Hayek) 이외에 세상의 거의 모두가 읽는다. 보다 고등교육을 받았던 사람과 보다 지성을 획득한 사람 간에는 실제적인 차이가 있다.

미국은 물론 영국도 "보통"의 인민이 독재자의 수중에 떨어진다는 것에 두려움을 갖지 않는데, 이는 인민들은 그들 자신의 민주적 관습을 그들 자신의 민주정부형태의 민주적 주인이 되도록 사용하기에 충분한 능력을 가지고 있기 때문이다. 그러나 우리는 하이에크(Hayek)가 다수를 "억제" 하고자 한다는 것을 알고 있다. 왜냐하면, 또 숙명처럼 불가피하게, 그리고 그의 이마에 있는 카인(Cain)의 표식처럼, 그는 로마를 인생보다 귀하게 여기는 교감을 갖고 있었던 액션 경(Lord Action)으로부터 인용해야 한다.

즉,

> 민주주의에 대한 모든 견제가운데서, 연방이 가장 효능있고 가장 적합한 것이 되었었다. … 연방체제는 오식 일정한 세한된 권리들에서만 분리하고 정부에 양도하는 주권을 제한하고 억제한다. *그것이 다수당뿐만 아니라 전체주민의 권력을 억제하는 유일한 방법이다.*

고등교육의 주요 혜택자들중 하나에게는 얼마나 유쾌한 생각인가! 그리고 얼마나 하이에크(Hayek)가 그것에 집착하고 있는가. 그러나 자신의 전 생애를 자유의 역사를 위해 사용했지만 그것을 기술할 정도로 충분히 배우지 못했던 (독일교육에 의해 압도당했
115 던) 액션 경(Lord Action)은 연방체제가 주권을 제한한다고 말했을 때 그의 역사는 오류였었다.[12] 미국에서 다수당을 억제하는 것은 권리헌장이었고; 액션(Action)은 명민함이 부족했다. 다수당이 헌법을 개정하는 권리를 가지고, 양자모두 일반투표로 선출된 집행부와 의회를 통해 그들이 생각하는 것이 권리헌장의 합리적 해석이 될 수 있는 것에 관한 그들의 의지를 알 수 있게 하는 한, 하이에크(Hayek)와 그의 추종우상숭배자들은 주민들의 자비에 스스로를 던지는 것을 회피할 수 없다. 우리시대에 하이에크(Hayek)가 원하는 것, 즉 그가 원하는 극단적 형태에서 경제적 개인주의의 보호, 을 줄 수 있는 유일한 정부체제는 전체인민을 강제하고 설득에 의해 지배하는 것을 조소하는 독재이다.

---

12) 핼버링(*Helvering*) 대 데비스(*Davis*), (1936), "일반복지" 규정의 광범한 해석에 의해, 미국의 전역에 걸쳐 거의 모든 입법영역에 대한 연방행동에 문을 활짝 개방했다.

제7장 표시된 독약

> 왜냐하면, 모든 개인의 동의에 의해, 많은 사람들이 공동체를 만든 때에, 그들은 다수당의 의지와 결의에 의해서만 하나의 몸처럼 행동하도록 하는 힘을 갖는 하나의 몸으로서의 공동체를 그 때문에 만들었다.
>
> __존 록(John Locke)

116 어떠한 순수사고(純粹思考)와 마약법(痲藥法)도 **독약**(POISON)이라고 허위로 표시하는 책략을 요구하지 않는다. 대중에게 말하는 그들이 자기통제를 하는 이유가 더 많이 있는데, 이는 민주정부의 효과적인 지속과 개선은 정치가와 정치지도자의 일부로서 행동할 것을 요구하기 때문이다.

그것은 대중을 위해 저자들에게 요구했어야 했던 명예훼손법이라는 의미에서의 책임은 아니다. 하이에크(Hayek)는 일종의 사회적 책임을 느끼고, 그의 **서문**은 약간의 양심의 가책을 나타낸다. 그는 다음과 같이 말한다. 즉

> 사회문제의 전문학도가 정치학 책을 저술할 때, 그의 첫 번째 의무는 솔직히 그렇다고 말하는 것이다. 이것이 정치학 저서이다. 나는 사회철학의 하나의 소론(essay)이라는 우아하고 야심 찬 이름에 의해, 내가 지금까지 했을지도 모르는 것처럼, 기술하여 이것을 위장하고자 하지는 않는다. 나는 저서자체에서 두 번째이지만 결코 덜 중요하지 않은 의무를 적절하게 이행했기를 바란다. 여기서 그 의무는 전체적인 논쟁이 의존하는 이 근본적인 가치들

> 이 무엇인가에 대해 의문의 여지없이 명료하게 하는 것이다.
>
> 117 여기에, 어쨌든, 내가 첨가하기를 바라는 일이 하나있다. 비록 이 책이 정치학저서이지만, 그 속에서 시도된 신념은…내가 국가 정책문제에 대한 논의를, 그 과업에 보다 권위를 갖고 보다 나은 자격을 갖춘 사람들에게, 기쁘게 남겨두어야 하는 상이한 상황들(그것은 전쟁 중에 다른 사람들은 저술하기에는 너무 골몰하고 있다)에서… 나의 개인적 이익에 의해 결정되지 않는다는 것을 다른 어떤 사람들처럼 확신할 수 있다.[Hayek, 「노예의 길」(The Road to Serfdom), vi~vii].

"이것이 정치학 저서이다"라는 것을 시인하도록 만드는 것은 정치학저서를 기술함에 있어 관련되는 책임을 면제하는 데는 충분하지 않다. 만일 "사회문제의 전문학도"가 고통스런 저술의무가 될 것이라고 그가 주장하는 것이 실현되기를 바라는 상황에 처한다면, 보다 많은 관심과 과학적인 도덕관념이 요구된다.

하이에크(Hayek)는 경제학자지만, 이 저술에서 그는 주로 정치과학, 그리고 그것의 보다 특수한 분야인 행정학, 이 답할 수 있는 질문에 보다 넓고 깊게 파헤쳐 들어가고자 한다. 이 주제들에 대해 전문학도만이 질문들에 대해 의견을 제시할 권리를 가지고 있지만, 그가 다루려는 주제들에 대해 읽어야 할 것을 모두 읽지 않는 한, 그는 "*사회*문제의 전문학도"인 경제학자로서의 그의 칭호를 수용하거나 확대하거나 또는 그러한 독재적 확신을 가지고 발언할 권리를 가질 수 없다는 것을, 내가 의미하는 것은 아니다. 하이에크(Hayek)의 저서를 읽는 사람들은, 그가 그의 영역내의 문제에 대해 가지고 있을 수도 있는 권위를 그의 영역 밖의 문제에 관해서는 그것에 대한, 어떠한 요구도 그에게 허용해서는 안

된다. 그는 그의 논문에 필수적인 일부 근본원리들에 대해 가장 극도의 무지를 드러낸다.

나는 그의 이론들을 다음과 같이 구체적으로 언급한다. 즉, 그것은 나치스는 사회주의자들로부터 발생했고; 유럽대륙의 독재정권은 경제계획이론들의 산물이고; 위에서 제시된 방향에서의 독일의 진보는 주로 1870년부터 추적할 수 있고; 하이에크(Hayek)가 제1차 세계대전 직전부터 살았던 오스트리아의 이념적 및 정
118 치적 활동은 사회주의자들이 독일에서 만들었던 것을 영국과 미국에서 만들어야 하고; "법의 지배"는 계획과 조화할 수 없다는 것들이다.

다윈(Darwin)의 공저자인 헉슬리(Huxley)는 그가 저술을 시작하기 전에 주제에 관해 저술되었던 모든 것을 읽는다고 알려졌지만, 하이에크(Hayek)는 읽기를 시작하기도 전에 저술되어야 할 모든 것을 저술한다고 말할 수도 있다! 공공정책의 가장 중요한 문제는 사람이 공공복지문제에 영향을 미치는 일을 할 때에는 그것을 알려야 한다는 것이다. 자연(自然)이, 아담 스미스(Adam Smith) 그리고 오직 아담 스미스(Adam Smith)의 계보를 통해서만 도달할 수 있는 시간의 역사에 의해, 가능한 모든 것을 드러내 보였다는 느낌을 현대인에게 주는 것은 틀림없이 자연의 첫째 이치에 대한 오류이다.

인민에 대한 책임의식은 열정에 대한 상당한 통제를 요구한다. 하이에크(Hayek)는 인류에 대해 맬서스(Malthus)적인 암울함과 까다로움으로 다룬다. 맬서스(Malthus)는 인구성장은 인간의 생산능력을 크게 초과하기 때문에, 경제적으로 인간진보의 희망에 종지부를 찍는다고 주장했다. 그는 인구를 감소시키기 위한 많은 조치를 추천했지만 산업의 산출을 증가시키기 위한 어떤 조치도

취할 수 없다는 점을, 이 시점에서, 하이에크(Hayek)와 관련하여, 주목하는 것이 중요하다. 국가는 빈민의 구제에는 엄격했고, 그들의 출산을 억제하고, 결혼에서 부유하지 않다면 자녀가 없는 것이 낫다고 조언하는 정치경제학강의를 조장하였다. 일련의 사건들은 이 세상의 형세를 벗어나 - 윌리엄 고드윈(William Godwin)의 낙관론에 반하는 방향으로 - 1803년의 음울한 분석과 예상을 비웃어왔다. 생산능력은 19세기와 20세기의 놀라운 인구성장을 현저하게 능가했다. 즉, 영국에서 인구는 50%증가했는데, 이 증가된 인구구성원 각자는 1세기 전 선조들의 4배의 부(富)를 기록
119 했다. 미국의 인구는 400만 명에서 1인당 부가 훨씬 많은 1억3천1백만 명으로 증가했다. 유럽의 인구는 3배 증가했고, 약간 적지만 아직도 경제적 부의 커다란 증가가 있었다. 그러나, 자신의 사례가 승리하기를 열망하는 하이에크(Hayek)는, 맬서스(Malthus)적 우울함의 현대판을 도입해야 한다.

> 더 이상 경제문제가 정말로 없다는 그들의 희망적 신념에서, 사람들은 "잠재적 풍요"에 대한 무책임한 이야기를 확신했었다. 여기서 만일 잠재적 풍요가 사실이라면, 그것은 [하나의 목표와 다른 것 사이에서] 선택을 불가피하게 만드는 경제문제는 없다는 것을 진정으로 의미했을 것이다. 그러나 비록 이 함정이 사회주의가 존재하는 한 여러 이름으로 사회주의선전에 기여했더라도, 그것은 약 백년전에 처음 사용되었을 때처럼 아직도 명백히 사실이 아니다. 이 시대 전체에서, 그것을 사용했던 많은 사람 중 어느 누구도, 우리가 빈곤으로 간주하는 것을 - 전체로서 세계가 아니고 - 서구에서라도 철폐할 수 있게끔 어떻게 생산을 증가시킬 수 있을 것인가 하는 실행가능한 계획을 만들었다. 독자는 잠재적 부에 대해 말하는 사람은 누구나 정직하지 못하거나 또는 그가 말하려는

> 것을 알지 못할 것이라는 입장을 취할 수도 있다. 그러나 그 말은 우리를 계획의 길로 내모는 다른 말과 마찬가지로 잘못된 희망이다.[1)]

세계는 개선될 수 없다는 그의 결의를 지지하기 위해, 그는 콜린 클라크(Colin Clark)씨의 「경제적 진보의 조건」(*Conditions of Economic Progress*, 1940)의 권위에 의존하고 있다. 즉

> 풍요가운데 빈곤이라는 자주 반복되는 구절 그리고 생산문제들
> 은 우리가 분배문제로 이해했을 때만 해결되었다는 것은 현대의
> 상투어들 중 가장 진실이 아닌 것으로 판명되었다. … 생산력의
> 120 낮은 이용은 미국에서 만큼은 상당히 중요한 문제이다. 비록 그것
> 이 특정년도에는 영국, 독일, 그리고 프랑스에서도 일정한 중요성
> 을 가졌지만, 세계 대부분의 국가에서 그것은 생산자원이 완전히
> 이용되고도 아주 적은 양 밖에 생산할 수 없다는 점에서 가장 중
> 요한 사실에 대해 전적으로 보조적인 문제이다. 풍요의 시대가 도
> 래하기에는 아직도 오랜 기간이 필요하다. … 만일 예방적 고용을
> 경기순환 내내 제거할 수 있다면, 이는 미국인 생활수준의 명백한
> 향상을 의미할 수 있지만, 세계전체의 관점에서는 그것은 문화화
> 수준 같은 것에 대해 세계인구 대부분의 실질소득을 제고하는 것
> 과 같은 보다 큰 문제에 대해 약간의 기여를 하는데 불과할 것이
> 다.[2)]

이 문장은, 실제로, 세상에 빈곤이 존속하고 있고, 기술과 기타 사물 때문에 다른 어느 나라들보다 생활수준제고의 달성에 보다

---

1) 하이에크, 「노예의 길」((*The Road to Serfdom*), 98쪽.

2) 전게서, 맥밀란 출판사의 허가에 의해 재 인쇄.

양호한 위치를 차지하고 있는 미국에서조차 이의 달성이 어려운, 문제를 다루고 있다.

그러나, 하이에크(Hayek)가 "상투어"라는 부른, "풍요 속의 빈곤"이라는 구절을 클라크(Clark)씨가 언급하고 있음을 알 수 있는데, 여기서 빈곤은 *현재*이고 하이에크(Hayek)의 위장마(僞裝馬: 사냥꾼이 짐승에 접근하기 위해 몸을 숨기는데 쓰는 말 모형)인 "잠재적" 풍요는 아니다. 하이에크(Hayek)는 *잠재적* 풍요를 거부하기 위한 바탕으로, 클라크(Clark)의 *현재*의 풍요에 대한 부정을 사용하고 있다. 더욱이, 클라크(Clark)는 "잠재적 풍요"의 가능성을 부인하지 않았다. 그는 "풍요의 시대가 도래하기에는 아직도 오래 걸릴 것이다"라고 말하지만, 이는 오지 않거나 올 수 없다고는 말하지 않는다. 또한, 그는 미국의 "예방적 실업"과 미국의 생활수준의 "명료한 개선"에 관해 시인한다. 그 위에, 그는 정부에서
121 계획된 기업이 이용할 수 있는 생산자원은 고려하지 않고, 지금까지의 민간기업의 결과들에 대해서만 고려한다. 더욱이, 클라크(Clark)는 일부국가의 복지는 1870년 이래로 크게 향상해온 것이라고 그의 저서의 나머지부문에서 제시한다. 여기서 그들 국가의 복지향상은 부분적으로, 생활수준제고문제에 대한 정부, 민간기업, 그리고 교육·기술준비·신용기관에 관한 국가제도에 의해 지원받는 (주로 덴마크의) 개인들 간에 형성된 협동장치에 의한, 보다 신중한 관심의 결과이다.

환언하면, 하이에크(Hayek)는 장래의 진보가능성을 부정하기 위해 *현재*의 생산체제에 대한 진지한 일반화를 잘못 사용했다.[3)]

---

3) 예를 들면, 브루킹스 연구소(Brookings Institute)의 「미국의 생산능력」(*America's Capacity to Produce*). 조셉 슘페터(Joseph Schumpeter)교수는 그의 저서 「자본주의, 사회주의, 민주주의」(*Capitalism, Socialism,*

경제적 황금시대가 내일에 충만하도록 논의하는 것은 지금의 목적이 아니다. 그러나 단순한 기술(記述)의 왜곡으로, 관대한 희망들뿐 아니라 그러한 희망들이 발흥하는 창의력에, 찬물을 끼얹는 것은 결코 정치적 정직성은 아니다. 부정(不正)이라는 것은 왜곡의 사례를 만들려는 시도로서, 공공복리나 이러한 종류의 전술을 사용하는 자유민주주의의 유지를 위해서도 좋지 않다. 그것은 진보를 원하는 사람들과 신념을 고수하려는 사람들 양자를 현혹시키고, 때문에 서로를 선동한다. 클라크(Clark)씨는, 앞으로 보게 될 것이지만, 희망을 위해 아직도 문을 열어두고 있지만, 하이에크(Hayek)씨는 심술궂게도 그것을 강하게 닫는다.

클라크(Clark)씨는 국민소득이 생산력에 의존한다는 것을 보이기 위해 고심한다. 정부의 교도, 재정정책, 그리고 정부기업이 선진경제의 국민소득을 제고하는데 도움을 주고, 유고슬로비아, 중
122 국, 인도와 같은 후진경제지역으로 발전하고 있는 곳에는 실제적으로 필수적이라는 것을 부인해야 하는가? 실례(實例)로는, 기본적인 생산장비와 창고장비(수확물의 보전을 위한 창고)·가공공장·냉동저장의 제공; 임산물의 정련·저장 그리고 개량종자사용에서의 개선된 기술적 방법; 도로·관계사업·토양침식방지 그리고 토양회복; 철도; 또는 유엔 재건과 개발은행(United Nations Bank of Reconstruction and Development)을 고려한 「최종법」(Final Act)에서 예시되었던 것과 같은 해외자본의 모금-에서의 국내자본모금과 그것의 사용방향이다.[4]

---

and Democracy) 65쪽에서 1인당 $1,300을 주는 생산증가는 1978년까지는 미국에서 완전히 가능할 것이고, 이는 인구 1억6천만에 대해 1928년 가격으로 1928년의 양을 배가할 것이라는 것에 대한 그의 판단을 더욱 나아갔다.

하이에크(Hayek)는 경제학의 작업체제보다는 *개념*을 골라내고, 그 개념을 지성의 허구가 아닌 실제체제인 것처럼 사용한다. 그 방법은 월터 배젓(Walter Bagehot)이 "보다 단순한 가공인물"이라고 부른 것이다.[5] 그것은, 대중은 경제 및 사회적 사건들을 이해할 수 없는 것처럼 시인하는 것을 기대할 수 없는 그러한 사건들을 나중에 추인하는 저자에 의해 사용되었을 때는, 특히 의심스럽다.[6]

이는 전술이다. *만일* 어떠한 국가의 지시도 없는 구애받지 않은 개인주의적이며 완전경쟁적인 경제운영에 바탕을 둔 사기업이 있다면, 그리고 *만일* 모든 수익과 손실이 민간경제운영자들의 배타적 보상과 처벌이라면, 사회전체에 최대의 경제적 복리가 결과로서 발생한다고 말하라. 이것으로부터, 결과로서 생기는 자유의 가치에 대한 추론과정에 의해, 모든 결론을 도출할 수 있다. 그 결과적 자유는 각 개인에게 도래하는 쾌락 그리고 각자가 다른 사람의 욕구를 만족시키기 위해 취해야 하는 관심인데, 그 이유는 이것을 효율적으로 함으로써만 이익을 얻을 수 있고 그리하지 않으면 시장에서 경쟁하는 다른 사람들이 보다 우월한 효율성에
123 의해 직장에서 그들을 추출할 것이기 때문이다. 결론들을 이미 내포한 전제(前提)로부터 얻을 수 있는 연역적 강요이외의 것을 추가하자. 그런 다음, 논리연습이라고 하드라도, 이 환상이 작용중이라는 착각을 주는 사실들에 *대한* 것이 아닌 사실들로 *부터* 오직 우발적인 무의미한 모자벗기에서 조차, 이 체계에는 오류가

---

4) 참조, 파이너(Finer), (1945), 「유엔의 경제 및 사회 위원회」(*Economic and Social Council of the United Nations*), 세계평화재단.

5) 배지헛(Bagehot), (1895), 「경제연구」(*Economic Studies*), 97쪽.

6) 하이에크, 전게서, 204쪽.

전무 - 글쎄, 약간이라고 할 수 없는 - 하다고 가정하자. 이를 "자유" 계획 또는 경쟁에 의한 계획이라고 부른다.

이 이상적인 그림이 제안된 후에, 반대편 극단의 그림을 그리고, 그것을 경쟁에 반(反)하는 계획이라고 부르도록 평결한다. [리프만(Lippmann)도 이러한 전술을 또한 사용한다]. 조직화되고 의식적인 집단이 *모든 것*을 관리하는 사회를 상상하자. 그 사회에서 개인은 목표들이나 방법들을 결정하는데 있어 어떤 것도 말할 수 없고; 사회의 목표들은 *그의* 목표들이 아니고; 국가는 경제 · 사회 · 정치적인 모든 문제들을 옹위하는데 완전할 뿐 아니라, 극도의 냉혹함도 그것의 결과라고 생각하는 … 그 자신의 방법을 가지고 있는 마지막 세부절차에 대해서도 단호하다. 그러한 점에서 두 개념이 보이고, 그들 간에 얼마나 엄청난 차이가 있는가를 곁눈질로 말하고, 얼마나 많은 보다 부유하면서 유순한 사람이 사회에서 두 번째가 아닌 첫 번째 상태에 있을 수 있는가를 다시 한번 암시(암시는 출발이 이미 이루어진 점에서 포장되었었기 때문이다)한다!

걱정거리는 어느 것도 사회의 실재상태는 아니고; 그것은 오직 마음 - 하이에크(Hayek)의 마음 - 의 상태이다. 실제사회는, 개인적 사례에서 묘사된 모형에 적합하게 작용된 적이 없을 뿐 아니라, [하이에크(Hayek)가 나중에 받아 들여야 하는 것처럼] 지원받지 않은 개인주의는 작동할 수 없다. 그가 제안한 "집산주의자"와 같은 사회 - 나치 독일에서조차 없었고, 물론 이태리에도 없었고, 어디보다 가장 집단적 국가인 소련에서조차 확실히 존재하지 않는 - 는 도대체 존재하지 않았다. 장서들에의 몰입이 없는 가장 평범한 상식조차도 중도가 현재의 인간에 의해서도 발견되어진다는 것을 가르치고자 한다.

하이에크(Hayek)의 알려진 유일한 유머는 "중도를 추구하는 얼
124 간이"에 대해 구두로 통렬히 비난하는 것이다. 어쨌거나, 아리스토텔레스의 중용의 덕(Golden Mean)인, 중도는 대부분의 사람들이 그들의 공적생활과, 정말로, 사적생활을 조정하는 방법이다. 그것은 중간의 길을 구하기 위해 양극단을 합하여 둘로 나누는 것은 아니다. 그것은, 개인의 생각에 어떤 것도 *완전한* 체제가 없고, 그래서 우리에게 쇄도하는 많은 주장들과 원칙들 가운데에서 "어떤 결합이 단기에 비해 장기가 중요하며, 최소부담이면서 최대만족을 제공하는 것인가?"를 물어보는, 많은 원칙들의 선택, 결합, 그리고 적용의 문제이다.

중도 또는 "혼합" 체제의 성향이 있는 세계의 모든 국가 중에서, 영국과 미국이 선두이다. 실제로, 그것은 "얼렁뚱땅"(muddle-through)하는 영국식방법의 오래되고 관례적인 불명예이다.

국제적 반소(反訴)에서, 이 특성은 "위선"으로 까지 보였다. 그러나 그것이 무엇을 의미하는가? 그것은 미국인과 영국인은 비교하기 곤란한 경험적인 국민임을 의미한다. 그들은 실험적이다. 모든 그들의 철학은 시안적이고 실험적인 것이고, 하이에크(Hayek)가 오해했고 아직도 그의 사례를 그들이 지지하는 것처럼 인용한, 존 록(John Locke), 아담 스미스(Adam Smith), 존 스튜어트 밀(John Stuart Mill), 그리고 에이 브이 디시(A. V. Dicey)와 같은 저자들 까지도 그러하다. 그들은 하나의 주요 전제를 줄곧 이리저리 생각하는 공상가적 견해에서 진행하는 것이 아니라, 때로는 이 원리로 다른 때에는 다른 원리로 연구하며, 각각에서 어떤 것을 짜내고, "비논리적" 길을 추가하면서 연구한다. 미국 대법원판사들이 내·외적으로 짜 맞추는 것을 생각하라! 아직껏 이 국가들의 시민들은 살고, 노력하고, 자유롭다.

*뉴욕 타임스(New York Times)*의 헨리 해즈릿(Henry Hazlitt)은, 비록 「노예의 길」(*The Road to Serfdom*)이 미국에서보다는 영국에서 훨씬 덜 존경받았음에도 불구하고, 영국의 특성을 이해했다고 믿도록 하는 하이에크(Hayek)의 주장에 의해 잘못 인도
125 되었다. 헤즈릿(Hazlitt)씨는 "대 영국의 자유전통, 즉 록(Locke)과 밀톤(Milton) · 아담 스미스(Adam Smith)와 흄(Hume) · 매콜리(Macaulay)와 밀(Mill)과 몰리(Morley) · 액톤(Acton)과 디시(Dicey)의 전통, 을 영국에서 그것의 가장 유능한 옹호자를 - 토박이 영국인이 아니고 오스트리아의 망명자에게서 - 발견해야 한다는 것은 이상한 해학이다"라고 말했다.[7] 해즈릿(Hazlitt)씨는, 매우 이상한 현상에 직면하여, 수상하다고 느끼지 못한 것은 아닌가? 왜냐하면 하이에크(Hayek)는 추방되지 않았고, 우리가 이미 보여왔던 것처럼, 우리는 하이에크(Hayek)는 영국의 전통을 이해하지 못했다는 것을 보일 것이기 때문이다.

하이에크(Hayek)는 경제 및 정치체제를 운영하는 사람들의 사고와 특성의 내면에서 중간의 길을 만드는 것을 고려하지 않았다. 실제에서와 같이 체제를 만드는 데 있어, 중도의 모든 특성과 민첩성과 관련된 행동을 하는 그들은 제외되었다. 그는 *외부*에서 "체제"를 고찰한다. 몇 번이고 되풀이해서, 계획은 그 밑에서 일하거나 사는 대군중과는 상반되는 단일목적의 명목으로 부과될 것이라고 암시되었다. 이는 계획을 향한 움직임의 내부심리학을 제외하게 하고, 때문에 그것의 속도 · 방향 · 경향 · 방향 그리고 비율을 오해하게 만든다. "자유주의"의 진수는 실험주의이고 중간의 길이며, 그것의 속성은 실제에서 발견되며, 그러한 실제

7) 「뉴욕 타임스 북 리뷰」(*New Times Book Review*), 1944년 9월 24일. 21쪽.

는 역사의 단계에서 현재사람들의 현재사고를 의미한다. 이러한 실험주의의 생략은 앵글로-색슨 민족의 정치적 노정에 그들의 자유주의에 적대적인 방법, 기질, 그리고 중용과 척도의 욕구를 도입한 것이다. 빅토리아시대 영국에서 최고의 진수인 그래함 월러스(Graham Wallas)는 30년 전에 서로에 반하여 절대적인 것을 동정하는 것에 대항하라고 조언했고, "양적" 방법-즉, 각 원리는 *얼마인가?*-이 공공정책을 인도하는데 사용되어야 한다고 주장했다.[8] **논리**가 아닌 정도(degree)는 인간발달의 견인차이다.

「노예의 길」(*The Road to Serfdom*)은 경제학을 정부와 도덕성
126 의 모든 영역에서 분리할 수 있다는 신념에 기초하고 있다. 경제학은 그러나 인간본성의 일부이고, 종적이건 횡적이건 간에 그 외피의 전부는 아니다.

2천년 이상 동안, 하이에크(Hayek)가 설명한 중요한 문제들은 다수 철학자들의 생각과 양심을 곤란하게 했다. 국가의 활동에 대한 그의 암울하고, 분개한 부정적 태도를 무의미하게 만든 선거적·의회적·정당적·행정적 그리고 사법적 실제에 지식의 핵심이 근접해 있다. 경험은, 사람들을 일하며 발명적이 되도록 하고 정부에 복종적으로 유도하는, 유인책들의 범위를 드러냈다. 모든 이 연구는, 만일 생산·분배·조정 그리고 창안의 조치들이 의회입법을 통해 조직되고 책임이 있는 집행부 및 행정부 활동을 통해 발효된다면, 보다 멀고 높은 수준의 경제복지를, 자유(liberty)가 위험수준까지는 감소되지 않으면서, 모두가 이용가능하다는 합법적인 신념을 확실하게 제공한다. 그러한 연구를 이용할 수 없음에도 불구하고 행동하는 것은 그가 환상을 품고 있을

---

8) 그래함 월리스(Graham Wallas), 「정치학에서의 인간성」(Human Nature in Politics), 제5장.

뿐만 아니라 장래의 중대한 시기에도 그것에 따라 행동하기를 촉진했던 사람들에게는 공평하지 못하다.

비록 사람들이 현대의 대규모기업에 대한 어려운 운영을, 인도나 규제없이, 수행하는 것에 대해 신뢰받을 수 있다고 해도, 그들은 이 개인적 활동들을 보완·인도, 또는 대체까지 하는 법령들을 만드는 것을 시민으로서는 신뢰할 수 없을 것이라고, 그는 또한 주장한다. 우리는 여기서, 사람들은 그들의 일반적인 도덕적 전망(그들이 경제적 취득을 위해 실제 소비한 노력의 양을 결정하는 것)이 그들의 경제활동을 정부를 통해 국가와 연계하는 것처럼 그들 스스로를 보다 일반적인 규제 하에 두는 능력은 물론 허용하는 권리도 보유하지 않았다는 것을, 추론할 수 있다. 비록 그가, 그의 소득과 그것의 획득수단에 대한 통제에 전력하기 때문에 경제에 대한 정부통제는 인간의지에 대한 통제라고 주장한다 해도, 경제력을 소유한 그들에 의한 타인의 직접적 통제는 동일한 효과를 가질 수 있다는 것을 수용하지 않으려 한다. 실제로,
127 그것은 보다 악화될 수도 있는데, 그것은 용이하게 위치시킬 수도 있는 집중된 통제는 그것에 대한 그의 사용을 밝히는 권력의 행사자를 소명하는 기회를 제공할 수도 있기 때문이다. 그러나 "사기업"이나 "경제적 분권"의 비정한 이름으로 분산된 곳에서는, 사회가 고용을 통제하는 그들에 의해 행사되는 모든 강요행동을 추적하는데 부적합할 수도 있다. 연방무역위원회(Federal Trade Commission)기록들이 그것을 증명한다. 어쩐지, 사기업체제가 사람을 파멸할 때 그것은 비인간적이지만; 정부가 법을 통과시키고 강요할 때는 인간적이다! 그는 계약과 재산은 비인간적 속성의 부분이고, 그들이 법에 의해 만들어진다는 것은 옛날이야기이다.

"자유"(liberty) ["자유"(freedom)처럼 정의되지 않은]의 성장은 자

유주의의 성장과 철학의 영향, 또는 관습을 깨트린 지리적 발견, 또는 수세기의 경험으로서 인간사고 앞에 놓인 대안들의 그것에 의한 숙고가 인간에 대한 교묘함과 기회의 상이한 그림들이 있는 긴 화랑에 전시된 것에 귀인시킬 수 없다는 것은 이 흥미로운 통찰에 대한 곡해의 일부분이다. 하이에크(Hayek)에 의하면, 그것은 위클리프(Wycliffe)나 후스(Huss), 루터(Luther)나 스피노자(Spinoza), 잭 케이드(Jack Cade), 왕에 대항하는 귀족, 조소하는 볼테르(Voltaire), 그리스 과학과 정치학의 재발견, 고대우주론을 깨트리고 지옥의 공포를 쫓아버린 코페르니쿠스(Copernicus)도 아니다. 그것은 권위에 반항하고 자유이론을 구축하는 루소(Rousseau)의 사상이나 존 록(John Locke)의 심리이론이 아니다. 그것은 자유정부와 자유사고를 만드는 *상업*이다! 그리고 이는 그를 북부 이태리의 부유한 도시, 암스테르담, 함부르크, 런던에 사는 상업적 인간으로 쉽게 개조한다. 물론, 호상(merchant prince)과 기업인들은 그들의 역할을 했지만, 하이에크(Hayek)는 위대한 사고들의 창조와 보다 사람들이 붐비는 지역에서 그것에 대한 대중적 지지와 메디치(Medici)의 예술장려처럼 유복한 사람들의 애
128 호와 취미를 혼동했다. 역사에 의하면, 무엇이 기업인의 역학이었나? 국가를 부인하고; 또는 국가와의 계약의 조달자로서 국가를 개발하거나; 또는 인가된 독점자로서 그들 자신의 목표를 위해 국가의 권력을 조작하거나, 식민지의 원주민을 학대까지 하거나 또는 노예무역을 수행해야 하는가. 또는 의회에서 대표가 없는 군주제에 의해서도 과세될 수 없는가. 또는 토니(Tawney, R. H: 영국의 경제사학자)교수와 다른 사람들이 보였던 것처럼, 기독교교리를 왜곡하고, 그들의 교의는 천상의 도덕으로, 재산을 모으는데 있어 그들의 구속없는 성향은 종교적으로 지지된 부속물이라

고 가정했다. 이태리와 홀랜드(Holland)에서 이 상업적 발전들이 있기 수세기 전에 영국에 의회가 있었다.

하이에크(Hayek)는, "개인주의"는 "기독교와 정통고대철학에 의해 제공된 요소들로부터" 성장하고, "르네상스시대에 최초로 만개" 했다는 것을, 인정한다. 그러나, 그는 우연히 경제적 개인주의의 이해관계자들이 아니라, 그가 말한 것처럼, "개별인간*으로서* 인간, 즉, 협소하게 그것을 경계지울 수 있다 해도 그 자신의 영역에서 그 자신의 견해와 취향이 최고인 것처럼 인식하는 사람들, 의 관점, 그리고 사람들은 그들 자신의 개별재능과 성향을 개발해야 하는 것이 바람직하다는 신념"에서, 이 세력들의 전체 사회들에 대한 영향으로부터 신속히 도피한다. (14쪽)

그러나 사회적 의존이 없고, 사회적 의무가 없으며, 교회가 없는 고립된 크루소(Crusoe)처럼 사람*으로서* 사람을 고려할 수 없다. 만일 사람들이 다른 사람들에게 유해하다면, 인간기호의 지배권이 제한되지 않는다고 생각하는 것은 불가능하다. 어떠한 사람, 또는 일부, 또는 많은 소수계층의 혁명에 대해 완전한 권리를 인정하는 사람은 거의 없을 것이다. 개인적 성향과 재능을 개발하는 매우 바람직한 목적에 한계가 *없는가*?

어떻게 이 문제들이 응답되었으며, 그들의 대답들이 더욱 발달
129 되었는가? 단지 경제적인 것만이 아닌, 인간의 사고와 특성의 *모든* 요소들의 결합에 의해, 시간의 흐름가운데서 주고받으며 타협을 발전시키는 과정일 *뿐*이다.

하이에크(Hayek)에게는, 수천 년의 노력이 약식으로 처리되었다. 그것은 경제동인의 함수이다.

경직되게 조직된 계층체계를, 사람들이 상이한 생활형태를 알고

> 선택할 기회를 확보한 곳에서 그들 자신의 생활을 구체화하는 시도를 적어도 할 수 있는 곳으로의, 점진적 변환은 상업의 성장과 밀접하게 연관되어 있다. 삶에 대한 새로운 시각이, 북부이태리의 상업도시에서부터 프랑스와 북서독일을 거쳐 북해연안저지대국가들(Low Countries)과 영국의 섬까지, 그것에 대해 투쟁할 독재적 정치권력이 없는 곳은 어느 곳이나 강한 뿌리를 내렸으며, 상업과 함께 서쪽과 북쪽으로 확산한다. 베네룩스(Low Countries, Benelux)와 영국 제도(諸島)에서는 오랫동안 그 삶이 최고의 발전을 누렸고, 처음으로 이들 국가들이 자유롭게 성장하고 사회와 정치적 생활의 기반이 되는 기회를 가졌었다. … 개인들의 즉흥적이고 통제되지 않은 노력은 이러한 발전이 일정한 진보를 만든 후에야 도래할 수 있는 경제활동의 복합적 질서를 만들 수 있었다. 경제자유에 호의적인 일관된 논쟁의 부수적 노력은 정치적 자유의 설계되지 않고 예측되지 않았었던 부산물로서 경제활동의 자유로운 성장의 결과였다.[9]

상업이 "개인주의"의 관념을 가져오기 *전* 에는 "전제권력이 없었던" 곳에, 적어도 2개의 국가가 이미 존재했었던 것으로 보인다.

이 발췌에서의 중요한 용어는 "연관된"이라는 단어이다. 그것은
130 칼 마르크스(Karl Marx)가 지배적인 사고와 정부체제("생활의 물질적 조건에 근원" 하거나 또는 "사회의 경제구조 - 법적 · 정치적 상부구조들이 *발흥하는* 실제적 기반" 하는 것 등과 같이)의 생산력들과 관련하여 사용된 단어인 것 같기 때문에, 전자가 후자의 원인이 되는가 여부는 도저히 정확히 알 수 없다.

만일 여기서 "연관된"이라는 말이 인과적이 아니라면, 나머지

---

9) 하이에크, 전게서, 14~15쪽.

인용절은 의미가 없고; 만일 인과적이라면 그것은 잘못된 역사이다. "이 도시의 번영원인이 그곳에서 거래하는 사람들에게 부여된 자유(freedom)라는 것을 어느 누구도 부인할 없다" - 때문에 16세기 중반에 지속적인 자유(liberty)를 위해 항의하는 안트워프(Antwerp: 벨기에의 교역도시)의 외국상인들에서부터 필립2세까지 부인할 수 없다. 실제역사는 특정집단들이 일반적 자유와 경제적 자유를 위해 국가를 점령했고, 후자에 대해 흥미를 갖는 그들은 국가를 역류시키거나 점유하여 그들이 스스로를 부유하게 할 수 있다는 것을 보인다. 국가는 부자와 빈자 그리고 유력자와 미천한 사람 모두가 복종적이었던 일정한 정신적 질서를 발흥시키는 자연적인 발달은 아니었다. 경제적 성공과 실패의 자유로운 흥망은 국가도구의 통제에 의해 각각 지원받았고 예방되었다. 획득한 권력은, 때문에, 경제적 성공에 의해 도달된 사회에서의 지위를 강요하고 영속화하는데 사용되었다. 실제로, 만일 하이에크(Hayek)가 아담 스미스(Adam Smith)의 「국부론」(*Wealth of Nations*)을 고려한다면, 그는 재산취득자들이 재산을 보호하기 위해 민간정부를 설립했다고 역사를 통해 주장했던 것을 발견할 것이다. 우리는 균형이 필요하다.

구질서의 주권은 비록 대중의 간청이 있어도 대중에 의해 교체되지는 않지만, *그들에게* "자유로운" 세계를 만드는 교리들과 법률들을 확립하는 이익을 가진 소수에 의해 교체된다.

"개인주의"의 교리가 발달되고, 보급되며, 싸웠던 그 세기들에,
131 "개인주의"가 무정부가 된다고 생각하는 사람은 거의 없었다. 만들어지는 변화는 전체에 의해 통제되는 것이 아닌 주권에서 만들어지고, 개인들 모두에 의해 통제될 수 있는 주권으로 만들어진다.

영국인 존 록(John Locke)의 권위에 대한 하이에크(Hayek)의 의존성을 불식시키는 것이 유용하다. 록(Locke)의 정치이론은 5가지의 주요 기반을 옹위하고 있다. 첫째, 사람들은 사회와 고정된 정부없이 살 수 없다. 둘째, 그 사회의 최고통치자는 입법부로, "지역사회가 한때 차지했던 수중의 신성하고 불변한" 곳이다. 셋째, 모든 사람은 스스로를 "다수결에 따르고, 그것에 의해 결론짓는 사회의 모든 사람의 의무" 하에 둔다. 넷째, 정부의 목적들은 시민들의 생활, 자유, 그리고 재산을 보전하는 것이고; 이 목적들은 시민들의 동의없이 제거할 수 없지만, 그 동의는 "무엇이든 할 수 있는 다수당의 동의"이다. "공포된 현행법들과 알려진 권한을 부여받은 판단들에 의해 국민의 권리들을 결정하기 위해" 주기적으로 선출된 입법부가 있는 한, "절대적 전제권위"의 정치는 제외되었고, 국회의원들에게 주어진, "인류의 보전"이라는 "자연법의 의무들"은 완수되었다. 다섯째, 사회에 의해 보호되어야 할 주장을 받고 있는 재산의 양은 "재산이 부패하기 전에 약간의 생활이익"에 사용할 수 있는 것에 국한되어야 한다. 어느 누가 그 만큼 재산에 몰두 할 수 있는가? 단호하게 아니오 라고 할 수 있다. "이 수단들이 우리에게 준 재산(여러분이 여러분의 노동을 투입한 것)이 수행한 동일한 자연법칙은 역시 그 재산도 역시 제약한다. … 이것(여러분 자신의 사용을 훼손함 없이 여러분이 사용할 수 있는 양)을 초과한 것은 무엇이든 그의 몫 이상이고, 다른 사람들의 소유이다."(제5장 31문단.) "부정직은 물론 무용한 그 노란 금속[화폐의 발명]의 작은 조각은 사람들에게 스스로를 많이 각인할 수 있도록 했다"

존 록(John Locke)은 경제적 개인주의에 대해서는 어떠한 메시
132 지도 가지고 있지 않다는 것은 충분히 명료하다. 개인주의는 개

인들의 집합들이 사회에서 평화적이며 행복하게 함께 할 수 있도록 만드는 곤란한 문제를 제기했고, 때문에 사회계약의 철학을 만들어 냈다. 모든 사회계약이론들은, 자연의 상태에서 모든 개인에게 부여된 원초적 자유를 사회에서 그들의 존재와 협력에 조화시키기 위한, 불완전한 시도들이다. 그들은 모든 사회계약이론가들이 인간의 심리적이며 정신적 속성에 대한 그의 견해와 함께 시작하기 때문에 불완전하다. 그러나 한 사람이 모든 인간의 속성을 정확하게 조사하여, 모두가, 사회의 외피(外皮)인 국가에 대한 결과적인 순종이론에 영구히 만족하게 되는 것은 불가능하다. 그리고 그 어려움은 단순한 지적인 문제만은 아니다. 이는 인간은 본래 정신적으로 제한되어 있고, 그가 지적으로 이해하는 사물의 가치를 일반적 만족으로는 이해할 수 없기 때문이다. 가장 분별력 있는 태도는 데비드 흄(David Hume)의 것으로, 하이에크(Hayek)에 의해 저명한 영국인으로서 인용된 것이 *아니라*, 그의 점진주의자, 경험적·진보적·기여적인 개인적-사회적 국가의 구축에서 아직도 전형적인 영국적이기 때문이다. 이러한 태도와 기질이 이러한 종류의 토의에서 가장 신뢰할 수 있는데, 이는 그것이 인류의 진보에 보다 들어맞기 때문이다. 특히, 그것은 분리할 수 있는 전체-이는 일부의 개인, 사회, 또는 국가, 기타-를 가정하기보다는 전체의 내부에서 전체로 성장하는 부분을 본다. 그리고, 어떠한 경우든, 국가의 권위를 정당화하기 위해 개인을 강조할 필요가 있는 어떠한 사회계약이론가도 절대 독립적으로 개인의 경제적 이익들을 추구하는 개인의 구속되지 않은 권리를 보호하기 위해 계약 또는 제한된 계약을 해야 한다는 주장에 스스로를 제한하지 않는다.

만일, 정말로, 일반자유가 경제기업을 촉진했고, 행운, 또는 힘,

또는 사기, 또는 능력과 함께 시작했던 소수의 부자를 도와주었다면, 이는, 하이에크(Hayek)가 인정한 것처럼, 사람들은 무엇이 일어났는가를 아직 잘 인식하지 못한 세대였다. 그리고 만일 전
133 체 세대가 *자유방임*이라는 최초의 정교한 경제이론의 지배하에 있어야 한다는 것을 용인할 수 있다면, 도대체 왜, 발달된 의식의 후기단계에, 보다 발달되고 보다 더 합리적이기까지 한 기업이론이 본래의 자리를 차지하지 않아야 되는가에 대한 필연적인 이유가 없다. 이는 도움을 받지 않고, 지시받지 않고, 경쟁적인 창의와 격려의 시기는 과거이고, 개인-집단의 창의의 협력의 새로운 시기가 적절하다는 견해에 기반할 수도 있다. 왜냐하면 사회는 창의를 수행할 필요성을 자각해 왔고, 이를 수행할 능력을 개발해 왔기 때문이다. 전문가들의 광범한 네트워크는 경제의 부문들을 숙달해 왔던 것으로 이해되어야 한다. 직업들의 지도자들은 기업기법의 괄목할만한 이해를 가지고 있고, 그리고 현재의 이해·명료성·기술·지식은 거대하다. 우리는 측정과 기록의 도구와 연구능력을 개발해 왔다. 우리는 새로운 자각의 단계에 있다. 우리는 이제 하이에크(Hayek)와 리프만(Lippmann)이 인류의 가장 획기적인 발견으로 간주하고, 현대경제와 자유를 지배하고 특징지은 경제조직의 방법으로서 *노동의 분화*를 계획할 수 있다.

칼 마르크스(Karl Marx)와 하이에크(Hayek)는 다음의 공통점을 갖고 있다. 즉 양자는 사람이 아닌 체제를 믿고, 숙명론자이며, 냉정한 사람이고, 국가는 경제적 가치의 산물이고 보조자이고 보조자 여야하며, 역사적으로 국가는 사회의 숙련을 위해 경제적으로 성공적인 위원회였다. 비록 칼 마르크스(Karl Marx)가 경제적 문제가 해결된 때에는 국가는 시들어 버릴 것이라고 믿는 것처럼, 하이에크(Hayek)는 경제문제가 이제 해결되고, 국가는 지속적인

경쟁을 도와주는 것을 제외하고는 소멸되어야 한다고 믿는다.

나는 마르크스(Marx)는 물론 하이에크(Hayek)에도 동의하지 않는다. 사회가, 레닌(Lenin)이 말한 것처럼, 모두가 그곳에서 작동
134 중인 과정들을 지배하는 하나의 거대한 사무소와 공장이 된 때에도 여전히 정부가 있어야 하는데, 이는 사람의 경제적 충동은 즉흥적 조화의 산물이 아니거나 눈물없는 경쟁의 계속이기 때문이다. 정의 · 인간성 · 평등성과 같은 보다 심오한 다른 사회형성욕구들이 없는 사람은 없고; 이것들이 경제를 붕괴시킬 수 있고, 이것들이 경제에 의해 전복될 수 있지만, 도움을 받지는 못할 수도 있다.

만일 사회가 민주적으로 - 즉, 모든 면에서 정치적 관리의 권력이 국민의 수중에 있고, 입법부와 집행부의 주기적인 선거가 계속(자유의 보장)되고, 기분 좋게 자유정당들이 결사의 자유를 가지고 그러한 선거들을 수행하고, 그리고 이의 관리들이 엄격한 책임을 지는 것과 같이 - 남는다면, 마르크스(Marx)는 물론 하이에크(Hayek)도 그의 스승으로 간주될 수 없다. 중도의 현명한 사람들과 숙련된 실무자들, 그것의 정신적 및 정부의 통제에 대한 광범한 사회적 전통을 포함한 유권자의 정치적 성숙성을 수용하는, 중도에 관한 미국과 영국의 진정한 전통은 중도에 대한 바람직하고 타당한 감각, 그리고 그것에 대한 정부장치양도의 방법과 수단에서의 진지한 신뢰에 따라서 경제적 창의를 가지고 전진해야 한다.

누군가 하이에크(Hayek)의 모순적이며 분파적 확신을 수용해야하기 전에, 그가 설명해야 할 6가지의 고전적인 경제적 오류가 있다. 그것들은 19세기와 20세기 이론들이고, 하이에크(Hayek)의 것

처럼 모두 암담한 측면에 대한 것이지만; 아직도 오늘날 세상에는 더 많은 사람이 있고, 그들은 보다 오래살고, 보다 건강하게 살며, 150년 전보다 대체로 부유하다. 이들 오류들은 (1) 아담 스미스(Adam Smith)의 임금철칙과 노동가치론; (2) 맬서스(Malthus)의 인구와 수확체감의 이론; (3) 리카도(Ricardo)의 지대이론; (4) 두 계급 사이에 증가되는 불행과 증가되는 축적에 대한 마르크스적 예지; (5) 화폐속성에 관한 이론; (6) 경기순환의 이론이다.

경제이론의 아름다움은 오직 피상적일 뿐이다. 아직 경제학자
135 들에 대한 우리의 신뢰의 버팀목을 떼어내고자 원하지 않았지만, 그들은 그것을 보다 값지게 여기는 것을 본다. 경제학자들은 정부와 기업정책 - 최근의 법률 · 조악한 법률 · 토지세법률 · 공공작업정책 · 국가의 보조가 있어야 하는 때의 자유방임 - 의 실제적 적용에서 큰 오류를 범했다. 만일 보다 많은 사람들이 경제학자들의 이론들을 제안했고, 만일 상식인들이 균형된 방법으로 처리하지 않고, 각 사례를 그것의 장점들 - 한 문단에서, 각 사례들을 그들의 장점에 대해 취급하는 것을 반대한 하이에크(Hayek)에게는 싫은 행동으로 - 을 처리하지 않는다면, 문제는 더욱 나빠졌을 것이다.

경제학자들은 그들이 자연의 권위, 힘, 그리고 완전성을 소유한 것처럼 그들의 이론들을 공포했다. 아직도 그들은 잘못했었다.[10] 무엇이 지방적이고 일시적 중요성이 있었는가를 무엇이 필수적이고 항구적 중요성이 있었는가와 구별하는 그들의 능력은 다른 대부분의 인간처럼 미약하기 때문에, 그들의 편견들이, 그

---

10) 갑자기, 1935년에 「고용 · 이자 · 화폐의 일반이론」(*General Theory of Employment, Interest and Money*)에서, 케인스 씨는 그들 특히 하이에크를 당황케 했다.

리고 그들이 크게 가슴속에 품었던 특정한 일들이 성취되기를 바라는 그들의 이익들까지, 없을 수 없었다. 그들은 그들의 논리적 기능을 통제할 수 없기 때문에 잘못되었고, 그리고 그들은 타당한 일반화를 위해 요구되는 모든 실체적 사실들을 획득하는데 에서의 단순한 무능력 때문에 잘못된 것이다. 아직 그들은 시험적이고자 하지 않는다.

인간결단력은 그들의 충동에 반해서는 존재할 수 없다. 그들이 자연자체의 설계에 내밀히 관여했다 해도, 그들은 언제나 완전히 낙관적인 목소리로 말한다. 중농주의자들이라는 하나의 경제학파가 있었는데, 그들로부터 아담 스미스(Adam Smith)는 여러 오류를 얻었고, 그들은 정부는 전체인구에 공공비용으로 "자연질서의 법칙"을 가르치는 경우를 제외하고는 도대체 아무것도 하지 말아야 하는 것을 제안하는데 까지 갔다.

136 과거에 대한 향수는 엄청난데, 이는 과거는 어떠한 오류도 저지르지 않을 수도 있고, 현재는 사라지고 있고 - 미래도 이미 사라졌다. 록(Locke), 아담 스미스(Adam Smith: 그가 *그것이* 권위적 교육의 일부이기 때문에 *공공*기업을 허가하는 때에도), 존 스튜어트 밀[하이에크(Hayek)와는 매우 상이한 사고를 가진 사람], 그리고 다른 사람들도 반동주의자들에 의해 숭배되고 있다. 그러나 제이 엠 케인즈(J. M. Keynes), 윌리엄 베버리지 경(Sir William Beveridge), 웹 부처(the Webbs), 알 에이취 토니(R. H. Tawney), 조안 로빈슨(Joan Robinson), 앨빈 한센(Alvin Hansen), 그리고 웨슬리 미첼(Wesley Michell)같은 현재의 영국과 미국의 경제학자와 정치학자들에 대한 존경은 완전히 결여되어 있다. 사회의 과거수익에 대한 숭배는 알려져 있고, 때문에 "노동의 분화"는 "붕괴"되었다. (50쪽.) 왜 사람이 보다 좋은 수단에도 불구하고

"혼란"으로 가고 있는가? 자신과 타인의 토지에 대한 재능을 도출하고 조사를 수행하는 능력을 갖고, 잘하기보다는 "혼란"스러운 다른 어떤 조직이나 개인들이 전적으로 불가능한 정보의 발견하는 것은 정부가 하는 일 아닌가? 시도해볼 하나의 사례도 없는 것인가? 하이에크(Hayek)씨는 아직도 "아니오"라고 선언한다.

제8장 공학자의 다이얼들

세계는 "자유(liberty)"라는 말에 대한 정확한 정의를
지금까지 전연 갖지 못했고, 미국인들은 이제야 그 하나를 많이
필요로 하고 있다. 우리 모두는 자유(liberty)에 지지를 표명하지만,
같은 단어를 사용하는데도 모두가 같은 것을 의미하는 것은 아니다.
평이하게, 양과 늑대도 "자유(liberty)"라는 단어의 정의에 동의하지 않는다.

__에이브러햄 링컨(Abraham Lincoln), 볼티모어(*Baltimore*), 1864년 4월 18일.

137 과장없이 우리는 하이에크(Hayek)의 신조를 다음과 같이 요약할 수 있다. 즉, "경제활동은 소박한 두뇌운동이다. 정치적 행동은 결점이 있는 권력행사이다. 경제적 기업은 단순히 이익을 위한 지식의 사용이다. 정부들의 행동은 강요의 적용이다. 경제적 경쟁은 모든 개인을 위한 목표들의 선택에서 자유(freedom)의 행사이다. 국가의 활동은 힘으로 개인들에게 그의 목표를 부과한다." 하이에크(Hayek)는 경제과정을 구성하는 생산과 분배에서 시원적이며 최고의 요인을 "개인"에 고정한다. 수백만의 고립된 개인들은 재화와 서비스의 공급에서 서로 경쟁하면서 지역사회에 가담하게 되고, 그래서 조직과 질서를 만든다. 적자(適者)가 생존하고, 최고에 이르며, 새로운 부의 형태를 개발한다. 이것이, 그가 생각하기에, 최고의 경제재를 만드는 것이다. 경쟁의 진수는 각 개별 소비자 및 생산자에 의한 선택의 자유이기 때문에, 그것
138 은 어떤 대안적인 최대의 부(모든 개별산출물을 합산한 것)보다 낫게 생산할 뿐 아니라 최고의 도덕성을 촉진하는데, 여기서 도덕성은 잘못된 선택들을 하게 하는 기회이며 옳은 선택들을 하게

하는 의지력이기 때문이다 .

하이에크(Hayek)는 이 신조를 "경제적 자유주의"(Economic liberalism)라고 부르는 것을 선택한다. 그는, 공식적으로는, *자유방임(laissez faire)*과의 관계를 끊었지만; 실제로는 *자유방임*을 승인하고 있는데, 이는 그의 "경제적 자유주의"가 국가에 의한 개인노력들의 조화에 반대하기 때문이다. 그것은 경쟁을 최고로 여기는데, 이는 "대부분의 상황에서 알려진 것 중 가장 효율적인 방법일 뿐 아니라 우리들의 활동들이 강압적이거나 자의적인 권위의 개입이 없이 서로 조정할 수 있는 유일한 방법이기 때문이다." (36쪽.) "실제로, 경쟁을 지지하는 주요 논점들 중의 하나는 그것이 '의식적 사회통제'의 필요성을 감면해주고, 특정직업에 대한 전망들이 그것과 관련된 불이익과 위험들을 보상하는데 충분한가 여부를 결정하는 기회를 개인들에게 제공하는 것이다."

하이에크(Hayek)는 경쟁과정에서의 요인들은 *개인들*(individuals)이라는 점에서 주장한다. 그러나 그가 의미한 것이 *한 사람들(ones)*인가 또는 *집단들(groups)*인가의 여부는 대답하지 않았지만, 실제로는 이 과정에서 *한 사람들*은 어떠한 권력도 갖기 어렵기 때문에 그것은 심각한 문제이다. 하이에크(Hayek)는 "권위"나 "강요"가 성공적인 경쟁자들로부터 종종 나타나고, 그 경쟁자들이 그들 스스로 "독단적 권위"를 실제로 소유해 왔고, 이를 위해 국가가 만들어졌고 형성되기까지 했다는 사실을 이해하지 못한다. 영국이나 미국의 석탄광산소유자들의 활동들에 대한 연구는 수십의 예증을 제공할 수 있다.

만일 모든 개인들이 명백한 경제적 능력, 그리고 오직 경제적 능력만을 가졌다면, 경쟁은 그들에게 그들이 좋아하는 직업에 *종사할* 기회가 주어지는 것인가? 국가직업의 거의 25%가 폐쇄된다면 어떤 일이 발생될 것인가? 하이에크(Hayek)는 대답하지 않는다.

139 경쟁의 우아함과 순진함은 하이에크(Hayek)에 의해 제공된 특정한 미용처방들에 의해 강화되고 있다.

그는 다음과 같이 말한다.

> 시장에서의 당사자들은 그들이 거래에서 상대를 발견할 때 어떤 가격에서도 사고파는데 자유로워야 하고, 누구든지 적어도 생산되거나 판매될 수 있는 어떤 것도 생산, 판매, 그리고 구입하는데 자유로워야 한다는 것이 우선 첫째로 필요하다. 그리고 서로 다른 교역에의 진입은 모두에 동등하게 개방해야 하고, 법은 개인들 또는 집단들에 의한 개방적 또는 숨겨진 힘에 의해 이러한 진입을 제약하는 어떠한 시도도 용인해서는 안 된다는 것은 중요하다. 특정상품들의 가격이나 양을 통제하기 위한 어떠한 시도도 개별적 노력들의 효과적인 조화를 가져오는 그러한 힘에 대한 경쟁을 박탈한다. 그 이유는 가격변동은 상황에 따른 모든 관련된 변동들을 기록하는 것을 그만두게 하고, 개인적 행동들에 대한 신뢰할만한 인도를 더 이상 제공하지 않기 때문이다.[1)]

"개인들"에 의한 경쟁체제는 그렇다면 보이는 것처럼 순진한가? "개방적 또는 숨겨진 힘 … 가격을 통제하기 위한 어떠한 시도 …"! 만일 경쟁이 자기선동적인 질서라면, 이는 어떻게 될 것인가? 하이에크(Hayek)는 경쟁체제자체 - 이는 정말로 강하기 때문에 그는 정부의 개입은 경쟁을 회복하기 위한 것으로 생각해야 하며; 그것은 힘에 의해 힘을 극복하는 것이다 - 의 *내부에* 작

1) 하이에크, 「노예의 길」(*The Road to Serfdom*), 37쪽.

용하는 어떤 것이 염려되었다.

매우 순진하고 인정이 많기에 하이에크(Hayek)는 경쟁자들의 탓으로 돌리고, 그것으로 그는 지지자들을 유혹하고, 움직였다! 비범한 리카도(Ricardo)가 살았고 저술하던 시기인 자연의 전성상태에서 우연히 등장한 아름다움에 대한 숙고는 정부가 행사해야 할 힘의 정도(degree)에 관한 문제에 자리를 양보한다.

140 경쟁의 순수함에 대한 또 다른 찬사도 고려되어야 한다. 즉

> 경쟁사회에서 우리가 물건에 지불해야 하는 가격, 즉 다른 물건을 위해 하나의 물건을 얻을 수 있는 비율, 은 사회의 다른 구성원으로부터 우리가 빼앗아 갖게 되는 다른 물건들의 양에 좌우된다. 이 가격은 다른 사람들의 의식적인 의지에 의해 결정되는 것은 아니다. 그리고 만일 우리의 목표들을 달성하기 위한 방법이 너무 고가라면, 우리는 다른 방법들을 자유롭게 시도한다[*만일 우리가 수단을 가지고 있고, 만일 다른 사람들이 강제를 사용하지 않는다면 그렇다.*][2]

현대사회들에서, 노동의 분화는 매우 복합적이다. 생산은 생산자들에 의해 이루어지는데, 그들은 부분산출물들은 전체를 만들기 위해 결합시켜야 하고, 시장은 소비자들과 생산자들이 무엇이 생산되어져야 하는가를 결정하고 상호간에 기여들을 거래하는 장소가 되어야 한다는 가정에 따라 일정한 직업, 기술, 과정, 또는 단순한 운영을 *전문화*한다. 노동의 분화는 모든 생산요소들에서 획득될 수 있는 최대수익을 가능하게 한다.

노동의 분화가 실행되지 않은 때가 인류역사에 거의 없었다.

2) 전게서 93쪽. 괄호 친 단평은 내 것임.

그것은 도시들이 성장했을 때 특히 성행했다. 그렇다면 왜, 하이에크(Hayek), 더욱이 리프만(Lippmann), 으로부터의 일종의 승리의 찬가인가? 그들 두 사람 모두 그것을 기적으로 생각하는데, 하이에크(Hayek)는 "짓밟은"기적이라고 여긴다. 내가 생각하기에, 그들의 목적은, 높은 생산수준에 대한 이 조건은 약 1800년 이래의 경쟁력에 의해 합리적으로 발달되었었고, 합리적 분화에 대한 그러한 기적은 지역사회를 위한 광범한 경제적 과업들을 설정하는 정부에 의해 수행될 수 없다고, 제안하는 것이다. 때문에 만
141 일 사회가 높은 생활수준을 원한다면, *자유로운* 노동분화체계를 지속해야 한다. 이 전망은 정부의 공공서비스를 받아들이는 병렬적인 노동의 분화를 무시한다. 어떤 정부도 한 사람이 전체지역사회를 위해 모든 것을 할 수 있다는 것을 상상할 수 없다! 시장의 운영에 의해 성취할 것으로 이제 기대되는 전문화된 생산활동들의 조화는 세분된 직업들과 소비자들의 선택들의 완전한 표현에 대한 정부정책에 의해 대체될 수 있다.

노동의 분화가 잘 기능하기 위해서는 무엇이 요구되는가에 대해, 하이에크(Hayek)는 다음과 같이 말한다. 즉 -

> …개인행동들에 대한 모든 관련효과를 자동적으로 기록하는 어떤 등록장치와 그것의 의미는 모든 개별결정의 결과인 동시에 결정들을 인도한다. 이것은 정확하게 경쟁 하에서 가격체계가 무엇을 하며, 다른 어떤 체제도 달성을 약속할 수조차 없는 것에 관한 것이다. 기업가들이 그들의 행동들을 그들의 경쟁자들의 행동들에 따라 조정하기 위해, *공학자가 소수의 계기판들의 계침들을 관찰하는 것처럼*, 비교적 소수의 가격들의 움직임을 관찰함으로써 그것을 할 수 있도록 한다. 여기서 중요한 점은 가격체계는 경쟁이 널리 행해질 때만, 즉 만일 개별생산자가 가격변화에 스스로 적응

> 해야 하지만 가격변화를 통제할 수 없다면, 이 기능을 잘 수행할 것이라는 것이다. 전체가 복잡할수록, 우리는, 우리의 분리된 노력들이 가격체계처럼 우리에게 알려진 관련정보의 전파를 위한 비인간적 장치에 의해 조정되는 개인들 간의 지식분화에, 보다 의존적이 된다.[3)]

실제상황의 가정에 의해 실제처럼 만들어 질 수도 있는 그림에 *만일*(if)이라는 것이 있다. 가격작성자들과 가격관찰자들 간의 지리적 거리가 그들의 지시적 의미에 따라 행동하도록 예측 또는
142 준비하는 것에 도전할 정도로 꽤 광대함(해외거리는 별개로 하고)을 가정하고; 동일시장내의 많은 출자생산자들 간의 (중요한 문제를 제기하는) 협조가 없다고 가정하고; 그리고 그렇게 가격을 매긴 품목들에서의 품질의 변이에 대한 구입자들의 (보다 걱정스러운 문제들을 제기하는) 사전지식욕구와 품질보장에 의존하는 무능을 가정하는 것 - 은 하이에크(Hayek)가 일부 다이얼들의 계기침을 바라보는 공학자에 대해 이야기해야 하는 비현실적인 지위에 있지 않다는 것인가? 공학자의 다이얼들은 상수단위들로 등록되는데; 하이에크(Hayek)의 가격도 그러한가? 그들이 동일단위에 등재해야 하는 것에 대한 유일한 보증은 전체의 혜택을 위해 의식적인 통제를 행사하는 누군가로부터 나오는데, 그것이 정부이다.

비록 일부 사람들이 가격등록을 알고 있다고 하드라도, 그들은 가격등록이 완전경쟁체제를 유지하는데 요구할 수도 있는 그러한 행동을 취하지는 않는다. 다른 사람들은 할 수 없다.

피스케(Fiske)와 같이, 어떤 사람들은 밀(wheat)의 가격을 경쟁

---

3) 전게서, 49~50쪽. 이태릭체는 저자의 것.

적 관행보다는 독점적인 것을 인도하는 것으로 사용한다. 배고픈 다른 사람들은 그 가격이 그들의 재력이상일 수 있기 때문에 행동하지 못할 수도 있다. 특정시장들과 그것들의 효과성을 역사에 의해 검증할 수 있는, 그 가능성에 대한 의문도 없이, 굉장히 비인격적인 가격등록들이 이 세상에 존재하기 때문에 정부에 의한 계획행동을 반대하는 것은 좋은 논쟁이 아니다.

어떠한 대·소 운영자가, 하이에크(Hayek)의 가격등록과 매우 유사한 증권거래에 관해서라도, 가격에만 변함없이 만족할 수 있는가? 기업가는 항상 시장에서 가격들을 속속들이 파악하고자 하는데, 이는 만일 그가 가격들이 등록될 때까지 기다린다면 유리하게 장사하기에는 너무 늦을 수 있기 때문이다. 그는 그의 가격을 통제하는 힘, 말하자면 수요와 공급의 힘, 이상을 생각한다. 그는 그가 사고 팔 수 있는 가격을 결정하는 장래여건을 탐지하
143 기를 바란다. 그는 순간의 가격을 믿지 않는데, 그렇지 않으면 그의 기업에 동학성은 전연 없게 될 것이다. 시카고증권가에 있는 경제학자는 옥수수수확에 대한 전망을 항상 주시한다. 그가 알 수 없는 광범한 노동의 분업이 있고, 보다 노동이 세분화될수록 더 많은 가격들이 존재하는 것과 같은 많은 여건들이 있다. 사실, 오직 정부들만, 전체로서 모든 가격들이 입증하는 것이 무엇인가를 알 수 있다. "개별" 기업가가 물가지수를 취급하기에는 너무 어려운 도구라는 것을 깨달았기 때문에 로마농업연구소(Rome Institute of Agriculture)가 필요했다. 카르텔들(Cartels)은, 부분적으로는, "개별" 운영자들을 위해 설정되는 가격에 따라 행동하기를 기다리는 그들의 불안에 대한 견디기 어려운 부담에 대처하는 하나의 반응이다. 그들은 긴장감을 견디지 못하고; 과정의 마지막에는 늦지 않게 행동할 수 없다. 매우 거대한 경제활동영

역에서, 정부가 가장 광범한 민간조직보다도 더 잘 추정할 수는 없는가?

모든 재화와 서비스들이 정부에 의해 생산되고 판매될 때, 생산자들 간에는 경쟁이 없고, 소비자들은 그들의 선택들을 보일 수 없기에 가격은 존재하지 않는다는 이론은, 루드빅 폰 미제스(Ludwig von Mises)가 시작했고, 하이에크(Hayek)가 개발했으며, 그리고 월터 리프만(Walter Lippmann)[4]이 조작했다. 이 경우, 무엇을 생산하고, 언제 생산하고, 어디에 판매하는가에 대한 정부의 "경제적 계산"이 있을 수 없고, 때문에 노동과 자본에 배분되는 지표도 없다.

경쟁적 가격매김[5]에 대한 정부의 동의어(同義語)들은, 변화하는 수요와 공급에 따른 배당가치의 조작 그리고 강과 수력전기기
144 관에 대한 정부자본의 공급에 따라, 어쨌거나, 입증되어 진다. 하이에크(Hayek)의 지표들과 계획가격들 간의 유일한 차이는 전자(前者)가 공적인 책임없이 경제적 개인주의자들에 의해 자유롭게 왜곡될 수 있는데 반하여, 후자(後者)는 그들의 권위를 사용하고 남용하는데 있어 명료한 지시와 명료한 책임라인을 갖는 책임있는 "공공기업인들"에 의해 결정될 수 있다는 것이다.

인류의 부(富)의 증가에 관해 경쟁과 가격체제처럼 효율적인

---

4) 미제스(Mises, Ludwig von), 「사회주의」(*Socialism*), 제2편; 하이에크, 「집단주의 경제계획」(*Collectivist Economic Planning*), 제3장과 제4장; 리프만(Lippmann), 전게서, 94~95쪽.

5) 로버트 홀(Robert Hall), 「사회주의국가의 경제체제」(*Economic Systems in Socialist State*); 러너(Lerner, A. P.: 이 분야의 선구자), 「통제의 경제학」(*Economics of Control*), (New York: 1944); 미드와 플레밍(Meade and Fleming), "가격과 산출정책(Prices and Output Policy)", Economic Journal, 1944년 12월.

것이 없다는 하이에크(Hayek)의 주요 논제는 사적재산체제에 의존하고 있다.

> 재산이 많은 소유자들 간에 분할되어지는 한에는, 독자적으로 행동하는 그들 중 누구도 특정인의 소득과 지위를 결정하는 배타적 권력을 갖지 못했다 - 누구도 그가 다른 어떤 사람보다 나은 말을 제시할 수 있다는 사실이외에는 어떠한 재산소유자에도 의지할 수 없다.…
>
> 우리 세대가 망각했던 것은 사적재산체제는 자신의 재산을 소유한 사람들은 물론 재산을 거의 소유하지 못한 사람들에게도 자유의 가장 중요한 보증물이다. 생산수단의 통제가 독자적으로 행동하는 많은 사람들 간에 나누어져서 누구도 우리에게 완전한 권력을 가질 수 없기 때문에 개인으로서 우리는 우리스스로 무엇을 할 것인가를 결정할 수 있다.[6]

그것은 재산이 자유의 중요한 보증서일 뿐 아니라, 살인자・거짓・뇌물・도둑・신뢰의 파기 그리고 다른 사람들을 구급하는 권력도 또한 자유의 보증서라는 것임을 알아차리는 것과 무관하지는 않다. 아직까지 사회는 그들을 제한한다.

하이에크(Hayek)의 선언으로부터 야기되는 가장 적절한 문제
145 는, 모든 국가에서 현재의 재산배분이, 전체사회의 경제적 산출
에 기여하는데 있어 강요・사기・상속이 없이, 타고난 능력에 따
른 기여를 나타내는가?, 이다. 만일 응답이 긍정적일 수 있다면,
나는 여기의 나머지 문제에 만족할 수 있다.

파레토(Pareto)가 구축한 소득배분곡선은 국가의 소득은 균등배

6) 하이에크, 전게서, 103~104쪽.

분과는 거리가 멀고, 그것의 확연한 불균형은 모든 서방국가들이 거의 동일하다는 것을 보인다. 차이의 일부는 추상적인 "재산"만을 의미하는 것이 아니라, 토지, 기업의 배당금, 그리고 특허권 같은 생산적 장비에 의한 상속에 의해 설명되어 진다. 축적된 상속은 모든 다른 동등한 개별경쟁자들이 바라는 경제적 기능을 수행하기 위한 능력의 단순한 산물이 아니고, 그것은 종종 행운, 강제, 그리고 사기의 산물이다. 나는 결코 능력을 제외한 것이 아니고, 순수한 능력으로 획득되는 재산에 대한 새로운 세대로의 이전 때문인 시기에서 조차도 경쟁체계에 탈선이 없다고 가정하는 것은 확실히 잘못된 것이다.

대량실업의 폐지를 제안하면서, 윌리엄 베버리지 경(Sir William Beveridge)은 이 사유재산문제와 그것을 기본권리로 간주해야 하는가 여부에 대한 문제에 직면했다. 그의 응답[그리고 *뉴욕 타임스(New York Times)*의 해즐릿(Hazlitt)씨는 그가 영국인이라는 것은 의심의 여지가 없다는 것을 알아야 한다]은 생산수단을 소유할 권리는 없다는 것이다. 그는 다음과 같이 말한다. 즉

> 위에서 주어진 필수적인 자유들의 목록은 민간인이 생산수단을 소유하고, 임금으로 생산수단을 운영하기 위해 다른 사람을 고용하는 자유(liberty)를 포함하는 것은 아니다. 타인에 의해 운영되는 생산수단의 사적소유가 좋은 경제적 수단인가 여부는, 도구로서 판단되어야 한다. 그것은 영국에서 시민의 필수적인 자유가 아닌
> 146 데, 그것은 영국국민의 매우 작은 일정부분 이상이 향유되었던 적이 전연 없기 때문이다. 사람들 중 어떠한 상당부분도 나중에 그러한 소유권을 가질 모든 활기찬 희망을 가지고 있다고 암시할 수조차 없다.

이러한 관점에서, 그는 밀(Mill)처럼 말한다. 즉,

> 재산관련 법률들은 사유재산의 정당성이 기초하고 있는 원리들에 대해 아직까지 절대 순응하지 않았다. 그들은 오직 자격을 갖춘 재산만 존재해야 하는 곳의 재산 및 절대재산이 되어서는 안 되는 물건에 대해 재산을 만들었다. 그들은 인간간의 공정한 균형을 유지하지 않았지만, 다른 사람에게 이익을 주기 위해 일부에게 장애를 쌓았다. 즉, 그들은 목적적으로 불균형을 적정하게 배양해 왔으며, 달리기에서 공정한 출발을 방해해 왔다.[7)]

그리고 밀(Mill)은 재산의 배분은 정복과 폭력으로부터 나왔고, "그것의 근원을 많이 그리고 광범하게 추적하는 것은 아직도 금지하고 있다"라고 강조한다.

이러한 종류의 명료한 확신은 「노예의 길」(*The Road to Serfdom*)에서는 발견할 수 없다. 하이에크(Hayek)의 가장 강력한 관찰은 다음과 같다. 즉, "법은, 서로 다른 것처럼 적용되는 재산권에 대한 정확한 정의에 많이 좌우되는, 사유재산과 계약자유의 원리를 인식해야 한다는 것은 결코 충분하지 않다." (38쪽.)

때문에 하이에크(Hayek)는 그의 독자들에게는 도움이 되지 못하고, 그는 모두의 부와 자유를 촉진하고 방해하는 재산의 형태들 간의 차별화에 실패한다. 대신에, 그는, 무분별하게 그리고 속도나 목적의 제한없이, 모든 사유재산의 폐지를 "계획가들", "집산주의자들", "사회주의자들"들에게 돌리는 것이 보다 편리하다는 것을 발견한다. 독자가 어찌할 바를 모르는 그때에, 해결해야 할

---

7) 「정치경제학의 원리」(*Principles of Political Economy*), 제2권, 제1장, 제3절.

문제에 대해 어떤 조치도 하지 않은 독재자를 책망하는 길이 하이에크(Hayek)에게 개방되어 있다.

147 사실은, 그리고 이것은 실제적인 정부연구를 도외시한 하이에크(Hayek)의 심연같은 암흑영역의 하나로서, 재산에 대한 체계적 연구들은 미국과 영국에서 적어도 일세기동안 진행되어 왔다. 거기에는, 문헌적으로, 특정문제들 및 개혁들과 관련된 재산의 특정측면에 대한 수많은 연구가 있다. 미국에서는 경제문제에 대한 모든 의회 또는 부서의 연구, 그리고 영국에서는 지난 백년에 걸쳐 모든 왕립청문회(Royal Committee of Inquiry)에서는 특정한 경제생활문제와 관련한 사유재산형태와 그것의 정당성과 가치에 대한 문제를 일정한 방법 또는 다른 방법으로 다루어왔다. 주요 전제는 사유재산이 기초가 되어야 한다는 것이다. 그리고 조사자들은 이 재산의 사용에 관해 어떠한 법적이며 강제적인 제약을 해야 하고, 그것이 국가의 경제적, 정치적 생활의 다른 측면에 어떻게 영향을 줄 것인가를 결정해야 한다.

때문에, 예를 들면, 법은 소유자들이 그가 좋아하는 곳에 또는 그가 좋아하는 높이만큼 건설하는 것을 허용하지 않는다. 법은 재산의 개발자에게 그것이 아무리 이익이 있다고 해도 가연성 및 불안정한 구조물들을 허용하지는 않는다. 공장들과 작업장들은 특정입지에만 지을 수 있고, 최근의 공공조사들(「영국의 공업인구의 입지에 관한 보고서」처럼)은 공업이 입지할 수 있는 곳을 지정하는 국가의 권력을 깊이 생각하고 있다. 재산은 최대시간입법에 반(反)한데 소유자에게 어울리도록 사용될 수 없다. 농지는 마르고 배수되어야 한다. 금전은 법에 명시한 기간이하 말고는 빌려주어서는 안 된다. 환어음은 엄격하게 법에 따라야 한다. 작업장의 폐기물파기와 하천의 오염에 대해서는 법적 책임이 있다.

국가는 특정한 재화, 예를 들면 버터, 의 보관요금과 조건에 대
148 한 통제를 규정했다. 부패한 음식을 판매하는 것은 불법이고, 사유재산이라도 검사와 수용에 따라야 한다. 재산의 매매, 임대, 차용은 정부의 규제에 따른다. 유증은 법에 의해 정해진다. 철도, 통신, 광업과 같은 기간산업은 정부의 규제 하에 둔다. 가축재산은, 소유자가 대중의 피해 때문에 가축을 거림낌없이 사고 팔 수 없는 것처럼, 동물질병통제의 법에 따라야 한다. 그리고 곡식 엘리베이터, 증권거래, 우유, 모든 종류의 공공운송수단, 보험, 포장회사, 그리고 고용기관 같은 "공익에 영향을 미치는" 모든 기업들이 있다. 사회는 이것들과 다른 제약들이 있기 때문에 존재한다.

헌법보장이나 권리헌장에서 발생한 법원의 많은 결정들은, 적법절차조항들과 경찰력 · 과세 · 토지수용권 · 일반복지와 관련된 것들에서 발생하는 특수한 사례로서, 재산의 원리를 따른다. 그것은, 법원이 개인의 경제적 및 기타 자유들 그리고 *다른* 개인들과 전체로서 사회의 다른 수요를 조화시키고자 했던 어떤 관심과 재능을 논증하기 시작하는, 이 맥락에서 가능하지 않다. 그들의 시도들에 포함된 묘미는 재판관들 중 가장 양식이 있는 한 사람의 인용에 의해 제시되어야 한다. 그것은 하이에크(Hayek)에게 질책과 충고를 동시에 하고, 그에 의해 현혹되었던 것들이다. 그것은 「허드슨 군(郡)의 수도국 대 맥카터」[*The Hudson County Water Board v McCarter*(1912)]사이의 분쟁에서 대법관 홀름스(Holmes)씨가 제시한 소수의견이다. 즉

> 모든 권리들은 그것들의 논리적 극단에 대해 명확히 정체를 드러내는 경향이 있다. 아직까지, 사실 모두는, 특정권력이 발견되는 그것과 다르고, 특정지점에 도달했을 때 그들 자신의 것을 보

> 유할 정도로 강해지는, 정책원리들의 근접성에 의해 제약된다. 다
> 른 공익들에 의해 재산에 설정한 제약들은 국가의 경찰력이라고
> 149 불리는 것의 하나의 지엽으로서 그들 스스로 나타난다. 대립되는
> 이익들을 균형시키는 경계는 어떠한 일반적 공식에 의해서도 미
> 리 결정될 수 없지만, 선(線)의 지점들, 또는 선의 설정을 돕는
> 것, 은 여러 구체적 사례가 보다 근접하거나 보다 이격된 측면에
> 서 발생하는 결정들에 의해 확립된다. 예를 들면, 경찰력은 보상
> 없이도 도시의 건축물의 높이를 제약할 수 있다. 그 범위에서는
> 그것은 다른 방법으로 재산권이 될 수도 있는 것을 삭감한다. 그
> 러나 만일 정상적인 건물대지가 전체적으로 쓸모없게 만들기까지
> 높이를 제한하는 시도를 한다면, 재산권은 다른 공익에 우선할 것
> 이고 경찰력은 실패할 것이다. 그러한 제한을 설정하는 것은 보상
> 과 토지수용권이 필요할 것이다.
>
> 법원의 사례에서처럼 우리가 알고 있는 매우 적정한 결정이 거의 없는 때에는, 사적재산권과 경찰력간의 경계석을 고정하는 것은 종종 어렵다. 그러나 준주권과 공익의 대표기관으로서 국가는 가장 직접적으로 관계되는 토지의 민간소유자들의 동의 또는 이견에 관계없이 영역내의 대기·물·삼림을 보호하기 위해 법원에 섰다.

사실은, 그때, 반동주의자들에 의해 알려지지 않고 재제되지 않은 것이 세상에는 상당히 많이 진행되고 있다.

법이 허용하기 때문에 재산만이 자유(freedom)를 준다는 것을 잊어서는 안 된다. 자유를 보호할 수 있는 것은 법뿐이고, 이는 사회의 대다수의 준법에 오로지 의존한다는 것이다. 여기서, 사람이 소유할 수 있는 자유라는 것은 모든 그의 이웃들의 양식과 평균양심의 산물이다. 법이 계약을 보호하지 않는 한, 누구에게도

재산사용이 목표를 의미할 수는 없다. 만일 국가에 의해 강요된 계약에 관한 법률이 없다면, 기업계에는 살육과 만행의 장면이 나타날 것이다.

150 반동선언에 의하면, 경쟁은 맹목적이고 비인간적인 양면성이 있고, 이 양자의 특성들은 다음과 같은 좋은 결과를 갖는다. 즉.

> 고대인들의 맹목성은 그들의 정의(正義)의 신(神)에 대한 속성이었다고 회상하는 것과 관계없지는 않다. 비록 경쟁과 정의가 공통점이 거의 없을 수 있지만, 사람을 차별하지 않는다는 점에서 정의처럼 경쟁에 대한 칭찬이 많고…보상과 응징은 서로 다른 사람의 장점 또는 단점에 대한 누군가의 견해에 따라 분배하는 것은 아니지만 그들의 능력과 그들의 행운에 의존한다.[8)]

경쟁을 정의와 제휴시키고; 선(善)을 도입하는 논리의 속임수에 주목하자! 장님인 정의의 여신(Justice)은 그녀가 보다 잘 들을 수 있고, 고운 얼굴이나 세력자의 위협적 인상, 또는 약자의 동정어린 호소에 의한 선입견 없도록 고안되었다는 것을 또한 주목하자. 그것은 양쪽을 측정하기 위한 것이지 탄원자들에 의해 개진된 어떠한 요구들을 제외하자는 것은 아니다. 경제적 개인주의자들은 실제로 그들 자신의 이익에는 빈틈이 없어서 그들은 힘, 속임, 그리고 강요의 사용에 의해 경쟁을 왜곡한다. 하이에크(Hayek)는 경쟁의 작용은 비인간적이라고 믿는다. 다시 말하면, 경제적 이익에 대한 고려이외에는 다른 어떤 것도 경제인에게 영향을 미치지 않고, 때문에 경제인은, 그 자신의 경제적 취득 또는 다른 동기들이 무엇이든 간에, 다른 사람들에 대한 그의 서비

---

8) 하이에크, 전게서, 101쪽.

스에 대한 그들의 평가가 갖는 경제적 영향에 따라 행동하고자 하기 때문에 비인간적이라고 생각한다. 이것은 삶과 일치하지 않다. 경쟁은 자신의 장점 속에 자신의 파괴를 잉태하고 있는 것은 사실이다. 이에 대한 이해의 실패는 경제가치이론과 관련된 칼 마르크스(Karl Marx)의 오류처럼 나쁜 것이다. 마르크스(Marx)는
151 가치는 상품내의 노동의 양에 의존한다고 단언했다. 그는, 어쨌든, 어떤 상품들의 가격은 그들을 생산하는데 요구되는 노동의 양보다 시장의 타 상품들에 비해 몇 배 크다는 것에 주목했는데, 이의 일상적 사례는 다이아몬드이다. *그는 예외의 연구에 실패했었거나*, 그것을 설명하는데 실패했다. 만일 그랬었다면, 그는 가격은 구매자의 *간청*에 밀접하게 관련된다는 것을 발견했었을 것이다. 유사하게, 만일 하이에크(Hayek)가 경쟁의 *실패들*에 대해 보다 장기적으로 숙고하고 편견이 없었더라면, 그는 부자와 빈자·고용자와 피고용자·자유계약노동자와 월급노동자간에 거의 일반적으로 그들이 경제생산의 일반규칙으로서 경쟁에 따른 인간적인 참을 수 없음에 대한 항의로 부터 발생한다는 것을 발견할 수 있을 것이다.

오하이오 대법원은 스텐다드 오일회사(Standard Oil Company: 49 Ohio, 137)를 무효화하는 50년 전의 결정에서, "인간속성에 대한 불변의 법칙들에 의해, 경쟁은 카르텔이나 신탁과 관련된 이익을 제외시킬 수 있다"라고 말했다. 그리고 이것이 그렇게 되었던 이유를 대법원장 화이트(White)가 다음과 같이 적시했다. 즉, 그는, 1907년에 아메리칸 토베코 회사(American Tobacco Company)는 그 행동들이 시작부터 "*공포에 의한 작업이나 경쟁자들의 물욕에 의한 운영이* 성공을 가능하게 한다는 가정에 따라 무자비하게 수행하는" 방법에 의해 "담배교역의 *지배와 통제를*

획득하기 위한 목적을" 입증했기 때문에 해체되었다고, 했다.[9)]

하이에크(Hayek)는 "그것은 비인격적인 기계의 톱니처럼 나쁠 수 있지만; 우리가 더 이상 그것을 방치할 수 없고, 우리가 우리의 장소와 우리를 위해 선택된 상관들에 얽매여 있다면, 그것은 더없이 나쁘다. 자신의 운명에 대한 모든 사람의 불만족은 그것이 신중한 인간의 결정의 결과라는 의식과 함께 불가피하게 커질 것이다"라고 말한다. (106~107쪽.) 직업을 찾는 고용지원자들을 담당하는 공공기관은, 자의적 또는 자체적으로 만든 것이 아닌,
152 기준에 따라 운영되어야 한다고 지적해야할 필요가 있는가? 물론, 능력과 성향에 따라 지원자에 의한 자유로운 선택이 있을 수 있다.[10)] *사실은*, 경쟁체제에서 결정들은, 개인을 위하고 개인에 대한 것을 개인에 의해서 이루어지지는 않는다는 것을 암시하는 것을 도외시하는, 결의를 나타낸다. 최대의 설명은, 일자리는 고갈되었고, 더 이상 시장이 없으며, 고객은 파산되었고, 또는 보다 좋은 지원자가 있는 상황이, 제안되어 질 수 있다는 것이다. 그러나 결정에서 시장이익과 구별되는 개인이익의 어떠한 침입도 없다는 것을 확실하게 하는 어떤 사람도 없으며 어떠한 원리도 지배적이지 않다.

국가, 또는 도시, 또는 공사에 의해 운영되는 많은 기업들이 이미 존재하고 있는데, 국가는 이 문제들에 또한 대응해야 한다. 만일 시민이 경쟁기업인에 의해 제시된 설명을 이해할 수 있다

---

9) *U. S.* v. *American Tobacco Co.*, 164 Fed. 700; 221, U. S. 106(1911).

10) 에이 시 피구(A. C. Pigou)교수는 하이에크(Hayek)연구에 대한 상냥한 검토에서 직업을 추구하는 개인은 국가지시적인 산업에 자유로울 수 없다는 그의 기술에 대해 책망을 피할 수 없고, 그는, 물론, 국가는 각 직업의 수를 결정하는데 만 관심을 갖고 있을 수 있다.

면, 그는 기업관리인과 고용자로서 국가의 그것들을 이해할 수 있다. 더욱이, 그는 그를 고용하는 관리가 절대적, 무제한, 무원칙의 임기와 권력을 갖고 있지 않지만, 자격을 갖추고 응답할만한 사람인 것은 거의 확실하다고 할 수 있다.

우리는 이제 더욱 더한 불합리에 도달하고 있다. … "나의 이웃이거나 나의 피고용자일 수 있는 대부호가 나에 대해 갖는 권력은, 국가의 강제력을 휘두르고, 내가 살거나 일하는 것을 허용
153 할 것인가 여부와 어떻게 허용할 것인가 하는 것을 좌우되는 분별력을 갖는 가장 작은 공무원(fonctionnaire)[11]보다, 훨씬 작은 것이다." (104쪽.)

이는, 말하자면, TVA에서의 인력부서, 볼더 댐(Boulder Dam)의 행정, 보건성에서 감독한 「영국국가보험법」(British National Insurance Acts)하에서 지방고용거래에서 관리의 보험활동, 의 실제를 나타내는 것은 아니다. 아직 일부 백만장자들 - 예를 들면, 아스터스가(the Astors), 반더빌쯔가(the Vanderbilts), 록펠러가(the Rockefellers), 제이 굴더스가(the Jay Goulders), 레랜드 스탠포드가(the Leland Stanfords), 그리고 기타 - 은 자의적으로 그들의 "일손"을 "해고했다." 잉글랜드 농업노동자들은 그들의 고용자들과 지주들에 의해 위협 당했었고, 비밀투표는 경제적 보복으로부터 투표자를 보호하기 위해 제도화된 것은 알려진 사실이다.

---

11) 이 프랑스 단어는 약간 이국적이며 이상한 암시하는 교활한 방법으로 미국어의 "공공 고용자" 또는 영어의 "공복"을 선호하고, 그리고 아마도 제3공화국이전의 독재정권하에서 프랑스 민간서비스의 모호하지만 "관료적인" 기질과 방법에서부터 마음을 바꾸는 것을 선호할 때 사용된다. 그것은 한 때는 - 민주적 통제이전에 - 너무 깨끗하지 않았던 외국의 솔(brush)로 문제를 더럽히는 것이다.

어쨌거나, 하이에크(Hayek)는 국가의 권력은 강제적이라고 주장한다. 즉,

> 권력의 분리 또는 분산은 필연적으로 권력의 절대량을 줄이고, 경쟁체제는 사람이 사람에 대해 행사하는 권력의 분산화에 의해 최소화하기 위해 설계된 유일한 체제이다. … 경제력이라고 부르는 것은, 동시에 강제의 도구일 수 있지만, 민간인의 수중에 있으며, 배타적 또는 절대적 권력일 수 없고, 사람의 전 생애에 대한 권력일 수 없다. 그러나 정치권력의 도구처럼 집중화되면 경제력은 노예제와 거의 구분하기 어려운 의존도를 만든다. [12)]

만일 우리가 경제력의 순수한 분권화에 대한 하이에크(Hayek)의 확신을 보통의 일상적 관찰을 검증하기 위해 제출한다면, 이 질문들은 대답하기 곤란해지지만, 하이에크(Hayek)는 그러한 시
154 도를 하지 않는다. (1) 경제적 권력(그리고 그것은 권력이어야 하고, 또는 그것은 어떤 것도 산출할 수 없다)이 진정으로 타도되었는가 또는 그것은 대규모이고 때문에 보다 강력한 단위에서 존재하는가? (2) 만일 그것이 대단위에서 발생된다면, 현재와 장래의 경제기업에서 필요한 것인가? 그리고, 만일 그렇다면, 매우 강력한 힘의 결과를 피하고 "귀족들"과 "왕당주의자들"이 "하찮은 사람들"을 지배하는 것을 막는 정부의 개입을 위한 사례가 그때 있는가? (3) 그렇게 분산되었을 때, 그것은 그것이 만일 보완된 것처럼, 그리고 적절한 사례들에서, 공공기업에 의해 대체된 것처럼, 생산할 능력이 있는가? (4) 정부권력을 분산화할 수는 없는가 - 그것은, 정말로, 정부의 실무에서 이미 달성되어진 것은 없

---

12) 하이에크, 전게서, 140~146쪽.

는가? (5) 억압적인 정부행동을 방지하고, 그것을 책임있게 하는 많은 다른 제도적 장치들이 없는 것인가? (6) 왜 다수가 자신들의 법을 민주적으로 만들고 그들의 책임있는 행정을 통제하는 것보다 다수가 서로 경제적으로 투쟁하는 것에 귀착시키는 것이 보다 합리적이고 영예로워야 하는가? 만일 몽테스키(Montesquieu)와 미국헌법의 아버지들이 이러한 질문에 직면했다면 정부 내의 권력분리라고 응답을 할 것인데, 왜 하이에크(Hayek)는 그가 중요하다고 여긴 대부분의 인간활동들을 정부영역에서 제외하면서 그 질문에 대답하고자 할 필요가 있는가? 알렉산더 해밀턴(Alexander Hamilton)에서 하이에크(Hayek)시대까지 150년에 이르고, 하이에크(Hayek)가 알지 못하는 견고하고 실속있는 장치들을 개발하고 응용해 왔으며, 더욱이 그 장치들은 인간의 지속적인 지지와 선의에 좌우된다.

경제적 경쟁체제가 경제영역 자체 내에서 집권화로 지속적으로
인도하는 것은 우연이 아니고; 한편 국가에서는, 집권화는 분권화
필요와 그것의 실제적인 확립의 인식을 수반했었다. 무솔리니
(Mussolini)는, 존 스튜어트 밀(John Stuart Mill)의 시대 이래로
155 영국의 도시의 자체정부가 감소되는 것은 영국이 보다 덜 민주적
이 되고 있음을 의미한다고, 면담동안에 나를 설득하려고 했다.
나는 무솔리니(Mussolini)에게, 만일 집회·정당·언론·의회가
자유롭고 왕성하게 작용되고, 집행부가 입법부와 인민에 책임이
있었다면, 정부의 모든 업무가 국가의 중심부에 통합되는 상황에
서도 조차 아직 완전민주주의일 수 있다는 것은 진실이 아니지
않는가 여부에 대해, 질문했다. 그는 눈을 부릅뜨며 응답하지 않
았다. 그것이 진정한 문제이기 때문이다. 그리고 하이에크(Hayek)
는 어떠한 응답도 제시하지 않는다.

나는 경제학자 친구들의 가장 오래되고 가장 신뢰할 수 있는 것의 하나로서 「노예의 길」(*The Road to Serfdom*)에서 언급한 장기(長期)를 회상하려 하지 않는다. 그러나 그것은 경쟁의 가정들 중 하나이다. 만일 체제가 계속된다면, 장기적으로는 부적격 생산자들은 격파되고 적격자가 그들의 자리를 차지한다. 새롭고 보다 양호한 과정들은 열등의 것들을 대체할 것이다. 발명들은 덜 수용가능한 기계들과 생산물들을 낡게 할 것이다. 독점까지도 한패가 되는 새로운 경쟁자들에 의해 제거할 수 있거나 또는 시장은 대체품으로서 새로운 상품으로 변화될 수 있다. 그들의 폐쇄된 공장들을 소유한 사람들은 신용을 얻을 것이고, 수요가 회복되면 다시 시작하거나 다른 라인을 시작할 수도 있다. 일자리가 없는 노동자는 다른 것에 돌리거나 일이 발견되는 곳으로 옮긴다. 때문에 모두는 참고 기다린다면 모든 가능한 세계에서 최선의 길에서 최선의 결과에 이를 것이다. 우리가 그때 관찰할 모든 것은 번영이지만 - 그중 약간은 부스러기이다. 이 이론의 골칫거리는 그 부스러기는 남자들과 여자들로 구성되어 있다는 것이다. 부스러기가 아니기 위해서는, 그들은 오래 기다리는 것을 거부해야 하고, 모든 은행가들 · 제조업자들 · 상인들 · 농민들 · 노동자들 - 모두 - 은 부스러기에 반하는 경직성을 이루게 되고, 그것은 장기에 반하는 것이다. 국가의 완전한 소유상태에 있고, 그들의 의용군이 그들의 서비스에 있는 자본주의자들은 다른 사람
156 들의 경직성을 해소할 수 있는 때가 있다. 이제, 노동자들은, 그들은 물론, "장기적으로 우리 모두는 죽는다"라고 제이 엠 케인즈(J. M. Keynes)와 함께 선언한다. 여기서 그들 모두는 경쟁을 만들어 낸다. 그들은 경쟁이 아니라 안전을 요구한다.

비록 하이에크(Hayek)의 인질들이, 그렇게 하기는 매우 어렵지만, 완벽하게 움직인다 하드라도, 거기에는 그의 치국술원리들에 빠진 어떤 것이 아직 있을 것이다. 그는 공동체양심의 생략에 의해서만 그의 게임을 이길 수 있다.

제9장 설계된 다이얼들

지역사회의 행태는 주로 기업정신에 의해 지배된다.
거대사회는 기업인들이 그들의 기능들을 크게 생각하는 사회이다.
저속한 사고는 저속한 행태를 의미하고, 짧은 남용에 탐닉한 후
저속한 행태는 생활수준을 낮추는 것을 의미한다

__에이 엔 화이트헤드(A. N. Whitehead)

157 이제 말해야 하는 것은 오래 동안 알려졌고 널리 이해된 것으로, 사기업은 순결한 것이 아니라 결점이 있고 병들었다는 것이다. 이것은 하이에크(Hayek)와 그의 견해에 대한 분주한 전파자들에게 알려졌다. 그는 기업의 질들을 조명하지는 않았지만, 기업의 도덕적 결점들은 모호하게 하고 숨겼다. 그는 경쟁을 위해 싸웠지만, 경쟁자를 옹호할 수는 없다. 그가 진정으로 집중해야 하는 것은 후자(後者)에 관한 주제이다.

사기업이 괴로움을 겪고 있는 병폐가 적어도 6가지가 있다. 이들은 다음과 같다.

1. 재산소유의 불평등
2. 대기업에 의한 산업통제
3. 생산과 노동의 독점
4. 발명의 억압
5. 시장의 비효율성
6. 대량 실업
7. 타 경제기업들의 약탈

158 1. *재산소유의 불평등*

미국에서 재산소유는 한편으로는 경제적 노력과 능력, 다른 면에는 생산·보상·소비 사이에 균형을 뒤엎을 정도로 불평등하다. 이것은 주로 상속(相續)의 결과이고, 그것은 실제로 생산되고 분배된 것에 비하여 대다수의 인간들이 바라고 그들 국가의 생산 노력에서 획득할 수 있는 것 사이의 왜곡을 직접적으로 의미한다. 이것은 부자들의 욕구만이 재화의 수요로서 유효하기 때문이다. 이것은 국부(國富)의 심각한 왜곡이다.

일부 수치는 그것의 심각성을 나타낸다. 현재의 논쟁은 숫자의 작은 정확성에 좌우되는 것이 아니고, 나타난 배분의 불균형에 대한 광범한 관계에 대한 것이다.[1] 1930년[2]의 계산은 인구 2%가 전체 민간 부(富)의 40~45%를 소유하고, 인구의 나머지 98%가 55~60%의 부를 차지하며; 인구의 상위 1%가 모든 민간재산의 59%를 소유하고 있다. 더블류 아이 킹(W. I. King)의 추정에 의하면, 1922년에 전체 부(富)의 3분의 2가 10%의 인구에 속하고, 또는 환언하면 부의 3분의 1이 인구 약 90%에 속했다.[3] 1929년
159 말에 킹(King)은[4] 약 350만 명의 소유자들 또는 전체의 13분의 1

---

1) 수백만 달러가 경제연구에 사용되고 있음에도 불고하고, 재산배분에 대한 최신의, 종합적이며 명확한 분석은 없다. 참조 「소득과 부에 관한 연구」(*Studies in Income and Wealth*), 제3권, "국가경제연구국"(뉴욕, 1939), 제1부 와 제2부.

2) 레만(Lehman), 「정치와 경제민주주의」[*Political and Economic Democracy*: 아스콜리(Ascoli) 편, 뉴욕, 1937], 제9장 161쪽.

3) 상계서, 161쪽.

4) 트레스코우(Tresckow)가 신탁-기업 가능성을 추정한데 사용한, 「바로우스 어음교환소」(*Burroughs Clearing House, Sept. 1931*), 표 XII, 13

이 각각 약 1만 달러 이상을 소유하고, 나머지는 이 수준 이하였으며; 거의 1,450만 소유자는 5천 달러이하이며, 3,250만 소유자는 0~5천 달러 사이에 남겨져 있음을 증명해 보였다. 또한 그는 전체 부의 3분의 1을 각각 10만 달러 이상을 소유한, 전체소유자의 3%이내가 소유한 것을 나타내 보였다. 2만 달러 이상을 소유한 사람은 오직 50만이고, 그들은 전체의 47%를 소유했다. 그리고 약 2만 소유자가 각각 백만 달러이상을 소유하고, 부의 13%를 이루고 있다.

우리는 「연방무역위원회」(Federal Trade Commission)에서 1923년에 만든 조사보고서로부터 불균형에 관한 더 많은 예증들을 더 이상 인용할 필요가 없다.[5] 유언검증을 위해 제출된 부동산의 표본을 보면, 그 위원회는, 부동산(각각 500달러이하)의 약 11%는 검인부동산총가치의 5백 분의 1 만을 나타냈고; 부동산의 1천 분의 1은 총가치의 8.5%를 나타내고; 전체부동산(10만 달러 이상)의 약 40분의 1은 총가치의 거의 46%를 차지한 것을, 각각 보여주었다. 이제, 후자의 수치들은 상속인들이 수령한 것을 정확히 나타내지는 않는데; 아직, 그 수치들은 사망한 사람들은 부동산을 나타내고, 그것들은 신세대로의 부의 이동에서 거대한 격차를 나타내기 때문이다.

(a) 심대한 재산불균형과 (b) 확대되는 상속격차라는 두 가지 사항에 관해서는 충분하게 예증되었다. 첫 번째인 (a)는 경제적 기업의 기회와 저축에서의 불균형을 의미하고, 두 번째인 (b)는 당대에 부와 기회의 정상적인 작동이 없는 상속, 불로소득의 수

쪽.

5) 연방무역위원회, 「국부와 소득」(*National Wealth and Income*) Senat. Doc. 126; 1926, 59쪽.

160 령, 그리고 많은 경우에서 법인경제기업에서의 지분에 대한 부재 소유권에 대한 후보자격을 의미한다. 미국에서 상속세는 5만 달러에서부터 시작하지만 영국에서는 5백 달러부터 시작하고, 영국에서는 이러한 과세형태는 최대한 1894년까지 추적할 수 있으나 미국에서는 연방상속세가 1916년부터 시작되었고, 미국에서 상속재산의 비율은 현재 추정하여도 적어도 영국만큼 크다.

국가가 보다 진지한 관심을 상속법에 기울여야 한다는 하이에크(Hayek)의 제안을 위한 너무나 좋은 기반이 있다. 그러나 그 자신 그렇게 하지 않고, 그의 갑작스런 친구들이 입법부에서 그것을 위해 강렬하고 열정적인 캠페인을 아직까지는 시작하지 않았다. 이 불균형은 물가지수의 유익한 효율성에 대한 그의 가정(假定)을 훼손한다.

소득에 관해서, 브루킹스 연구소(Brookings Institution)에서 1929년에 대해 작성한 계산은 그것들의 불균형을 요약하고 있다. "가정(家庭)들의 약 21%가 전체소득의 4.5%만을 받는다. 1,500달러이하 소득의 11,653,000가정이 전체로 약100억 달러를 받는다. 다른 극단에서는, 75,000달러이상의 소득을 갖는 36,000가정이 합계 98억 달러를 소유했다. 때문에 상위 0.1%의 가정이 사실상 하위42% 가정만큼 수령하고 있는 것으로 나타난다."[6)]

미국에서(1935~936), 전체의 17.01%를 차지하는 670만의 가정과 단독세대가 5백 달러미만의 연소득을 받았고; 전체의 46.54%인 1,840만이 1천 달러 미만을 받았고, 전체의 81.82%인 3,200만이 연소득 2천 달러 미만을 받았다. 연간소득이 5만 달러 이상인
161 약 18,500가정과 단독세대가 500달러 소득 미만의 670만 가정과

---

6) 참조. 브루킹스연구소, 「미국의 소비능력」(*America's Capacity to Consume*), 56쪽.

개인의 총소득과 대략 같다. 연소득 15,000불인 177,600가정과 개인들의 총소득은 연소득 750불 이하를 받는 1,260만 가정과 개인에게 가는 총소득과 동일하다.[7)]

추가하여, 부와 가정재산은 직업에 필요한 교육과 훈련을 소수에게만 제공한다. 따라서, 교육과 훈련은 노동공급부족 때문에 높게 지불된다.

1929년에 대해 계산한 브루킹스 연구소(Brookings Institution) 조사는 국민소득의 42.1%는 임금, 21.7%는 봉급, 6.8%는 농부, 그리고 임대료・이자・이윤・기타재산소득은 28.1%를 각각 차지한다는 것을 보였다. 차후 년도들의 수치들은 비재산소득에서 약간의 개선을 보인다.[8)]

영국에서는 전전(戰前)에 부과세수준이상 소득의 약 70%는 불로소득이고; 이 불로소득의 적어도 4분의 3은 상속되며[9)]; 국가자본의 대략 2/3 ~3/4는 어떤 주어진 순간에도 상속되었다고 믿을 수 있게 계산되었다.

이 수치들은 국부에 대한 개인주의적인 경쟁의 빼어나고 탁월한 기여에 대해 하이에크(Hayek)와 그의 추종자들이 가지고 있은 것으로 보이는 순진한 믿음을 반박하는데 최소한으로 필요한 것이다. 직업들과 거기서 최고지위로의 승진에 이르는 문은 그러지 않아야 함에도 불구하고 재능과 활력에 대해 폐쇄되어있는데, 이는 교육은 혜택을 받을 수 있는 모든 능력자에 동등하게 접근

---

7) 참조. 「미국의 통계요약」(*Statistical Abstract of the United States*), 1939, 313쪽.

8) 참조. 국가자원위원회(National Resources Committee), 380쪽.

9) 조시아 웨지우드(Josiah Wedgwood), 「상속의 경제학」(The Economics of Inheritance), 44쪽, 234쪽.

가능하지 않기 때문이다.

162 우리는 재화와 서비스에 대해 대금을 지불할 수 있을 때만 그 것들을 가질 수 있으며; 그것들은 지불력에 의해 지지되는 수요가 발생할 때만 생산될 수 있다. 생산이 수요에 반응적이고, 만일 생산자가 서투르게 추정한다면 그를 파멸에 이르게 할 수 있고, 그가 우리의 관심을 끌 수 있다면 행운인, 그러한 생산자의 변덕에 의해 경영하지 않는 한, 소비자는 최고권력이다. 하이에크(Hayek)의 친구인 루드윅 폰 미제스(Ludwig von Mises)는 소비자행동은 계속하여 운영되고 있는 국민투표와 같다고 말하기를 좋아한다. 그러나 중요한 문제는 이러한 영속적 투표에서 모든 사람이 동등한 투표권을 가지고 있느냐? 는 것이다. 만일 그들이 동등한 투표권을 가졌다면, 기호에 차이가 있기 때문에, 동일한 욕구들의 만족, 동일한 상품들에 대한 동일한 서비스, 그리고 그 상품들의 성장과 제조를 위해 찬성투표를 하지는 않을 것이다. 그러나 그 정도의 불균형이 있는 곳에서는, 생산체계와 직업의 다양성이, 빈자에게는 충분하게 공급하지 않고 부자에게는 과도하게 공급하여, 부자와 빈자 모두의 기본욕구에 대한 관계를 강하게 부정한다.[10] 기본적인 어려움은 국가의 생산자원, 자본, 토지, 그리고 기술과 노동은 투표권이 상위소득집단에 유리하게 편향된 국민투표에 의해 배분된다는 것이다. 경제적 투표자들은, 지금까지 그리하였던 것처럼, 후보자들을 선택할 수 없고(대기업들은 공급을 지시할 수 있기 때문이다), 자유경쟁하의 일부 생산단위들은 높은 생산비, 가격, 또는 불량한 서비스의 질에도 불구하고 투표에 의해 추방될 수 없기 때문에 불평등한 투표권을 가지

10) 큰 부자들은 더 이상 투자를 시도할 이상으로 많은 저축을 할 수 있다.

고 있다. (경제적 경쟁체제는 투표를 위한 재산요건을 회복시키는 논리적 귀결에 이르게 됨을 독자들은 알게 될 것이다.)

이 체제에서 가격의 가능한 의미, 또는 여러 직업들에 이용된
163 노동의 가치는 무엇인가? 소비자들을 모두 합쳐서 물가의 수준과 분배를 결정하지만, 보다 부유한 집단들의 수요는, 만일 수요력이 동등해진다면 보다 빈곤한 사람들이 물건들을 구입할 수도 있는 가격에, 빈곤층이 구입하고자 하는 것을 생산하는 것과는 동떨어진 자본과 노동을 부추긴다. 이러한 사례가 많기에, 정부들은 보다 빈곤한 집단에 어린이를 위한 음식·저비용주택·의료보조·그리고 보다 최근에는 어린이를 위한 현금 또는 현물수당과 같은 일정한 기본적 필수품들을 무료로 또는 생산가이하로 공급을 제공했어야 한다.

만일 소득이 상이하게 배분된다면 무슨 일이 일어날까? 일부 통계표를 살펴보면 우리는 해답을 구할 수 있다.[11]

만일 국민소득을 모든 가정들이 소득 1,250~1,500 달러가 되도록 재분배된다면, 새로운 지출배분은 다음과 같이 될 것이다. 즉, 담배·독서·음식·가구와 설비·개인간호에 대해 각각 19.5%·9.4%·8.1% 2.4%·2.1%로 보다 많이 지출하며, 주택·가계운영·교통(자동차제외)·의복·의료·위락·자동차·민간교육에 각각 2.8%·3.1%·3.4%·4.6%·6.6%·13.6%·30.4%까지 덜 지출하게 될 것이다.

경쟁이라는 듣기 좋은 동화는, 재능이 어떤 재화를 만들어야 하고, 어떤 서비스를 제공하며, 이행은 자동적으로 이루어지게

---

11) 참조. 국가자원위원회, 「미국경제의 구조」(*Structure of the American Economy*), 1939. 6월. 제1편, 표I, II. 저축은 생략되고, 오직 소비지출만 고려되었다.

하는, 경제노선에 대한 선택의 기회를 스스로 단순하게 제시해야 한다는 것을, 암시한다.

사실, 거의 모든 직업은 기술을 요구하기 때문에, 재능만이 그 기술을 얻어서 직업의 문전에 도달할 수 있게 한다. 일부 직업들
164 은 장기훈련이 요구된다. 필수적인 저축이 저소득에서도 가능하다고 상상하는 것이 진실로 타당한가? 고용지망자가 재능을 과시하기 *이전에* 대출을 얻을 수 있는가? 이들 두 사례에 대한 응답은 거의 전체적으로 부정적이다.

직업선택이 허용되지 않은 사람들은 그들이 실제로 얻은 직장이 그들의 최초선택이 아니기 때문에 약간의 정신적 만족에 대한 손실을 입었다. 이 만족은 그들의 근무일(勤務日) 이외의 것에 대해서는 부인되기 때문에, 그들은 그들이 할 수 있는 최소이거나 최대의 화폐적 만족을 획득할 수 있는 다른 만족을 추구한다.

그들이 가장 하고자 하는 직업을 얻는 행운을 가졌던 사람들은 그들이 그 일을 하는데 비록 보수를 받지 않더라도 그 일을 하고자 할 것이라는 것을 매우 잘 알고 있으며, 실제로는, 그들이 그 직장에 종사하는 것을 허락받는데 얼마쯤은 지불할 지도 모른다. 어떠한 공정하고 자비로운 제3자에게 재조정을 바라는 호소도 없이, 그들이 해야 할 직업들을 의무적으로 해야만 할 정도의 불운을 가졌었던 그 사람들은, 비록 보수가 상당하더라도 그들이 좋아하지 않는 일들에 종사하는 것이 얼마나 고통스러운지 알고, 그들은 대단히 중요한 일이 없이도 근무하러 갈 수도 있다. 이는 지금 운영되고 있는 민간기업체계의 가장 심각한 문제들 중의 하나이고, 순수고용이론으로서가 아니라 이 성가신 문제를 개혁하기 위한 실제적 방법을 발견하기 위해 경제학자들이 그것에 보다 많은 관심을 가져야만 한다.

교육을 오직 아침음식처럼 구입할 수 있는 시기가 있었고, 교육에 대해 지불할 수 있는 사람들과 지불할 수 없는 사람들 간에 커다란 경제적 차이가 아직도 있다. 영국에서의 공교육은 교육을 제공하거나 보류하는 권력의 경제적 소유자들에 대한 가장 강력한 정치적 행동의 힘에 의해서만 이루어진다. 그들은, 교육이 그들에게 경제체제에서 지배를 제공했기 때문에, 그들 자신과 그들의 가족들만을 위한 교육을 요구했다. 몇 세대이건 영국의 지적 지도자들은 그들의 손에 생산수단을 보유한 사람들에 의해 신중
165 하게 연마되었다. 그리고 상당한 국가번영 중에서의 제2차 세계대전개전에서도, 이것은 같은 상황이었다.

연령 14세에서 17세 사이 어린이 5명중 1명 이하가 고등학교에 다녔다. 중등학교에서의 교육은 임의기부제로, 수업료는 전액 또는 일부를 받았고, 학교에서 경쟁적 시험에서 상위 25%를 기록하는 탁월성에 의해 무료교육을 받을 수 있다. 초등학교를 퇴학한 10명중 8명은, 14세에 대부분의 진로가 결정되어, 바로 취업한다. 농촌학교의 건물, 장비, 그리고 낮은 교사수준은 지속적인 불만의 대상이었다. 모든 형태의 대학교육과 최고의 기술 및 전문학교에서 오직 4만 명의 학생인데, 이는 18세에서 21세 사이 연령집단에서 50명중 1명이다.

바바라 드레이크(Barbara Drake: 페비안학회회원)양은 대기업의 지도자들과 전문가들의 재능있는 어린애들의 거의 대부분은 중등학교에 갈 기회를 갖는데 반하여, 사무직과 상업적 고용자들을 위한 기회 숫치는 약 50%이고, 숙련된 임금 소득자는 30%, 그리고 미숙련 임금소득자는 20%임을 보이고 있다.[12)] 대기업소유자,

12) Barbara Drake, 「국가교육」(*State Education*), No. 35, New Fabian Research Bureau.

이사, 관리자, 전문가들의 어린애들은 중등학교에서 학생 수의 관계에 비추어 5배가 많은 반면에, 미숙련노동자들의 어린애들은 상대적으로 오직 5분의 1의 수치이다.

미국교육에서의 유사한 지위는, 상당히 부유한 계급들처럼 상위에 관한 한, 영국의 여건들과는 현저한 차이를 나타낸다. 거의 대부분의 어린애들은 초급중학교에 다니고, 부유집단들에서는 그
166 들이 큰 예외없이 사립학교에 다닌다. 1938년에, 연령 14에와 17세 사이 인구의 69%는 고등학교에 다녔고, 연령 18세에서 21세 사이의 대학연령집단의 14%는 단과대학과 기술학교에 다녔다. 17세에 이르기까지 고등학교를 졸업한 사람들은 그 연령인구의 거의 46%이었고, 연령 21세의 대학졸업자는 그 연령의 거의 7%이었다.[13] 노동자 각 계층의 아들들 중에서 대학이나 기술연구소를 졸업한 백분비는 노동자들(미숙련 또는 반숙련)은 8%, 숙련노동자들은 11%, 농부들은 23.9%, 사무원들 또는 봉급자들은 20%, 소기업 경영자들은 23.6%, 소기업 소유자들은 22%, 대기업 경영자들은 52.3%, 대기업 소유자들은 39.8%, 전문가들은 46.5%이었다.[14]

미국의 8,000 가업지도자들에 대한 표본에서, 대기업경영자지위의 약 15%는 세습되었다. 기업지도자들의 15% 약간 이상은 유급인구의 약 45%를 구성하는 숙련과 비숙련 노동자들의 아들들이다. 유급인구의 10%를 구성하고 있는 기업과 전문계층의 아들들은 기업지도자들의 70% 이하에 기여한다.[15]

---

13) 참조 「교육인명부」(*Educational Directory*), 통계요약, 1940, 8~15쪽.

14) 모든 숫자는 성공적인 기업인들의 기원과 관련된다. 참조 F. W. Taussing and C. S. Joslyn, 「기업의 기업지도자들」(*American Business Leaders*) (New York, 1932), 200쪽.

다른 조사는[16] 미국경제생활에 특유한 이동성은 계급 내에서
167 수평적 이동이고, 계급 밖이 아니거나 계급내부로의 수평적 이동은 아니라는 것을 나타낸다. 직업의 "세습" 양도가 많이 있다. "거기에 … 가정환경 및 아버지들의 직업상 지위와 아들들의 최종적인 직업상 성취 간에는, 일반적으로, 상당히 밀접한 합의가 있는 것은 분명하다." 상방이동은 불과 몇 걸음정도인데 - 왜냐하면, 공장에서는, 학교의 숙련된 사람들이 보다 높은 수준에서 업무를 시작하고, "대규모 자본집적이 요구되는 기업규모의 성장은 노동자가 스스로 사상이 될 수 있는 기회를 제한하기 때문이다."[17] 비록 능력의 상속을 예측하는 것이 어렵다 해도, 우리는 세습된 능력이 위에서 언급한 부의 불평등에 대해 상당한 정도는 책임을 져야한다고 가정할 준비가 되어있지만, 아직도 하이에크(Hayek)는 직업배분이 경쟁적 개인주의에 대한 가족저항에 근거한 부와 교육의 불평등에 의해 몹시 왜곡되었다는 것을 부정할 수 있는가?

하이에크(Hayek)가 교육과 직업의 기회에 대해 말해야 하는 모든 것은, 만일 국가가 직업에의 진입을 통제한다면, 국가는 취업시험확립에 너무 기계적일 수 있고, 장래의 기회들에 의해 이제 발생(주목!)하는 것처럼, 처음에 능력을 보이지 않는 사람들의 근면함과 인내는 전연 보상되지 않을 수도 있다는 것이다. 이는

---

15) 참조 Taussing and Joslyn, 전게서.

16) T. L. Norton, 「공교육과 경제적 추세」(*Public Education and Economic Trends*), (1939), 제6장.

17) 참조. 「경제이론과 바른 교육배분」(*Economic Theory and Correct Educational Distribution*), 1931, 69쪽; 인용 교육정책위원회, 「미국민주주의에서의 교육과 경제적 복지」(*Education and Economic Well-Being in American Democracy*), (Washington, D. C., 1939), 제5장, 121쪽.

오로지 불필요한 추측이다.

2. *대기업에 의한 산업의 통제*

개인주의에 대한 하이에크(Hayek)의 열광은, 개인주의는 다수를 위해 존재하고 운영되어야 한다는 경쟁적 개인주의의 속성이 아니기 때문에, 순전히 전설에 바탕을 두고 있다. 대다수는 제외되었다. 전적으로 분리적이고 자발적인 무수한 개인의 순박한 야
168 생상태의 자발성은 대규모조직에 의해 압도당했었다. 순환에 응고가 있다.

1937년에 미국에는 10,000,000~12,000,000 경제단위가 있었다. 이들은 전업 또는 시간제로 약 48,000,000명을 고용했었다. 그러나 전체경제단위 중에서 거의 7,000,000이 농업단위들이고, 20,000은 정부단위였다. 기업단위는 오직 1.7백만이었다. 나머지는 주로 서비스와 전문적 단위이었고, 아주 적게는 개별적으로 소유된 독립단위였다. 전체고용자의 3분의 1은 1~5명을 고용한 9,000,000~11,000,000 단위들에서 일했다. 거의 비슷한 많은 사람들이 6~299명을 고용한 단위에 종사했다. 9~12%는 각각 1,000~9,999명을 고용한 단위들에서 근무했다. 11~14%는 1만 이상을 고용한 단위들에서 일했다. 환언하면, 고용자들의 65~70%는 6~10,000을 고용한 단위들에 고용되었다. 32~42%는 300~10,000 이상의 단위들에 종사했는데; 이들 숫자들은 최대단위들을 심각하게 어림잡아 말했는데, 왜냐하면 GM회사와 같은 모기업의 자회사들은 하나의 단위에 통합하지 않았기 때문이다.

하이에크(Hayek)가 아낌없이 칭찬한 "원자론적" 개인이 어디에

있는가? 만일 양호한 기술적 심리적 이유로 그러한 “원자화”가 가능하다면, 이 이유들은 무엇이고, 그러한 경쟁적 개인주의는 단지 추상이고 현실이 아니라는 것을, 하이에크(Hayek)숭배자들에게 명료하게 하여야 한다.

1939년에, 국세조사국(The Bureau of the Census)은 법인들이 제조업에서 총기업의 51.7%를 구성했고, 이들이 노동자들의 89.4%를 고용했으며, 공산품총가치의 92.6%를 생산했고, 제조업에 의한 총부가가치의 92.3%를 책임졌다고 보고했다.

169 비록 그들이 동일한 사실들을 부인한다 하드라도, 일부 다른 자료들은 구체적이다. 200개의 비재정회사들 중에서, 2분의 1이 철도나 공급시설들이다. 그 회사들이 전국 철도 총 마일 수의 약 90%, 전기시설들은 전력생산의 약 80%에 이르고, 전화시설의 90% 이상을 운영한다. 이 범주의 나머지 107개회사에서 84개는 주로 제조업에 종사하고, 10개는 판매업에, 9개는 광업, 그리고 4개는 기타 활동들을 포함한다. 미국 제조공장의 약 3분의 1은 100대 제조회사에 의해 운영된다. 이들 200대 기업에 의해 지배되는 비재정회사의 자산비율은 1929년에 47.9%이었고, 1933년에는 54.8%이었다.

마지막으로, 다음 생산물들은 하나 또는 수 개의 회사들에 의해 결정적으로 통제된다고 추정되었다.[18] 즉, 알루미늄은 1개회사에 의해 100%, 자동차는 3개회사에 의해 86%, 과자는 3개회사에 의해 90%, 담배는 3개회사에 의해 80%, 철광은 4개회사에 의해 64%, 판유리는 2개회사에 의해 95%, 안전유리는 2개회사에

18) 임시국가경제위위원회, “제1편 경제 서언”, 137쪽, Fainsod and Gordon, 「정부와 미국경제」(*Government and the American Economy*)(New York, 1941), 18쪽.

의해 90%, 철강은 3개회사에 의해 생산능력의 6 - .5%, 위스키는 4개회사에 의해 58%, 그리고 주석은 4개회사에 의해 43%를 각각 통제하고 있다.

이 모든 사실들은 하이에크(Hayek)와 폰 미제스(von Mises)에게도 유용하다. 벌리(Berle)와 민즈(Means)의 개척적인 연구와 분석은, 경제력의 고도집중에 따른 공적인 의미를 의심의 여지없이 명료하게 했으나, 그것이 무엇이든 간에 하이에크(Hayek)에게는 거의 의미가 없었다. 그들 연구의 요점은 공적토론에서 종종 반
170 복되었지만, 여기서 다시 반복되어야 한다. 미국의 200대 회사가 미국의 전체회사 부(富)의 50%를 통제하고, 그들이 1922년과 1927년 사이에 새로운 자본의 3분의 2를 제공한다.

그렇다면, 어디에, 매우 분산되고, 강요하거나 강요당할 수 없으며, 그리고 비인간적인 세력에 의해서만 지배당하는, 수 천 명의 - 수백만 명은 아니고 - 독립적 개인들이 존재하는가?

벌리(Berle)와 민즈(Means)는, 그 200개회사의 감독을 위한 명목적 통제는 2,000명의 상이한 사람들에 부여되었고, 게다가 그렇게 거대한 경제제국(economic empire)의 경제적 이용에 대한 통제를 이 매우 소규모집단에 부여되었음을 지적한다. 여기서 그 경제제국은 많은 부분이 비활동적이고, 때문에, 오직 "수백"의 분리된 개인들이 통제할 수 있다고 보았다. 국가의 법인 부(富)의 50%가 천명의 수중에 있다! 소련을 제외한 어떤 나라도, 확실히, 이 정도의 집중을 시도하지 않았다.

법인형태의 조직은 자본주의기업의 진수인 법적 창조물인데, 이는 만일 자본출자자들이 그들 기업의 어떠한 실패에 대해서도 그들의 모든 재산에 완전한 책임을 가졌었다면 기업체를 만드는

목적이 보다 덜 위험할 수 있었기 때문이다. 법인과 공동자본회사법들은 모험자본의 신고액수에 대한 출자자들의 의무가 원칙적으로 제한되었다. 이것이 소액투자자들을 끌어들이려 했었고, 끌어들였다. 그러나 그들은 "경제적 개인주의" 실패의 또 다른 면에 기여한다.

하이에크(Hayek)에 의하면 경제적 모험가들인, 그들 소유자들은 자신들의 주식을 구입한 순간에, 사실은, 그들의 모험이 끝나는데; 이는 그 이후로는 기업의 법과 기술적 사실들은 그들 밖의 사항이기 때문이다. 비인간적이었고 더할나위없는 경쟁과정이 되도록 그렇게 기여한, 그들의 권력은 사라져 버렸다. 소주주들은 그들이 원한다면 다른 곳의 그들 자본과 투자를 회수하거나 경영을 비판하는 회합에 참여하여 그들의 경제적 통제를 계속할 수
171 있다고 경쟁기업의 우상숭배자들을 위해 말하는 것은 의미가 없다. 그들은 그것을 할 수 없다. 회사회합에 관한 법의 용어들이 그것을 예방한다. 둘째로, 말썽꾼(troublemaker)에 대한 전체회의의 여론은, 회사가 난관에 처하고 주주들이 그 난관을 인식할 수 없다면, 압도적이다. 그러나, 셋째로, 현대법인에 의해 움직이는 기업의 복합성은 거의 언제나 주주들 밖의 일이다.

주주들은 증권중개인들로 부터 조언을 얻을 수 있다고 여전히 응답할 수도 있다. 그러나 이 사람들은 스스로 그들의 지위를 항상 확신하는 것은 아니다. 왜냐하면, 하이에크(Hayek)가 믿는 것을 말하는 것과 반대로, 그들은 관찰하기 위한 단순한 가격표시판들 훨씬 이상을 요구하기 때문이다. 그들은 경제여건을 고찰하고; 기업을 경영하는 사람들의 특성에 대해 말하고; 정부의 일반정신을 판단하고자 한다. 그리고 그들은 오류를 범할 수 있다. 경제가 국가에 의해 운영된다면, TVA., 해상위원회(Maritime Commission), 뉴욕항만청(New York Port Authority), 또는 중앙전기국(Central Electricity Board)과 유사한 곳, 또는 영국의 런던승객수송국(London Passenger Transport Board)과 같은 큰 회사형태로 경제를 관리할 수도 있다. 나는 정확히 같은 형태를 말하는 것이 아니고, 행정의 내부형태보다는 조직의 규모를 순간적으로 생각한다. 기업과 국가공무원에 의해 공표된 업무들과 정책들에 대한 정보는 널리 주지된 설명과 토의와 함께 대중의 선출된 대표들에 의해 결정되는 형식에 기반하고 있기 때문에, 국가는 정직할 수 있어 상당히 신뢰할 수 있다. 관료잘못에 대한 소독제는 홍보(Publicity)지만, 하이에크(Hayek)의 입맛에 따라 사람들에게 그것의 어떠한 분량도 판매할 수는 없다.

소유자는 수동적이 되고 있다. 매우 소규모의 마을-지방적인 농업시장경제와 국내제조업에 대한 아담 스미스(Adam Smith)의 단순한 개념처럼, 소유자가 그의 개인적 의지, 이상, 도덕성, 그
172 리고 당면상황에 대한 직접적 지식에 근거한 결정을 더 이상 하지 않는다. 진정한 책임은 사라졌다. 정치학! 을 말하고, 특히 이러한 종류의 일을 허용하지 않는 러시아를 논하는 그를 경청하라! 책임과 통제로부터의 소유권분리는 「경영자들」(*Managers*)-저자인 제임스 번함(James Burnham)이 이미 이곳에 존재하며 그것이 바람직하다고 까지 주장하여 하이에크(Hayek)의 입장에 대한 기이한 반전이 되고 있다-의 독재에 대한 관념을 이미 발흥시켰다. 번함(Burnham)은, 자본주의는 하이에크(Hayek)가 주장한 사기업이 작용하는 것과는 매우 다르다는 것에, 동의한다. 그는 자본주의는 두 가지 중요한 특징을 가진다고 생각한다. 자본주의는 경영자계층에게 재산의 통제와 처분을 주는 절대소유권을 가진 대기업으로 구성되어 있으며, 둘째로는 그것은 대량실업문제

를 다룰 수 없다는 점이다. 그는, 첫 번째 특징은 민주주의의 외관을 제공하는 단일정당을 만들고 보상으로 실업문제를 해결하는 것처럼 자기영속적인 경영자계층에 의해 국가가 전체적으로 지배되는 것에 의해 완성될 수 있을 것으로, 믿는다. 번함(Burnham)의 논문이 수용가능한 것임을 발견한 사람들은 거의 만장일치로 이제 하이에크(Hayek) 심취자들 이라는 것은 놀랍다.

얼마나 많은 보다 생생하고, 감각적이며, 지속적인 이해관계자들이, 국가의 지방이든 중앙조직이든 간에, 그들의 정치조직에서 수많은 투표자들이 되는가! 투표자들이 투표를 했다면 정부운영에서 그들의 이해와 권력은 끝난다는 하이에크(Hayek)의 암시가 있다. 그는, 매 5년마다 영국유권자들이 투표를 했다면 그 주권은 다음선거까지는 중지하는 것이라고 2백년 전에 선언했던 루소(Rousseau)의 관점에서, 그대로 되풀이한다. 비록 그것이 2백년전이고 민주주의가 오늘에 비해 유아기라고 해도, 루소(Rousseau)는 그 당시에 잘못했고, 하이에크(Hayek)는 이제 지독하게 잘못한 것이다. 현대의 투표자는 - 어떻게 일부 정치가들과 경제적 개
173 인주의들이 그가 하지 않은 것을 바라는가! - 에 대한 그의 통제는 유지하고, 정부운영에 대한 그들의 통제들은 미국과 영국에서 계속된다. 투표자는 그의 지방의원이 있고, 정치집단이 있으며, 그리고 그는 다른 이익조직에 의해 활성화된다. 관련된 주관적 문제가 "그의 머리 위"에 있을 때, 그는 헌법적 장치에 의해 도움을 받는다. 여기서 그 헌법적 장치는 야당이 *공개적으로* 행정가들을 끊임없이 비판하고 질문하기 때문에 사실들이 투표자가 이해할 수 있는 형태로 공표되도록 하는 것이다..

하이에크(Hayek)는 대규모기업의 전조(前兆)에 의해 많이 동요되었다. 그 전조가 그의 이론에 부합되지 않는 것처럼, 그것은,

비록 사실은, 국가의 형태에서 인민의 행동에 의해 교화되거나 통제되지 않은, 경쟁체제에서 이 얽히고설킨 과정들과 시장들을 다루기에는 너무 조그만 두뇌를 가진 물욕적(物慾的)인 사람의 단순하고 자연스러운 산물이라고 하드라도, 매우 다루기 어려운 것이다. 시계 뒤의 완고한 경쟁자들이, 시계 앞에서 문자판을 보고 있는!, 하이에크(Hayek)교수의 무엇을, 생각하고 있는가를 상상하는 것은 쉬운 일이다.

3. *생산과 노동의 독점들*

미국의 독점들은 생산과 분배분야의 특정영역들에 대해 그들 스스로 제국을 구축하고자 결심한 완고한 사람들에 의해 확립되어졌다. 다양한 형태들의 풀(pools), 신사협정(紳士協定: 법적 구속력을 갖지 않는 사적인 협정), 트러스트(trusts), 신설합병(consolidations), 이익공동체, 지주회사, 흡수합병(mergers)들과 비뚤어진 동업조합들을 구별할 수 있는 공간은 없다. 경쟁이 생산의 가격, 산출량, 방법, 비용, 그리고 효율성과 질에 영향을 미칠 수 없도록 기업을 많이 통제하는 공동목표가 있다는 것은 잘 알려져 있다. 역사는 그 중요성이 너무 분명하기에 생략할 수 없다. 스탠다드 오일(Standard Oil), 아메리칸 코튼씨드 오일(American Cottonseed Oil), 내셔널 린시드 오일(National Linseed Oil), 내셔널 레드(National Lead), 다이아몬드 매취(Dimond Match), 아메리칸 토베코(American Tobacco), 디스틸러스 앤 캐틀 피더스[Distillers'
174 and Cattle Feeders'(가끔 "위스키 트러스트"(Whiskey Trust)라는 이름으로 알려짐)], 인터내셔널 하비스터(International Harvester),

유나이티드 슈 머쉬너리(United Shoe Machinery), 아메리칸 슈거리파이너리스(American Sugar Refineries), 내셔널 비스킷(National Biscuit), 듀퐁(Du Pont), 유나이티드 스테이츠 스틸(United States Steel), 알코아(Alcoa), 내셔널 코데이지(National Cordage), 그리고 아말거메이티드 코퍼(Amalgamated Copper)들이 그들 중 일부다. 동일한 효과를 가진 토지점유와 함께 결단력있는 모험가들에 의해 석유, 철도, 가스, 전력에 대한 통제를 위한 커다란 쟁탈들이 있었다. 교통, 통신, 은행과 신용들도 집중된 집단들에 의해 흡수되고 지배되었다.

어떤 대가를 치르고라도 반동주의자들은 독점이 경쟁정신자체의 불가피한 결과라는 것을 부인해야 한다. 여기서 알리바이를 발견해야 한다. 그것은 기업에 대한 정부의 감독이나 인수를 위한 어떠한 사례도 대부분 손상시킬 수 있는 장소에서 자연스럽게 발견된다. 하이에크(Hayek)는 독점이 소규모보다 대규모기업을 보다 효율적으로 만들 수 있는 기술의 결과라는 것을 부인한다. 이 견해에 대해 하이에크(Hayek)가 인용된 증거는 임시국가경제위원회(Temporary National Economic Committee)의 「최종보고서」*(Final Report)*에서의 다음의 인용구이다. 즉 "규모의 경제는 불변적으로 독점을 필요로 하는 것도 아니다. … 최적효율성의 규모 또는 규모들은 공급의 주요부분이 그러한 통제에 지배되기 훨씬 이전에 도달할 수 있다. 대규모생산의 이점은 경쟁의 폐지가 수용할 수 없도록 불가피하게 유도되어야 한다." 그러면, 독점은 무엇을 하려는 것인가? 이는 "공공정책에 의해 제고되고" "협의된" 것이다. 하이에크(Hayek)의 마음은 이를 단순히 이해하지 않고, 문제로부터 살짝 빠지면서, 지난 50년 동안 독점의 진보적 성장은 "대부분의 국가들이 추구한 정책들의 단순한 결과이다"라고

말한다. “대부분의 국가들이 추구한 정책들”은 기업인들에 의해
추구된 정책들이거나 정부에 의해 추구된 것으로, 이들은 독점들
을 촉진하기 위해 정부에 의해 취해진 적극적 행동이거나 독점을
175 추구 또는 분산하기 위해 취하지 않았던 행동을 의미할 수 있
다.[19] 나는 하이에크(Hayek)가 그렇게 편리하게 멈추어왔던 곳으
로 직접 가려고 한다. 이는 그가 「최종보고서」*(Final Report)*의 인
용에서 생략한 것이다.[20] 즉

> 산출물의 속성 · 시장 · 원료의 공급, 그리고 생산기술이 경쟁을
> 촉진하는 그러한 산업들에서, 경쟁은 공모협약들과 제한입법의 앞
> 에서 스스로를 거듭 주장한다. 다른 분야들에서는, 산출물 · 시장 ·
> 원료의 공급, 그리고 생산기술의 특징들이 독점에 유익하다. 그러
> 나 독점은 자연요소들에만 귀인시킬 수 없다. 그것은 공식적 합의
> 들과 비밀약속들; 카르텔, 법인 간 주주들, 그리고 겸임임원들; 우
> 월한 재정자원과 협상력의 무자비한 사용; 입법부 · 법원들 · 행정기
> 관들 앞의 불평등한 대표; 시장 · 원료 · 투자재원에서의 경쟁자들의
> 제외; 제한적 계약과 차별적 가격; 강요 · 협박 · 폭력들의 산물이다.
> 그것은, 또한 사기업들이 희소자원에 대해 배타적 소유권을 취하
> 는 것을 허용하는 재산제도들; 제한된 시설들의 사용 그리고 중요
> 서비스들의 성과에 대한 배타적 특권을 그들 보유자들에게 수여하
> 는 독점판매권의 허용과 인가; 특정한 기계와 과정의 사용 그리고
> 176 특정한 재화의 제조와 판매의 통제에 대한 독점권을 그것의 소유
> 자들에게 허용하는 특허들; 국내시장으로부터 외부를 제외하는 관

---

19) 참조, TNEC 모노그래프 제 21권 315쪽의 다음의 결론: “독점적으로 주장한 거의 모든 사례에서, 인위적 요소들이 관련되었다는 것을 발견될 것이다.”

20) 90쪽.

> 세와 국가무역장벽; 산출을 제한하고, 최소가격을 고정하고 강한 경쟁자들을 불리하게 하는 입법; 경쟁을 지키기 위해 설계된 오랫동안에 걸친 법들의 부적절한 입법들의, 산물이다.

하이에크(Hayek)는 이 사실들로부터 도망친다. 그는 독점의 원인이 공공정책이라는 것을 미국과 독일의 역사에서 증명하고자 한다! 그의 호전적인 주장은 실제로 그 회피가 너무 충격적이어서 학문의 사회적 구원에 대한 어떠한 신봉자들도 슬프게 할 정도이다. 그는 다음과 같이 말한다(46쪽). 즉,

> 만일 그것들[경쟁의 쇠퇴와 독점의 성장]이 기술발달의 결과이거나 "자본주의" 진보의 필연적 산물이라면, 우리는 그것들이 가장 선진경제체제를 가진 국가들에서 먼저 나타날 것을 기대해야 한다. 사실, 그것들은 당시에 비교적 젊은 공업국인 미국과 독일에서 19세기의 마지막 세 번째 중에서 첫 번째로 나타났다. 자본주의의 필연적인 진보를 대표하는 모형국가로 간주될 수 있는 후자의 국가에서 특히, 카르텔들의 성장이 1878년 이래로 신중한 정책에 의해 체계적으로 육성되어왔다.

이 논쟁의 의도적인 몰염치는 미국에 대해 같은 페이지의 약간 앞부분에서, "어쨌거나, 미국의 발전 이상인 독일의 발전을 … 일반적 추세의 전형으로 간주되어 졌다"라고 한 것을 제외하고는, 이 점에 대해 이후로는 다른 어떤 말도 하지 않는다는 사실에 의해 강조되었다. 그것이 전부다. 그것은 오스트리아 밖에서 자랐고 오직 독일저서들에 의해 양육된 사람 또는 중구(中歐)내부 대신에 서쪽을 보았던 모든 사람에게, 미국은 신뢰와 독점의 문제에서
177 서 가장 큰 스승이었던 것은 확실하다. 왜 하이에크(Hayek)는 놀

라운 미국의 개발에 대해서는 침묵을 유지하는가? 왜냐하면 독점들은 경제적 개인주의자들에 의해 이루어진 충돌, 강요, 그리고 가끔은 가장 비정한 전술의 산물들이었다. 그 경제적 개인주의자들은 경쟁자들을 교역에서 강제로 퇴출시켜 독점이 이윽고 대중을 사취할 수 지점까지 물리적 폭력·협박·정보의 차단·구걸을 제외하지 않는다. 그리고 또한 자유국가이며 민주국가인 미국사회이기 때문에 이 기괴한 교살을 혐오할 수 있고, 법률들과 행정조치에 의해 이 강권적인 방법들을 억제하는 시도를 할 수 있었다. 그것은 하이에크(Hayek)로 하여금 진실을 스스로 인정하고 그의 독자들에게 그것을 전달하라고 강요했어야 할 사항이다.

독일에서 카르텔을 육성하는 방법들은 관세와, 국가에 의한 직·간접적인 유인책이었지만 - 이들 후자의 두 가지 방법들은 미국에서는 낯설었다. *독일은 민주적인 책임국가가 아니었다.* 제국정부는 무책임한 지주들과 중공업의 연합이었다. 중산층부분, 노동자들, 농장이해관계자들은 미국에서 그들이 했던 것과 같은 그러한 권력은 전연 행사하지 못했다. 독점논자들과 정부는 독일에서는 하나이고 동일한 것이었고, 이를 극복하기 위해서는 혁명을 제외한 어떠한 길도 없었다. 미국에서(그리고 영국에서),[21] 권

---

21) 공공정책의 관점에서 독점들에 대한 그것들의 지위는 영국에서 아주 조금 다르다. 그리고 영국의 독점자들은 미국보다는 덜 약탈적이었다. 그러나 「연방 반트러스트법」과 같은 법률은 없다. 독점들은, 공익에 반하는 교역 및 협정들의 억제에 반대되는 관습법을 적용하는 법원의 권력에 의해, 미약하게 방해를 억눌렀다. 그러나 보호관세의 조장이 없다고 해도, 목화·표백과 염색·화학제품·비누·주류·담배·철제 전기장비·벽지에서의 독점들의 실질적인 발전이 특히 금세기에 접어들어 있었다. 제1차 세계대전은 독점을 강화했다. '20년대'와 30년대에 세계시장의 침체와 대외경쟁은 정부의 보조나 선의와 함께 여러 산업

178 력자들이 인민이 파산했다고 소리칠 때, 독점논자들은 그들이 처음에 했던 것과 같이 "저런"이라고 매우 쉽게 계속해서 이야기할 수 없었다. 제국독일의 정책은 경의에 찬 군국주의적 외교정책목적 때문에 신속한 공업과 상업의 진전을 목적으로 하는 카르텔의 창립에 의한 소비자개척이었다. "[독일에서의] 경쟁의 억압은 의심할 수 없이 우리가 계획이라고 부르는 이상적 서비스로 취해진 … 신중한 정책의 문제였다." (48쪽.) 무엇을 위한 계획인가? 전쟁과 세계지배를 위한 것이다.

다행스럽게, 주장이 그러한 졸렬한 모조품인 때에는, 이는 궤
179 변주의자(sophist)의 다리아래에 있는 지면을 두드리는 것이다.
이들은 경쟁에는 어떤 오류도 없고, 그 속성 · 목적 · 조직과 관계없이 국가에는 약간의 오류가 있고 때문에 모든 계획에도 약간의 오류가 있다는, 두 가지 신조를 지지하기 위해 그가 강요되었던

에서 합리화안의 발달을 불러일으켰다. 철강 · 조선 · 직물 · 각종 농산물은 도움을 받았고, 일부 사례는 보조받았다. 시멘트 · 도자기 · 전기산업과 같은 다른 사례에서는, 카르텔이 사적으로 형성되었다. 석탄산업은 특별한 사례였고, 기술적 사유에 의해 정당화된 합병을 수행자지 않은 많은 소유자들의 완고함 때문에 실제적인 국유화가 필요했다. 공급품의 대량 구입자들이고, 이의 이용시설들과 주책운영이 연간투자의 상당부분을 이루고 있는 도시당국들은 가격망 · 트러스트 · 기업합동 에 대해 오랜 기간 동안 끊임없이 불평해 왔다. 중요한 사회적 변화의 문턱과 실업과의 투쟁에서, 영국인들은 강하게 반독제적이 되었다. 1945년 선거에서, 보수당의 지도자임에도 처칠(Churchill)씨는 다음과 같이 말할 수밖에 없었다. 즉 "우리는 독점들이 일으킬 수 있는 남용을 지켜야 한다. 소유자들의 이익들과 소기업이건 대기업이건 간에 독립기업을 효과적으로 보호하는 것이 중요하다. 유해하고 제약적인 실제에 대한 바른 치유는 독점남용에 대한 요금이 부과되기 전에 독립적인 재판소를 세워야 한다. 이의 작업과 보고서는 공적이어야 한다." 그리고 이는 고용정책에 대한 정부백서의 전조가 되었다.

것으로의 전환이다. 만일 미국의 독점들이 성장했어도 도대체 국가가 없었었다면, 그것들이 성장했을 때까지 확실히 국가가 없었을 것이다. 독점들은 전쟁을 제외하고는 국가를 파괴하기 위한 모든 알려진 방법을 사용했다. 즉 입법부와 법원의 구성원들의 위증에 의한 제5열 전술들; 뇌물·음주·여자·주식의 증여에 의한 타락; 입법부·정당들·학교위원회들의 통제를 통한 교육의 통제; 교육자유의 침해, 대학교 보직의 임명과 면직, 교과서 저자들의 뇌물, 그리고 공학자시계의 문자판의 계기침을 관찰하는 단순하며 품위있는 사람들의 많은 다른 청순한 행동들과 같은 것이 그것이다! 그것들은 하이에크(Hayek)가 필수적이라고 주장한, 국가는 경제적 운영자들의 도움이여야 한다는 것을 달성하기 위한 그것들의 길이었다. 그것들은 조언을 심각하게 받았었다. 그것들의 왕국은 만일 그것이 국가에 의해 취해진 활발한 행동이 아니라면 실제보다 나빴었고, 현재보다 나쁘다!

4. *발명의 억압*

정부는 발명자들에게 특허권, 즉 17년 동안 발명에 대한 재산권, 을 부여한다. 이러한 보호없이는 발명은 그로부터 도둑맞을 수도 있을 것이라고 말하는 것은 역사이지 미신이 아니다. 이 장치에 의해, 사회는 발명과 발견을 촉진하고자 한다. 특허는 17년째의 끝에는 누구든 이용할 수 있다. 사회는 이들 혜택들을 발명자를 보호하는 대가로 추구한다.

180 법원들은, 최초의 법이 1790년에 통과되었고 다양한 원칙들을 규정해오고 있는, 「특허법」을 해석할 것을 수시로 요구해왔었다. 발명자의 재산권은 배타적인 것으로, 그는 그 자신의 것을 그가

좋아하는 데로 할 수 있다. 가장 약한 강조는 그의 행동은 사회복지에 유해하지 않아야 한다는 견해에 대해 가장 약한 강조를 한다. 특허권자는 "발견을 자기 자신을 위해 사용하려 하지 않을 뿐 아니라 남들이 사용하는 것도 허용하지 아니한다"는 것이 뒤따랐다.

따라서, 공익을 위한 발명을 촉진하는 법의 목적은 전화 · 자동차 · 석유정제와 이용[에칠(Ethyl)회사의 사례가 가장 흥미롭다] · 활동사진 · 텔레비전 · FM 라디오 · 전기기구와 조명 · 도로건설기계와 재료 · 축음기 레코드 · 건축장비 · 고무타이어 · 유리병과 컨테이너 · 풀만(Pullman)자동차 · 약품 · 비누 · 화장실 준비품 · 카메라 · 면도날 · 도서 · 접는 침대 · 복사기 · 청소기 · 베릴륨(beryllium: 금속원소 Be)에서 여러 번 실패했었다. 목록이 망라된 것은 아니다. 반트러스트법에 따르거나 특허침해를 위한 것이건 간에, 법원의 결정들은 새로운 지식의 사용에 대한 반사회적 억압이나 방해라고 철저하게 증명하고, 훨씬 커다란 영역에 대한 유사한 독점적 억압에 대한 강한 의구심을 푼다.

아직까지 하이에크(Hayek)는, 언제나처럼, 순수이론을 선택한다. 경직된 기록을 무시하면서, 그는 "유용한 특허들에 대한 추정된 억압사례는 보다 복잡하여 하나의 주석으로 적절하게 논의할 수 없다. 그러나, 사회적 이익의 관점에서는 사용되어야 할 특허를 냉동고에 저장하는 것이 유익할 수 있는 여건들은 매우 예외적이기에, 이것이 어떠한 중요한 경우에 발생되었는가 여부는 더욱 의심스럽다"라고 말한다. (203쪽.)

발명가들은 보통 자본이 필요하지만, 그것을 소유하고 있지 않다. 그는 그의 특허를 법인에 팔거나 임대한다. 이것은 비록 특허가 발명에 사용될 필요가 없더라도 발명가의 것처럼 절대적인

181 재산권을 획득한다. 법인의 목적은 최소의 노력과 위험에 최대의 이익을 갖는 것이다. 때문에 일부 발명들은, 새로운 지식과 경쟁할 수 있는 기존 공장·방법·인력의 적응을 피할 수 있도록 구입된다. 기업은 아직도 옛 방법에 따라서 이익을 만들 수 있다. 발명들이 함께 억압되지 않은 곳에서는 그들은 많은 년도가 지나간 후에나 사용된다.

방법들은 영감에 의해 생긴다. 일부 발명가들은 특허소유회사의 월급고용자들이 되기를 권유하지만, 그들은 추진하는데 있어 더 이상 무상은 아니다. 많은 특허들은 이미 사용되고 있는 특허들의 단순한 측면보호장치들로서 구입되는데, 이는 단일의 중요한 특허는 경쟁이나 법적 도전에 취약하기 때문이다. 특허들은 다른 방면들로부터의 진보에 대해 방책을 만들도록 구입했고 맞추었으며, 특허설명서들은 경쟁자들을 놀라게 하기 위해 막연하고 광범하게 도출된다. 대기업의 연구부서들은 (커다란 활동적 기업에 대항해 초기부터 시작할 수 있는) 보다 급진적 외부인을 좌절시키며 만료에 따른 면허의 갱신을 요구하게 만드는, 충분한 발견들을 만들 수도 있다. 침해소송들은 새로운 과정들과 도구들로 도전자들을 괴롭히고, 단순한 위협들은 기업을 추방하게 하거나 또는 옛 기업에 매각하거나 결합할 준비를 하게 한다. 도전자들은 법원에서 그들 요구의 적법성을 증명하는데 시간 또는 자금이 없거나, 신경질적인 저항을 하고; 그는 며칠간의 소송에 파멸될 수도 있다. 자금조달이 잘된 기업은 아이디어에서 보다 앞선 우선순위를 증명할 수 있는데, 그 증거는 가장 모호할 수 있지만, 이는 예견력을 가진 특허변호사에 의해 오래 전에 신청한 미완성의 명세서들에 의해 지지될 수 있다.

시장에서 경쟁적인 새로운 지식과 장치들을 격퇴하기 위해, 발명을 점유하고 기업들은 그들이 지시하는 기계들의 용도를 양도하기 위해 재판매가격의 목록들과 조건들을 존중해야 하는 고객들과 딜러들에게, 정교하고・난해하며・제한적인 합의에 의해 그
182 들의 기계들・과정들・산출물들을, 배타적이며 선택적으로, 허가한다. 그들은 다른 보조재료들이나 기계들이 그들이 규정한 데로만 그들의 것을 사용할 것을 요구했고; 경쟁자들의 기계들과 재료들의 사용을 금지했고; 그들 자신의 특허된 재화의 사용을 보완하기 위해 그들에게 특허되지 않았지만 사용되고 있는 재화를, 대신에, 요구했다. 복종하지 않은 고객들은 추방되었었고, 그들의 기업활동들은 그 자신의 검열자들에 의해 법인에 보고된다. 이들 과정들 - 예를 들면, "매듭" 조항 - 의 일부나 부속품들이나 원료들의 사용에 대한 지시는 불법이라고 선언되었었다. 그러나 거대한 회사들은 평범한 사람에게 신망과 공포감을 준다. 그리고 그들의 변호사들은, 분명한 속박이 노출되지 않는 한, 법을 따돌리기에 충분할 정도로 복잡한 허가특권들로 구성할 수 있었다. 때문에, 대중에 의해 보호된, 계약의 자유가 확충된 지식과 향상된 생산에 대한 적정한 유산이라는 생각을 가진 대중을 부정한다.

특허의 집단화는, 타 기업들이 공급영역에의 진입을 방지하기 위해 서로 간에 정교한 제품의 생산, 그리고 회사들의 교차허가를, 종종 요구한다. 그들의 고객들은 허가의 조건들을 수용하는데 대해 대안은 없지만; 대신 그들은 스스로 행동하는 한 그들의 소득은 그들의 경제거두들에 의해 보호되어야 한다고 확신한다. 그러한 구조가 한번 설립되면, 회사는 정부와 특허법들이 있음에도 불구하고 발명과정의 주인인데; 왜냐하면 그것은 도전하기에는 너무 거대하고, 발명가들을 사거나 그들을 분쇄할 수 있기 때문이다.

사회적으로 제공된 보호의 그러한 반사회적 이용 - 왜냐하면, 우리는 법원에서 말 한 진술을 요약하는 것 이외에는 아무 것도 하지 않기 때문이다 - 은 만일 17년 기간이 유지된다면 제한된 효과만 나타날 수 있다. 그러나 17년이 시차를 가진 유효성기간으
183 로 서로 보완적인 특허취득에 의해 연장되어 영속된다. 또는 특허자가 요구하고, 다른 사람들이 이것에 의해 진입금지 된다면 허가기간은 연기되고; 부주의하게 생략되었었다고 선언된 항목들의 추가에 의해 다시 연기되고; 새롭고 필수적이 될 것이라고 선언한 항목들의 추가에 의해 또다시 연기되어진다.

그래서, 이윤작성동인에서의 추론적 결론에도 불구하고, 이것들은, 사실은, 과학의 적용과 성장조차도 현대산업에 의해 제한되는 그러한 방법들이다. 기업은 일정한 위험은 수용할 것이지만, 가능한 적도록 할 것이다. 그것은 과도하게 자기 보호적이다. 이윤조성동인에 의해 촉진된다 해도, 그 동인은 최고의 창조적 과업들을 수행하기 위해 사람들을 유인하기에는 불충분하다. 전체로서 사회의 거대한 위험수용능력과 비전이, 우리가 인간의 풍요와 위락을 위해 가장 급진적인 과학적 발견들과 그것들의 이용영역에 들어갈 때는, 경쟁기업의 소심한 과정들에 비해 측정할 수 없을 정도로 우월하다. 기술탐색의 시대는 급격히 수축되고, 과학이 기업보다 훨씬 신속하다.[22]

---

22) 본 저서는 최초의 원자폭탄이 투하되었을 때 인쇄업자들의 수중에 있었다. 그렇게 성공한 합동연구의 관찰은 공식성명에서 가장 의미있는 것들이었다(*뉴욕타임스*, 1945년 8월 7일.) 즉 "그러나 최대의 경이는 기업의 규모·비밀·비용이 아니라, 과학의 상이한 영역에서 많은 사람들이 소유한 무수히 복합적인 지식과 함께 과학지식의 두뇌가 작용가능한 계획에 투입되었다. 그리고 경이롭지 않을 수 없는 것은 설계하는 산업과 운영되는 노동에 대한 산업의 능력이었고, 해야 할 일의

1890년 7월과 1940년 7월 사이에, 미국정부는 「연방반트러스트
184 법」에 따라 530개의 소송을 제기했다. 이들 사례 중에서, 50개는 노동조합에 반하는 것이었다. 나머지 480개 소송은 면도날에서 아티쵸크(artichokes: 엉겅퀴과), 강철 · 유리 · 휘발유 · 알루미늄에서 막대기과자 · 신문용지 · 활동사진과 같은 거의 모두 생각할 수 있는 경제적 활동의 종류와 형태에 반대하는 것이었다. 다양한 산업들과 그들의 독점관행에 대한 투쟁필요성의 고집은 근본적으로 위태로운 어떤 것이 있음을 나타낸다.[23] 그리고 「연방무역위원회」(Federal Trade Commission)의 관리들은 모두 투르만 아놀드(Thurman Arnold: 인습타파의 신념을 가진 미국의 변호사)씨처럼 도전적이지 않고 그들이 그것에 대해 질문하기 전에 확신의 기회가 있다는 보장이 필요하다는 것을 기억하자

공학자의 계기판의 침들은 고장인데, 이는, 플라톤(Plato)의 말을 인용하면, "그것의 영혼속의 거짓말" 때문이다. 경쟁체제는 개인주의에 의존한데, 그것은 하이에크(Hayek)에 의해 수용되었다. 그러나, 개인주의의 추론적 결과로부터 내부로 뒷걸음친 일부 다른 경제학자들처럼, 하이에크(Hayek)는, 이것은 학계에서 "쾌락주의"(hedonism)로 알려진 것처럼 "이기적임"(selfishness)을 의미하는 것은 아니라고, 직접적으로 서둘러 말한다. 즉, 사람은 그가

기계와 방법은 사전에 이루어지지 않기 때문에 많은 사고의 창작물은 물리적 형태로 나타났고 상상한데로 이루어졌다." 이 이후, 평화적 쾌락의 도구제작에 대한 동일한 조화된 일종의 공격을 다시 흉내 내고자 하는 사람이 불가능하거나 또는 바람직하지 않은 것인가?

23) 1939년 12월, 미국경제학회(American Economic Association)의 52차 연례모임에서 미국 법무부의 경험 많은 공무원인 코르윈 에드워즈(Corwin D. Edwards)의 매우 흥미있는 증언은, "반트러스트법이 경쟁을 보전할 수 있는가?"였다.

개인적 선택을 할 때는 오직 자기 자신만을 생각하는 것은 아니고, 매우 고상한 목표를 가질 수 있다. 그 목표는 대학·교회·도서관에 맡기기 위해, 또는 미인에게 옷을 사거나, 또는 가족을 부양하기 위해 돈을 소유할 수도 있다. 그 목표는 인정하지만, 선택은 아직도 개인에 의해 만들어지고, 경쟁체제의 권력은 개인의 권력양도에 속한다. 그 목표는 선택의 원동력으로, 그가 그 자신의 판매자나 구입자, 그의 공급자나 소비자를 만족시키는 한, 그의 선택에 대해 누구에게도 책임져야 하는 것은 아니다. 만일 그가 선택할 수 없다면, 그는 당연히 파멸될 수 있다. 만일 그가 할 수 있다면, 그는 큰 재산, 권력, 그리고 위신을 증대시킬 수 있다. 누구도 그를 도울 수 없고, 그 스스로가 도와야 하거나 파멸해야 한다.

185 경제활동과 서비스의 규제자로서 이 신념은 무엇이 잘못되었나? 거의 일반적인 오류로서, "그것의 영혼 속의 거짓말"은, 대부분의 사람들은 비록 그들이 오르고자 할 수는 있어도, 내려갈 수 없다. 그들은 실패를 피하기 위해 모든 극단들을 지향하거나 나아가고; 그들은 "국부를 위하거나 나의 경쟁자를 수용하기 위해, 내가 항복해야 하는가?"라고 말하지 않을 수 없다. 대신에 그들은 다음과 같이 말하려하고, 말한다. 즉, "키드(Kidd)선장의 날카로운 갈고리나 유혹적인 황금갈고리든 어떤 수단이든, 최소한 내가 있는 곳에 내가 머물고, 그곳에 내 가족을 부양하고, 만일 다른 친구가 나를 때리려는 기미를 보이면 나는 경쟁 - 이는 다른 사람의 비용으로 그와 충돌하는 것 - 을 위한 그의 권한을 숨기고, 말살하고, 전복하고, 파괴하는 것과 같은 게임을 하겠다."

경쟁체제는 불안정에 대한 제재에 의존한다. 거리에서 볼 수 있는 사람들인, 현실세계의 경쟁자들은 불안하게 할 의도는 없다.

경쟁의 도움으로, 그들은 1층 이상의 어딘가 도달하지만, 그들이 그곳에 한번 도착하면 경쟁은 그들에게 순간의 문제가 되어 멈춘다. 그들은 밑에 있는 경쟁자들에 대해 사다리를 걷어차고 문을 닫는다. 경제조직에 대해 경쟁자들이 무엇을 하는가에 흥미를 가지고 있기 때문에, 보다 낮은 층의 사람들뿐만 아니라 일반적인 소비자집단의 구조를 위해서도 국가권력이 요구된다. 꼭대기에 머물고자 하는 이 바램은 소유자들과 관리자들로서 노동의 미덕을 견지하고, 그들은 새로운 응집물에 결합하고, 고용자와 노동자의 접합을 할 수 있고, 종적 조합으로 사회를 구분하고, 한 손에는 개인들의 집단과 그들의 자의성의 양쪽을 그리고 다른 쪽에는 국가의 통일과 이의 자의성과 독립성을 파괴하기 때문에 그것은 사례를 매우 심각하게 만든다.

왜 하이에크(Hayek)가 인간속성의 이 요소들을 보지 못 했는가? 첫째, 그의 마음은, 유명한 동굴의 우화(Parable of the Cave)
186 에서, 철학자의 마음은 현실세계에서 떠나서 외부로부터 조명된 어두움 속으로 그러나 인간형상의 생명없는 도자기의 그림자들에 의해서만 구경꾼에게 보이는 곳으로 향해서는 안 된다고 플라톤(Plato)이 말한 곳을 지향했다. 이는 그의 종류의 경제학에 대한 과실이고, 그에 대한 방어는 없다. 둘째는, 그는 국가가 옳을 수 있다는 것을 인정하기 싫음에 눈이 멀었고; 따라서 조장된 독점에 대해 책임을 져야한다. 이는, 독일에서처럼 독점자들이 국가의 통제를 확보했고, 국가가 독점자들에 대해 소비자 그리고 확실히 다른 생산자들의 보호자인 경우를 제외하고는, 터무니없다.

사람들은 재산을 바라지만, 불안을 원하지는 않는다. 안전은 국가의 일부에 대한 반트러스트와 반노동조합활동에 의해 단순하게 확보되어지는 것은 아니다. 그리고 국부는 어떠한 개인이나 개인들의 집단들도 수행할 수 없는 활동들에 또한 의존한다. 이 활동들의 일부는 이미 제시되었다. 그것은 하이에크(Hayek)의 기술을 기다리는 경쟁의 큐피드가 아닌 경쟁자들의 탐욕이다.

5. *시장의 비효율성들*

반동적 선언의 비판에 대한 다른 부분들의 철저함(이 전체적 토론을 위한 공간에 의해 제약된다 해도)으로 시장의 비효율성이라는 주제를 진행해나갈 의도는 아니지만, 그것에 약간의 관심은 주어져야 한다. 만일 하고 싶은 데로 하게한다면, 시장의 작동은 거기에 있는 모든 생산자들과 소비자들의 조화로 귀착되어야 한다는, 하이에크(Hayek)주장에 불변의 함의가 의심의 여지없이 존재한다. 가정(假定)은 조화이다. 그러나 이것은 여러 불쾌한 사실들에 의해 입증되지는 않는다. 상이한 전망은 경제체계의 직업 또는 기능의 거대집단들, 즉 광범하게는 재정 · 신용 · 제조업 · 상업 · 농업, 가운데서 성장한다. 경제적 개인주의의 방법에 따라,
187 각각은 이익과 안전을 향해 가장 민첩하고 자기이익적인 방법을 취한다. 고수익과 고위험 또는 저수익과 저위험을 위해 신용시장이 완만 또는 신속하게 작동하게 하고자하는 욕망은, 이미 현장에 있는 제조업자들 또는 어떤 발명을 촉진하기 위해 공장들이나 시설들을 건설하기를 바라는 사람들의 완고함과, 일치하거나 일치하지 않을 수도 있다. 신용통제 하에 있는 그들은 최대제조업들을 제외한 모두에 대한 목조르기에 주력할 수도 있다. 영국의 「재정과 산업에 관한 맥밀런 위원회의 보고서」(Macmillan Committee's Report on Finance and Industry)[24]의 관찰들은, 내국산업에 대한 과도하게 신중한 신용정책은 외국, 특히 1924년과

1931년 사이의 독일, 에서 거대수익을 손에 넣는데 비극적 오류와 협력하여 진행되었음을, 증명했다. 1932~1934년에 은행과 재정에 대한 미국상원위원회(United States Senate Committee on Banking and Finance)는 미국금융업자들에 대해 유사한 종류에 대해 가장 중요한 요금을 청구했다. 종종 서로 대립하여 업무를 수행하는 영국의 은행들, 인수상사들, 그리고 회사흥행업자들은 이익을 위해 과도하게 걱정했지만, 그들의 신용의 취약성에 대해서는 태만했다. 미국역사에서 가장 변함없고 지배적인 특징의 하나는 생산자들, 특히 농업생산자들, 의 불만이지만, 은행과 신용기관들은, 배타적은 아니지만, 자본제공에 너무 탐욕적이며 엄격한 도구라는 것이 기억되어져야 한다. 국가의 신용제공 없이는 문제가 해결될 수 없는 것처럼 보인다는 것이다. 1932년의 공업·교통·보험·상업·광업파괴의 구조를 위한 도구로서 후버(Hoover)씨 치하의 시초에서, 재건금융회사(Reconstruction Finance Corporation)는 신용인가에 의해 기업조장자로서의 특징을 더욱더 취했다. 그 정책은 공동의 진보를 지지할 뿐 아니라 불경기원인에 대한 대항적 행동도 지지한다.

188 시장은 기대한데로 작동되지 않았는데, 이는 보다 부유한 집단들의 일부는 그들의 강도 높은 노력을 중지하고, 다른 집단들은 당시에 사용되지 않은 생산능력을 창조하는 경향이 있기 때문이다. 그것은 각각의 추가적인 개인이게는 소득이 클수록 가치가 적어지는 경제적 개인주주의자들에 의해 적용되었던 정규심리학의 일부분이다. 이러한 관점에서 볼 때, 보수를 위해서 노력이 이루어지기에, 보수의 중요성하락은 노력의 강도에 대한 감퇴를

24) 정부보고서 3897, 1931, 99쪽 이후.

야기한다. 이것은, 특히 영국에서처럼, 오래되고 잘 확립된 일부 기업들의 개선에 대해서는 미지근한 관심을 나타내, 부정적으로 보인다. 비록 속박이 불필요하다고 해도 기업들이 그들의 경쟁자들보다는 상당히 나을 수 있기에, 만일 회사의 전략과 독점이 그들의 이완된 노력을 보호하지 않는다면 이것은 문제가 되지 않을 수 있다. 그들이 자본의 물질적 도구들을 소유하지 않는다면 그것은 많은 문제가 되지 않을 수도 있다. 기업의 기획자가 기업하는 것이 아닐 뿐 아니라, 생산하고자 완벽하게 준비할 수도 있는 노동자들도 장비에 접근할 수 없다. 이 원인의 어떤 것은 영국석탄광산의 비효율성에 귀인시켰다. 대부분의 소유자들은 국부에 대한 다음의 결과와 함께 더 잘살게 하려는 협력적 행동에 의해 괴롭히기에는 너무 부유하다. 즉, 그 결과는 탄광차의 과도한 분리소유, 인접한 석탄광 사이의 장벽으로 남아있는 큰 경계층, 홍수 진 광산에서 물을 품어 내는데 공동정책이 없고, 중앙양수장치가 없는 것과 같은 것이다.

목적과 노력에 대한 어떠한 사전의 그리고 뛰어난 조화가 없고, 각자는 타인에 알려지지 않은 가격판을 관찰하고, 그리고 가격지표들은 그것이 그렇게 되어야 한다고 우리가 알렸던 것처럼 나쁜 것이라면, 실제위험은, 정확하게 예측된 것은 아니지만, 모험기업을 시작하고 열망하는 사람들에 의해 측정해야 한다. 하이에크(Hayek)가 "행운"에 일정부문 바탕을 둔 소득과 재산에 대해 약간의 편파성을 갖는 것은 우연이 아니다. 많은 행운은 정확한 추정이 요구된다. 기업가는 매우 낙관적이어야 한다. 하이에크(Hayek)가 경제체제의 기능화에 대한 가장 위대한 살아있는 권위의 하나로서 적절히 간주한, 에프 에이취 나이트(F. H. Knight)
189 교수는 자신의 행운에 대해 너무 낙관적인 견해를 취한 후에 과

잉생산하는 기업가의 성향에 대한 중요한 논문을 작성한다. 무과실의 개별선택으로 시작하는 것처럼 보이는 것은 집단오류를 야기한다. 윅스티드(Wicksteed)는 "모든 사람은 그가 기른 양질의 작물에 의해 혜택을 받고, 만일 그의 개별작물이 어떠한 이유에서든 오직 평균이라면 그의 손실은 확실할 것이다. … 모순적 상황은…우리 모두가 바라고 추구하는 복지의 증가가 그의 업무가 이를 제고하는 것인 특정부서에 속한 우리들 모두의 공포의 대상이 되는 것이다"라고 말한다.[25]

시장에 그렇게 많은 타 요인들이 있는 마음상태에서 이러한 경쟁적이며 부적절한 추론은, 물론, 불경기와 실업에 대한 원인의 일부분이다. 미국에서 그것이 의미했던 것은 생산을 위해 사용되지 않았던 능력의 존재에 의해 부분적으로 드러났다. 브루킹스연구소(Brookings Institution)는 1929년에 미국의 27개 선택된 제조업들의 사용되지 않은 생산력은 유제품제조업의 2%에서부터 기차제조업의 55%에 까지 이르는 것으로 추산되었다. 제조업 전체로는, 사용되지 않은 생산능력은 1929년에는 전체의 17%에 이르렀고, 1925년에서 1929년에는 20%이었다. 농촌과 도시를 여행하는 모든 사람에게 분명한 것이기에, 이들 사실들 간의 간극과 소비를 위한 완수되지 않는 욕구나 수용력의 드러난 범위를 언급하는 것은 더 이상 값진 것은 없다. 최근에 우리 모두는 치유가능한 나쁜 건강, 가끔은 영양실조, 때문에 군대를 거부하는 사람들의 숫자에 의해 각성했다.

공복들에게 별칭 "관료"라고 퍼붓는 것은 기업인의 삶에서 가
190 장 완고하고 즐거운 경험의 하나이다. 어쨌거나, 하이에크(Hayek)

25) 윅스티드(Wicksteed, Philip H.), 「정치경제학의 상식」(*Common Sense of Political Economy*), 제1권, 351쪽.

의 불분명한 주요 전제에 따르면, 기업인도 역시 공복인데; 이는 하이에크(Hayek)가, 경쟁체제와 경쟁자의 기능은 경쟁의 특이한 계획기능을 통해 경쟁자 자신에게 좋을 뿐만 아니라 국가복지에 기여하기 때문에, 칭찬한다. 기업들의 규모증가와 물가가 급격하게 변동하는 것을 예방하고, 변동의 위험이 거의 없는 방안을 고안하는 기업들이 보유한 능력은, 사기업에 "관료적"인 허약함의 도입을 야기하는 것으로 보인다. 그러므로, 거대사기업이, 본부와 현장간의 반응의 우둔함; 계층제의 결과로부터 나타나는 정신의 민감성과 독립의 결여; 참신한 장점에 대한 연장자의 너무 빈번한 승리; 공공서비스에서 같은 책임의 크기보다 더 높은 최고의 지위에 나이 지긋하여 이르고[26]; 권력을 점유하고; 낮은 수준의 공무원들 간에 업무나 승진의 상실에 대한 공포에 대한, 관습과 타성을 극복할 책임을 지고 있다. 사기업에서 결여된 것은 이 비효율성들에 대해 공적검증을 강요할 수 있고 강요하는 어떠한 외부조사자도, 종종은 제외하고, 없다는 것이다. 여기서 대중에 대한 그러한 공적검증을 강요하는 이 이점은 공공서비스의 경우에만 이용가능하다. 고용자들 측과 보수당에서 제안된 영국의 모든 전후재건안은 창의, 에너지, 그리고 책임의 필요성을 예외적으로 강조한 이러한 속성의 비효율성을 묵시적으로 인정했다.

경제적 개인주의체계는 노동자들을 사람들처럼 취급하는 것에 대해 충분히 열성적이지 않다. "노동은 상품이 아니다"는 것은 노동은 단순하게 상품으로 취급되어서는 안된다는, 국제노동기구(International Labor Office)를 창설한 「베르사유조약」(Treaty of
191 Versailles) 제8편의 구절에서는 아직도 덕목이다. 고용자들은 그

---

26) 디목(Dimock), 「대기업의 관료제와 신탁」(*Bureaucracy and Trusteeship in Large Corporations*), TNEC 모노그래프, 47~49쪽.

들의 공장들에 안전장치를 설치해야 한다는 것을 다짐하는 가장 결연한 행동을 수십 년 동안 요구해오고 있다. 그것은 그들의 행정과 검독관적 효과를 확보하기 위한 항구적인 압력을 요구한다. 그것은 이러한 것들을 확보하기 위한 국제회의까지도 요구하고, 여기에서도 엄숙한 계약이 이루어진 때에는, 그것들이 충분히 수행되지 않았다고 항상 불평한다. 직업적 사고와 질병으로부터 고통받는 노동자들에 대한 보상지불을 위한 적절한 법률을 가져오는데 수십년의 정치적 항쟁이 필요했었고, 그들은 그들의 적정생산비의 일부를 타인에게 투입하는 것 때문에 노력하는 고용자들과 투쟁했다. 미국 대법원이 선거결과에 반응할 때까지, 경제적 개인주의는 고용자들의 책임에 관한 공평성을 받아들이지 않을 수도 있다. 영국의 산업에서, 매년 400,000명의 불구가 발생하고, 약 2,500명이 죽으며, 미국에서는 매년 2,000,000명의 불구와 18,000명의 사망자가 발생한다.

비록, 기업가들과 관계되는 위험들처럼, 보험으로 기업위험들에 대응하고 지불하는 어떠한 두 기업인 사이의 관계에, 의심스럽지만, 항상 효율성이 있다고 하드라도, 전체로서 대중에 끼친 손해의 문제는 아직도 존재한다. 예를 들면, 건물의 화재 또는 붕괴에 대한 보호를 제공하기를 기대하는 재산소유자들의 일상적인 불만이 있다. 그들은 자신의 재난, 말하자면, 그들의 창고에 그들의 재화를 수용하는 사람들의 재난, 을 보험에 의해 대처하지만; 건물의 붕괴, 화재 등은 다른 관계자들 - 순진한 여행자들 또는 이웃들 - 이 함께 영향을 받는다. 하이에크(Hayek)는, 그의 청순한 기업인들이 적정한 방법을 강요하는 것에 대한 인식이 없이, 공장과 건축규제를 눈감아줄 것을 이제 준비한다.

192 경쟁은 자원의 보전에 거의 흥미를 갖지 않았다. 이는 독일 사

람들이 「강도경제학」(Raubwirtschaft) - 도둑경제학 또는 포획의 경제학 - 이라고 불러왔던 것의 개척자이며 안내자이다. 삼림은 합리적인 재식재(再植栽)없이 베어졌고; 임목에 의해 침식으로부터 보호되는 토지는 황폐해졌으며; 현금작물을 위한 경작은 토지의 파괴에 대한 관심이 없이 수행되었고, 그것은 관개와 비료에 의해 비옥하게 함이 없었다.[27] 석탄매장량은[28] 가장 낭비적인 방법으로 개발되고 이용되었었다. 석유와 가스도 사적인 분별력으로 순전히 사적재산을 만들기 위해 유사하게 낭비되었었다.

6. *대량실업*

경쟁은 언제나 모든 자발적 노동자를 모두를 위한 일자리를 제공할 수는 없다. 항상 일정한 실업이 있지만, 국부의 상실 그리고 개별노동자들과 그들 가족들의 불행을 가져오는 대량실업은 용서될 수 없다. 고난의 숫자는 위에 언급한 157쪽 이하에 기술되어 있다.

실업에 의해 만들어지는 고난의 모든 상세함까지 추구하는 것은 현재의 목적이 아니다. 잠재적인 국부의 감소와는 별도로, 불안의 주요 원인은 실업자의 마음의 불행과 절망인데, 이는 그는 물론 그의 가족 모두 안전하지 않기 때문이고, 따라서 그가 공포에 휩싸이게 된다. 그러한 해악들은, 질서정연한 정부의 증오, 고용자들의 혐오, 그리고 사람·모든 사람· 특히 한 가정의 입에서 빵을 빼앗을 수도 있는 타 인종의 사람에 대한 사람의 증오를, 배양한다. 「노예의 길」(*The Road to Serfdom*)이 처음 저술된

27) 「최근의 사회적 추세」(*Recent Social Trends*), I. 93쪽 이하.

28) 상게서, 85쪽 이하.

나라인 영국과 관련하여 양차대전 간에 매년 매 10명의 노동인구
중 3명이, 나쁜 해에는 매 10년마다 5명이 약간의 실업을 경험한
193 한편, 1924년 7월과 1932년 12월 사이에 모든 연령의 노동인구의
매 3명중 2명이 실업수당을 청구한 점을 지적해야 한다. 노동자들이, 그들의 이익을 방어하고, 그리고 그들이 권력을 보유했을 때에는 산출과 기술개선에 대한 제약을 주장하는, 그러한 상황에서, 조직하는 것을 발견한다는 것은 놀라운 일이 아니다. 미국에서 실업에 대한 유사한 공포는 동일한 방어적 제약성을 만들었고, 인종차별을 지향하는 운동을 도왔다.

양차대전사이의 공황은 제1차 세계대전의 특별한 효과들 때문에 우리가 이제 말할 수 있는 한 특히 폭력적이었지만, 수십 년 동안 공황의 재발이 관찰되었었고, 수반된 노동자들의 불행과 공포들은 파국이 이 경우들의 하나로서 국가에 발생할 수 있다고 칼 마르크스(Karl Marx)에게 암시했다. 그러나 도덕과 정부에 대해 언제나 그렇게 합리적이었던 리프만(Lippmann)씨를 고려하자. 나는 그가 1936~1937년에 「좋은 사회」(*The Good Society*)를 저술할 때 "실업"이라는 단어에 대해 한마디의 언급도 없는 책을 저술할 수 있다고 그가 사적인 내기를 했는가 여부를 모른다. 주제와는 확실히 관련되었을 수도 있는데, 왜냐하면 1936년에는 650만 명, 1937년에는 750만 명의 실업자가 있었기 때문이다. 재앙은 7년에 걸친 것이었다. 4백 쪽에 실업이라는 단어나 아이디어가 한 번도 나타나지 않는다는 것도 아직까지 사실이다. 어떻게 1943년 판의 서론은, "저서가 처음 출간된 이래로 우리가 거쳤던 경험은 동요되지 않았지만, 사실 저서는 오류보다 진실을 더 많이 포함하고 있다는 나의 확신을 강화했다"라고, 그렇게, 주장할 수 있는지 이해하기 어렵다. 그러나 경쟁사회의 질병에 대

한 치유책들은 실업에 대해 관여하지 않았다. 아마도, 내가 그렇게 생각하지 않더라도, 그는 1931년에 체이스 내쇼날 뱅크(Chase National Bank)의 알버트 에이취 휘긴(Albert H. Wiggin)이 국가
194 경제심의회에 대한 상원위원회(Senate Committee on National Economic Council)에서 개진한 "인간속성은 인간속성이다. 생명현상은 계속된다. 기업활동이 계속되는 한, 우리는 종종 위험의 여건을 꼭 경험해야 한다"라는 의견에 함께 한다. 상원위원 라폴리테(La Follette)가 "인간고통의 능력은 무제한적인가?"라고 제기했을 때, 휘긴(Wiggin)씨는 "나는 그렇다고 생각한다"라고 응답하면서, 시장·가격·자유방임(*laissez faire*)의 교의에 대한 1페이지의 요약을 제출했다.

이 대량실업 - 또는 달리 표현하면 불황 - 의 근원적 원인은 여러 해 동안 경제학자들 간에 차이가 많은 주제가 되었다. 그러나 영국의 전통에서 윌리암 베버리지 경(Sir William Beveridge)에 의해 지금 전개되는 설명은 제이 엠 케인즈(J. M. Keynes)의 경제이론, 또한 영국전통에서, 이 일반적으로 받아들이고 있는 발견들에서 찾았다. 불황은 기업투자의 불안정성 때문이라는 것이다. 모든 국가소득은 두 가지 방법으로 설명되는데, 일부는 현재의 소비에 관해 사용했고 나머지는 공장들·공장장비·주택·원료·창고 등과 같은 자본장비의 생산에 대한 투자에 되돌린다. 소비에 약간의 안정성이 있다. 비록 생산장치에 대한 인간욕구와 관련된 어떠한 문서에도 동요가 없다고 해도, 투자가 전무하다. 그러면, 무엇이 투자의 불안정성을 가져오는가? 그것은 저축하고자 하는 결정들과 투자하려는 결정들은 서로 다른 이유로, 서로 다른 시기에, 서로 다른 사람에 의해 이루어진다는 사실 때문이다.

실업현상연구에 벌써 자기인생의 3분의 2이상을 헌신해야 했던

윌리엄 베버리지 경(Sir William Beveridge)은 대량실업은 제거할 수 있다고 확신한다. 그는 실업은 약 3%로 억제될 수 있다고 믿는데, 그 수치는 기술변화와 수요변화는 일부 교역은 감소하게 하는 반면에 일부는 성장을 야기하는 것처럼 계절변동과 그에 따른 사람들을 한 직업에서 다른 직업으로의 불가피한 변화에 의해 나타난 것이다. 그는 이것은 그의 기본조건인 *자유세계에서* 달성
195 될 수 있다고 믿고, 어떻게 이것이 이루어질 수 있는가를 증명했다. 그는 영국의 전통하에 있고, 그가 그랬다고 하이에크(Hayek)가 주장한 것처럼, 적어도 자유에 관심을 가지고 있다. 광범하며 중요한 행정경험을 가진 사람으로서, 그는 정치적·행정적 중요성과 자유의 비밀을 확실히 이해한다. 더욱이, 그는 8%비율까지의 실업의 우발성, 그리고 모성·노령·폐질·직업병·사고 등과 같은 다른 우발성 기간에 사회적 안전 또는 소득의 유지를 제공하는 필요성과 방법을 증명해 왔다.

그의 구상은 투자에 대한 원대한 국가의 방향을 포함한다. 그것의 주요한 특징들은 다음과 같이만 나열될 수 있다. 그것들은 사회안전과 아동수당, 좋은 집·음식·연료·기타 필수품을 모두 안정적 가격으로 그리고 무료의 국가의료서비스, 안정적 진보를 위해 국가의 기계적 장비를 점검하고 확장하는데 민간투자를 장려하고 규제하는 국가투자국, 직접적으로 투자를 안정화하기 위해 국유화 필요시는 공공기업의 연장에 의한 독점들의 통제, 공업과 교통의 입지에 대한 통제, 노동의 조직화된 이동, 1차 산물의 통제된 마케팅, 모든 생산자원의 모든 이용을 위한 완전수요를 보장하는 예산 등이다.

미국도 동일한 문제를 가졌다. 양국에서, 문제는 제2차 세계대전기간중의 사실에 의해 악화되었고, 확실히 대공황기간에서의

매우 혹독한 경험의 결과로 사람들은 국가생산기구에 대해 제1의 책무로 안전을 요구했다. 그들은, 정말로, 열심히 일할 준비가 되어있지만, 그들은 일해야 한다고 주장한다. 여기서, 60,000,000일자리의 일반원칙에 대한 현재의 요구이다. 윌리암 베버리지경(Sir William Beveridge)의 일반원칙들은 미국적 상황에서 수용되어졌
196 다. 그들의 필수적인 특징은 사람들이 원하는 것보다 많은 일자리가 비축되지 않고 항상 비어져 있어야 한다.

이 문제에 대한 반역자들의 태도는 무엇인가? 「노예의 길」*(The Road to Serfdom)*은 그것을 평이하게 선언한다. 경제적 개인주의와 공학자의 시계는 고용보다 더 중요하다. "경쟁사회에서, 그것은 개인의 서비스가 필요가 없거나 그에게 보다 좋은 직업을 제공할 수 없는 어떠한 특정기업에 알려지는 것이, 그에게 사소한 것이 아니고, 그의 존엄을 해치는 것도 아니다. 길어진 대량실업의 시대에 많은 사람에 대한 효과가 매우 비슷할 수도 있다는 것은 사실이다.[29] 그러나 중앙의 지시보다 그러한 응징을 예방하는 다른 좋은 방법이 있다." (106쪽.)

그는 이 방법들이 무엇인가를 말하기 위해 스스로, 그러면, 노력하는가? 만일 그가 「고용의 길」(*The Road to Employment*)에 대해 확신에 찬 기술을 제안할 수 있었다면, 「노예의 길」(*The Road to Serfdom*)의 전부는 가치있는 것이 되었을 것이다. 그는 이를 위한 것을 선택하지 않았다.

그는 "마지막으로, 경제활동의 일반변동들과 싸우는 매우 중요

---

29) 월터 그린우드(Walter Greenwood), 「인형에 대한 사랑」(*Love on the Dole*); 조지 오웰(George Orwell), 「위간부두의 길」(*The Road to Wigan Pier*); 바크(Bakke), 「실업 노동자」(*The Unemployed Worker*); 진즈버그(Ginzberg), 「돌 찌꺼기더미들 위의 풀」(*Grass on the Slagheaps*).

한 문제와 그 변동들과 동반하는 대규모실업의 순환파동이 있다. 이는, 물론, 우리시대의 가장 심각하고 가장 절박한 문제이다. 그러나, 비록 그것의 해결책이 선의[그는 경쟁을 의미해야 한다!]에서 많은 계획을 요구된다 해도, 그것의 옹호자에 따르면 특별한 계획종류가 시장을 대체하는 것을 요구 - 또는 적어도 필요 - 하지 않는다"라고 말한다. 그것은 "재정정책" - 그가 과세 또는 투자 전략을 의미하든 간에 우리는 설명없이 그대로 둔다 - 에 의해 이루어 질 수 있다는 희망에 관계된다. 그가 언급한 다른 사람들은, 진정한 성공은 매우 대규모로 수행된 공공사업의 기술적인 시기
197 선택으로만 기대될 수 있다고, 믿는다. 여기서 하이에크(Hayek)는, 결과가 "모든 경제활동은 정부지출의 방향과 양에 보다 점진적으로 의존하도록" 만들지 않는 한, 거의 놀라지 않는다. (121쪽과 122쪽.)

이 문제의 다른 유일한 기여는, 어떠한 "단일목적도 다른 모든 것에 대해서 절대적 선택을 평화롭게 허용되어서는 안된다"라고 경고하는 것으로, "모든 사람이 이제 동의하는 하나의 목적조차 제1열인 실업의 정복에"적용하는 것이다. (206쪽.) 그는, "'완전고용'과 같이 모호하지만 대중적인 구절은 매우 극단적인 근시안적 조치들로 유도될 수 있다"라고 경고하고; 전쟁노동자들을 평화시 생산패턴으로의 재배치는 일자리들과 상대적인 전시지불규모를 유지하려는 시도에 의해 방해되어서는 안된다 라고, 우리에게 말한다. 얼마나 대단한가! 그는 경쟁은 일자리를 찾는 직업이 될 수 있다고 직선적으로 말할 수 없다. 그것은 모든 비용에 대한 체계이다.

경쟁에 대한 까다로운 책임과 공학자의 시계와 함께, 하이에크(Hayek)는 어떤 사람도 일정한 급료에 따른 어떤 특정한 일자리

에 대해서도 권리를 가지고 있지 않다는 것을 알아챘다. 그러나
그는 "모두에게 일정한 생존을 위한 최소한도에 대한 확실성으로
서, *심각한 물리적 궁핍에 대한 안전*"을 제공하고자 한다. (120
쪽.) 그것은, 보험에 적합한 제안을 만드는 것이 아니라 *주는* 것
이다. 무엇이 기준이 되어야 하는가? 건강과 노동능력을 유지하
기 충분한 최소의 음식·주택·의복은 모두에게 보장될 수 있다
는 것은 의심의 여지가 없다. 영국은 일반자유를 위태롭게 함이
없이 이를 제공하기에 충분할 정도로 부유하다고 그는 말한다.
기준이 "심각한 물리적 고난"과 "건강과 노동능력을 유지하기에
충분한"이라고 언급한 신중함에 주목하라. 그러한 미지근한 흥미
가 드러나는 것과 같은, 가장 심각한 문제로서 그것에 대한 그의
모든 지적을 대량실업에 조차 적용할 수 있는가?

우리는, 모두에 대한 이 안전은 시장체제 밖에 있고 보완적이라
는 그의 모든 태도와 조화되는, 그의 관찰을 추가해야 한다. 정확
히 말하면, 그것은 일종의 박애이거나 빈약한 법이다. 이 아이디
198 어는 "공동체에 의존하는 사람들은 나머지 사람들처럼 모든 동일
한 자유를 무제한적으로 향유할 수 있는가 여부는 중요한 문제다"
라는 주장에 의해 강화된다. (120쪽.) 이러한 종류의 생각은 1835
년에 제도화된 빈약한 법체계에서 고전경제학자들의 추천에 의해
지난 시대에 영국에서 신중하게 시도되었다. 이것이 하이에크
(Hayek)가 좋아하는 체제이다. 하바드대학교에서 연설할 때, 그는
"경쟁체제 밖"과 "극단적인 물리적 궁핍과 투쟁하는" 것과 같은 그
의 구원원리에 대해 언급했다. 그는, 곧이어, 경제학자 윌리엄 나
소 시니어(William Nassau Senior)로부터의 인용으로 그의 주장을
지지했지만, 이 저자가 그 인용에 도전할 때까지 시니어(Senior)
의 진정한 목적을 깊이 생각함 없이 지지했다. 시니어(Senior)의

견해는 가장 독립적인 노동자의 그것들 보다 "보다 덜 적격"이고, 그 구제는 "저지적"인 것이 되고, 이것이 필요한가 여부는 구제의 지원자가 구조를 위해 *구빈원(the Poorhouse)*을 선택할 때에만 주어질 수 있다는 검증에 대한 구제의 원리를 요구했었다.

이 체제는 약 20여년동안 체제의 모든 본래의 조잡함을 시험했지만, 노동자들과 개인이 아니고 경제체제가 비난받아야 한다고 말하는 사람들의 항의에 맞서서 체제를 유지한다는 것은 불가능했다. 사실, [비록 하이에크(Hayek)가 경제사로의 그의 여행을 계속하지 않았지만)] 체제의 도덕적 비지지성과 경제적 낭비는, 실업문제에 대한 사회조사들의 전체적 인 주관을 결국 착수하게 했다. 두 명의 가장 활기있고 창조적인 노동자는 시드니 웹(Sidney Webb)과 비트리스 웹(Beatrice Webb)이었고, 그들의 노력들은 공공고용교환의 확립과 사회보험체제의 종말로 인도했다. 윌리엄 베버리지 경(Sir William Beveridge)이 실업문제에 흥미를 갖도록 점화시킨 사람도 그들이었고, 그들이 그를 윈스턴 처칠(Winston Churchill)씨에게 소개하여, 그가 후자의 내무성에서 이러한 같은 고용교환의 최초의 조각자가 되도록 했다. 그것은 정확히 어떻게 노동시장이 작용하고, 실업과 결핍의 원인들, 구빈법, 그 자체로서,
199 수개의 보다 유익한 사회서비스 및 사회보험으로 분리되었던 것에 대한 그들의 분석들의 결과였다. 최종적으로, 윌리엄 베버리지 경(Sir William Beveridge)의 보고서와 추후의 입법에 의해, 사회보험체계는 이후 결핍되었던, 종합성과 원칙이 주어졌다. 선도적인 아이디어들은 미국경제학자들과 사회과학자들이 확신시켰다.

이제 웹가(Webbs)는 그들이 결핍을 "물리적 결핍"이라고 부르는 것의 기반에서 취급하는 중대한 오류에 대해 몹시 책망했다. 윌리엄 베버리지 경(Sir William Beveridge)도, 역시, 사람들은

"생계" 임금 - 그는 생계기준을 생활비로부터 추출했다 - 을 가져야 한다고 주장한다. 그의 고용을 위한 계획에서, 윌리엄 경(Sir William)은 "우리는 … 각 남녀는 어떠한 이유에서건 그 또는 그녀는 일할 수 없을 때 어떠한 부양가족들도 고귀한 생계와 유지를 위한 소득을 보장받을 수 있을 필요가 있다"라고 기술한다.

질병과 재난의 경우에서, 하이에크(Hayek)는 국가는 보험제공을 도와한다고 이해하고자 하지만(121쪽), 그는 국가는 강제적인 보험체계를 만드는 것을 이해하려고 하지 않는다.[30] 아직, 사회보험은 일반적일 때에만 적정하며 경제적으로 관리될 수 있으며, 만일 일반적이라면 이는 모두가 권위에 의해 가입되는 것을 요구한다는 것을 분명하게 보였었다.

7. *기타 경제기업들의 약탈*

남북전쟁이래 기업의 성장노선에서 기업, 특히 대기업, 의 약탈적 관행을 현재의 논문범위 내에서, 간략하게라도, 그러나 확실하게 그것들이 받을 만한 풍부한 생생함을, 조사한다는 것은 불가능하다. 아직 그 주제는 하이에크(Hayek)에 의해 설계되고,
200 오늘날의 그의 친구들이 좋아했던 두 가지 논제인, 경쟁에는 강요가 없고, 계획이 강요를 요구하기 때문에 최악이 최고에 이르게 하는 독재가 있다는 그의 매력없는 가정에 실질적으로 영향을 주기 때문에 중요하다. 때문에, 나는, 유명한 의회조사들이 법원의 범죄와 형평에 대한 심의에서 발견하여 입증하고 보완했던 일부 관행을, 단순하게 나열한다. 나는 "무엇보다 그것이 격동시대

30) 라디오 원탁토론, 시카고.

의 역사이다"라고 말할 수 있는 종착점에 도달해야 함을 항상 바
란다. 사실, 일정한 다른 추문이 발생하자마자 내가 이것을 하고,
동일한 오래된 계략들이 다시 한번 의회와 법원에 의해 보고되었
다. 여기에 독점적이며 경쟁적 전술, 위협과 음모, 경쟁자들과 그
들의 종업원에 대한 무장경호원과 자객들의 사용, 경쟁자의 재산
에 대한 밤중의 파괴, 철도에 대한 비밀 리베이트, 신문사들과
저널리스트들(journalists)의 매수, 뇌물수뢰, 비밀위원회들, 타 기
업에 대한 스파이행위와 위협, 거래에서 모든 당사자들의 분명한
부정직, 지연적인 소송, 광범한 음모, 경쟁자가 작은 곳에서의 경
쟁의 절멸, 법인의 방종한 특성의 탐구, 판사들·배심원들·입법
의원들·공무원들의 비도덕화, 공채와 증권의 물타기·조작·잘
못된 제고, 경쟁의 파산에의 유도, 재정과 공업의 많은 인접부문
에 대한 경영적 주권에 대한 책략, 비밀합의, 명백한 사기, 계약
의 거부, 과열된 분할판매에 의한 방탕, 잘못된 뉴스의 확산에
의한 대중의 사기, 가격차별(보다 최근의 방법의 하나는 피츠버
그-플러스 체제), 잘못된 광고, 가짜 상표화, 경쟁자들의 명예훼
손, "매듭" 계약, 호전적 상표, 독점적 딜러(dealer)체제에 대한 목
록이 있다. 그리고 법률서는 유사성의 혼동·명백한 착복·원래
컨테이너의 재포장 재처리 재보충·음식과 약품의 혼합계약파기
의 조장에 의한 거래 상표의 사기와 관련된 판례들이 가득하다.
우리는 증인이 의회나 법원 앞에 섰을 때 매우 상세한 기억과 무
201 지의 실패를 가산할 수 있다. 이 주제에 대한 많은 문헌이 있다.
왜 잊어야 하는가?,

모든 이들 사악함은 민주국가들의 가장 강한 노력의 고삐에 의해서만 유지될 수 있었는데, 이는 지금까지 경제적으로 강력한

세력이 국가를 탈취할 수 있었기 때문이다. 이들 사악함은 깊이 자리하고 영속적이다. 하이에크(Hayek)와 리프만(Lippman) 양자는 19세기와 20세기의 *자유방임* 옹호자인 "자유주의자들"은 산업을 약탈하고 정치적 치유를 위해 수요에 도전할 정도로 매우 불량하게 행동한다고 그들의 배반감을 표현한다. 그러나 "자유주의자들"은, 그가 *자유방임*을 말할 때 그가 진정으로 *자유방임*을 의미하는 것이라고, 그들이 그에게 바랄 수도 있었던 것이라고 할 수 없었다. 그는 그의 호주머니에 무엇이 들어오는가에 흥미가 있었지, 하이에크(Hayek)와 리프만의 마음에 무엇이 들었는가에 대해서는 흥미가 없었다. 그들의 당혹, 즉 완전을 차용하는 사람들은 재산과 자유를 보장하는 국가를 그들의 탐욕에 의해 위태롭게 하는 경감되지 않은 이기주의자들이라는 것, 은 오쟁이(부정한 아내의 남편)의 당황함이다.

창문 밖 현상을 이해하는데 대한 하이에크(Hayek)의 무능력의 명확한 증거는 그의 애수에 찬 언급, 즉 "나를 불행하게 만드는 일의 하나는 내 책을 채택한 그렇게 많은 사람들이 자유무역인들이 아니고, 이를 같은 철학의 필수부문으로 보지 않는 것이다", 이다.[31)]

그들은 확실히 이는 같은 철학의 필수적 부분이라고 보았다. 그러나 그들이 하이에크(Hayek)와 다른 것은 그가 경쟁을 요구하는 동안 그들은 자유와 화폐를 원한다는 것이다.

경쟁체제의 어떠한 실질적인 부분이라도 잔존이 허용되어진다면, 보완과 방향이 요구된다. 이는 가치가 있는 한 살아있도록 유지될 수 있는 필요한 변화에 저항하는 것은 어리석은 일이다. 그러나 이는 하이에크(Hayek)가 하는 것이다.

31) *시카고 대학교 원탁*, 370번, 5쪽.

제10장 가장 현란한 경주

새롭게 획득한 자유가 만들어 내는 사악함들에 대해
오직 하나의 치유책이 있는데; 그 치유책은 자유이다

__매콜리(Macaulay)

202 반동적 선언은, 비록 이 식인풍습이 실제 경쟁에서의 승리에 대한 적절한 논리적 결과처럼 보일 수 있어도 그의 성공하지 못한 경쟁자를 죽이고 먹는 성공적인 증권중개인, 제조업자 또는 상인을 지지하는, 어떠한 사례도 만들지 못한다. 하이에크(Hayek)에게 있는 절제가 무엇이든 간에, 그것은 품위에 기반한 약간의 제약이 있어야 하는 경제적 경쟁의 결과 위에 법이 있고, 있어야 한다는, 인식으로부터 발원한다. 환언하면, 사회적으로 수용되고 부과된 도덕기준, 즉 비경제적인 도덕기준, 은 경제과정을 속박해야 한다는 인식이 있다. 그렇다면, 응답되어야 할 상태에 있는 진정한 질문은, 도대체 우리가 움직여야 하는가 여부는 아니고, 얼마나 멀리, 어떠한 이점을 위해, 그리고 어떠한 불이익에 대항하여 움직이어야 하는가에, 대한 것이다.

정부는 *사회*의 문제들에 대한 관리이고, 그래서 가치선택과 운명의 교훈이 있어야 하고, 그 사회의 많은 개인들과 수천의 집단들보다도 약간의 권력을 가져야 할 필요가 있다. 이 권력은 항상
203 우월한 집단들이나 집단의 도덕적 및 물리적인 힘을 통해 효과를 보여야 할 매체(媒體)이다. 민주주의에서, 이 힘들의 균형은 항상 이동하고 우발적이며, 고정적이거나 정해진 것은 아니다. 충분한

준비는 인민이 스스로를 타인에게 맡기는 정의, 영성, 총체성, 경제력, 그리고 물리적 힘에 의한 거의 일상적인 조정으로 만든다. 종교는 여기서 적절한 장소를 발견하고; 그래서 기업에서 소득의 획득과 소비가 적절하게 이루어진다. 록(Locke)의 간명한 요약이면 충분하다. 즉,

> 신(God)은, 그 자신의 판단에 의해, 인간이라는 피조물을 만들었는데, 인간이 홀로 되고, 사회를 주입시키기 위해 필요, 편의, 그리고 기호에 관한 강력한 의무 밑에 두는 것은 물론, 사회를 지속시키고 즐기도록 이해와 언어에 적합하게 하는 것은 인간에게는 어울리지 않았다. … 그래서, 모든 특정한 구성원의 모든 사적 판단이 제외되었기에, 지역사회는 모든 당파에 차별이 없는 정해진 고정규칙에 의해 중재를 하게 되며, … 어떠한 권리문제와 관련된 사회의 어떤 구성원들 사이에 발생할 수 있는 모든 분쟁들을 결정한다. …

우리 앞의 문제는 일반적인 자유가 아니고, 민주주의 밖의 자유(freedom)도 아니다. 문제는 특정한 자유(freedom), 개인에 대한 민주주의의 요구로서 특정한 목적물에 관계되는 것이다. 역사의 매 순간에 freedom 또는 liberty를 위한 투쟁에 두 개의 국면이 항상 있었다. 그것은 적법한 권위의 위치에 대한 보다 큰 국면과, 그 범위 내에서 그리고 부분적으로는 실제에서 그것의 완성으로서, 어떤 특정문제의 해결에 있어서의 자유와 권위의 정도에 관한 것이다.

이 두 문제들은 아래에서 개관한 일반화된 정책에 함축되어 있고, 민주주의들이 그러한 정책을 고찰하는데 사용한 많은 시간은

그들의 고려사항에 바쳤다. 그러한 정책을 수행하는데 소요되는
204 시간은, 민주주의의 균형정신인 관용의 상호성과 상호의존성과 함께 작용하는, 다수당의 분별력에 의해 결정된다.

그 정책은 다음과 같다. 즉,

완전고용과 상승하는 생활수준.

사회안전.

사회서비스, 특히 보건, 교육, 주택.

직업에의 개방적 접근.

교통·통신·물·가스·전기·연료와 같은 공급시설들의 직접적인 공적소유와 관리, 만일 그 시설들이 공적기준에 부합하지 못한다면, 현행 및 개선된 규제방법에 의거하여 그 시설들의 직접적인 공적소유와 관리

상속과세와 같은, 균형화 조치들.

현대기술이 요구하고 현대과학에 기초한 국가영향정책에 반응하는, 협동농업을 조건으로, 농지의 개인소유로의 환원에 대한 장려; 토양보전, 종자시험, 비료시험을 하는 농업성(Department of Agriculture)에 의해 제공되는 서비스들과 농장안전행정(Farm Security Administration)하의 교도, 교육, 보건, 국내경제에 관한 서비스들의 지속과 확대.

발명에 관한 조직, 동원, 재정.

공기업이 취급하지 않은 것을 여기서 제안하는 영역들에 대해 경쟁의 길에 대한 장애물 제거. R.F.C.를 확장하고 그것을 보다 유익하게 만듦.

산업입지에 대한 통제

보전주의자들과 개발주의적 노선 사이의 공기업.

205 미국과 영국에서 이 영역들 각각에 대해 약간의 상이한 강조점

과 범위를 가지고 많은 것이 이미 이루어지고 있다. 양국의 서비스에는 엄청난 양의 획득된 경험, 괄목할 만한 지식, 그리고 "노하우"(know - how)가 있다.

앞으로는 미국과 영국의 의제(agenda)에 관한 주제들 중 하나가 될, 공공의료서비스의 확립은 이 주제들이 접근할 수 있는 방법에 대한 하나의 예증으로서 기여할 것이다. 이 서비스는 국가주도로 전환되어야 한다고 주창되고 있는데, 이는 요금을 통해 개인들이 개별의사들로부터 의료지원을 구입하는 것은 사회의 대다수가 도덕적이라고 요즈음 간주하고 있는 모든 사람의 건강에 대해서는 관심을 주지 않기 때문이다. 이에 이르는데 오랜 시간이 걸렸다. 백년전에, 누군가가, 전염병통제를 위해 격리된 병원들을 건설하고, 질병의 원인으로 추정되는 쓰레기제거를 요구하는 것은 신(God)의 설계에 대한 부적절한 간섭이었고, 사람들이 질병에 감염되었을 때는 그들과, 불가사의하지만 비난의 여지가 없는 의도를 가진, 신(神)과의 문제였다고까지, 주장되었다. 그리고 1848년에 허버트 스펜서(Herbert Spencer)는 국가는 의사들을 허가하지 않아야 하고, 또는 허가되지 않은 돌팔이들이 처방하는 것을 금지하지 않아야 한다고 주장하면서, 만일 그렇게 하는 것은 "직접적으로 도덕률을 범하는 것이다"! 라고 주장했다. 스펜서(Spencer)는, 하이에크(Hayek)와 틀림없이 똑 같은 목소리로, 다음과 같이 계속 말하다. 즉, "병자는 그를 기쁘게 하는 누구에게서나 약품을 구입할 수 있는 자유가 있고, 허가받지 않는 개업의는 구입하고자 하는 어떤 사람에게도 팔 수 있는 자유가 있다"! 라고 이야기한다. 사회는 이제, 하수도 · 깨끗한 물 · 깨끗한 도로에 관한 환경서비스, 쓰레기 수거, 매연의 저감, 먼지의 억제, 그리고 질병발생후의 치유행동의 정도에, 머물러 하지 않는다. 이제는 보통의 질병들, 그리고 보통은 아니지만 치료와 치유가 이루어져야하는 많은 병들, 에 대해 인간의 신체를 강화하는 것이 가능하다는 개념이 지배적이다. 열악한 보건의 예방이 공공정책으로 채택되었었다. 우연히, 이 정책은 경제적으로 수익성이 있는 것으로 증명되었는데, 그것은 치유에 대한 금전지출을 피할 수 있고 사람을 노동손실을 피하기에 충분할 정도의 건강을 유지하도록 하기 때문이다.[1] 이제 이러한 종류의 아이디어를 가지고 무엇이 이루어질 수 있는가? 그것의 혜택을 일부에게는 제공하고 다른 사람에게는 제공하기 않기에, 모두는 그들 가족의 생활, 건강, 그리고 치료에 평등한 권리를 가지고 있다고 느껴지는, 민주주의를 모욕한다. 만일 소득이 불평등하다면, 보편적 의료서비스에 대한 사회적 책임의 가정을 제외하고는 어떻게 종합보건이 달성될 수 있는가?

206

여기에 실제적인 계획의 문제가 있는데, 그것은 지금까지 가격법칙과 시장에 지배되어왔던 경제적 서비스의 제공에 관한 것이다. 우리는 행복의 모든 원인들 중에서 물리적 복지가 일람표의 정상부근에 위치하고 있음을 알고 있다. 자주적 인민은 국가의료서비스가 실행에 옮겨지도록 결정한다고 가정한다면, 다음 과업은 어떻게 아래의 사항이 이루어질 수 있는가 하는 것이다. 즉, (a) 최소비용으로 의료서비스를 제공받아서, 모든 사람은 다른 물건들을 구입하기 위해 그들 자금의 잔액을 가능한 많이 가져야 하고; (b) 최소비용으로 가능한 최선의 의료서비스를 보상받아야 하고, (c) 그 사람은 그 서비스를 얻는데 자유로워야 하고, 객관

1) 「정치 및 경제계획: 영국 보건서비스」(*Political and Economic Planning: The British Health Services*), 1937. 전체 영국소득의 10분의 1이 건강불량, 주로 치유책들, 에 지출되었다.

적으로 최선일 뿐 아니라 그들이 최선으로 *느껴야*하며, 그리고 (d) 의료직업은 그들이 공공기관의 서비스를 행사하는 책임 하에서 부자유를 느끼지 않도록 할 수 있을 것인가 하는 것이다.

나는 이들 각각의 문제들에 대해 20개 이상의 상이한 응답방법을 명명할 수 있고, 각각의 문제는 이용되고 있는 방법들의 수단과 정도가 가지각색이다. 하나의 응답은 뉴질랜드; 다른 것은 오스트레일리아; 또 다른 것은 스웨덴, 그리고 4번째는 영국에 있다. 영국에서 지금 진행되고 있는 논의들에서는, 다음 요인들에 대해 가장 조심스러운 평가가 이루어지고가 있다. 즉, 민간진료가 207 국가의료서비스 밑에서도 지속되어야 하는가 또는 민간진료는 전연 없거나 일부만 있어야 하는가? 어떻게 의사와 환자 간에 비밀스런 치료관계를 유지하기 위해 자유로운 의사선택이 조정될 수 있으며, 어떻게 치료의 연속성을 조정하는가? 의사의 지위는 무엇이어야 하는가? 어떻게 그가 임명되어야 하고, 어떻게 훈련받는가 - 그들 자신의 전문기관 또는 누구에 의해 훈련받는가? 그리고 국가에 의한 감독의 특성은 무엇인가 - 이것은 현재 규정되어 있는 지방기관에 의해서 또는 다른 종류의 지방기관에 의해서 이루어져야 하는가? 보수는 봉급이어야 하는가 또는 참석자당 수수료이어야 하는가? 어떠한 작업조건이 어떤 권위에 의해 수립되어야 하는가? 어떻게 비용은 배분되어야 하는가, 특별세, 일반세, 또는 보험지불의 형태인가? 무엇이 민주적 통제의 형태이며, 불평과 항의 권리를 위해 어떠한 제도가 만들어 져야 하는가?

서비스와 자유(liberty)간에 타당한 균형을 확보하기 위한 수단들의 다양성은 문자 그대로 무수하다. 우리는 무정부적으로 국민의 3분의 1이 건강하지 않은 상태에 있어서도 안되고; 국민이 건강으로 충만해질 필요도 없지만, 동시에, 하이에크(Hayek)가 그것을 희화(戱畵)할 수 있었던 것처럼, 우리가 바라지 않는 우리의 복리를 위해 우리를 거칠게 다루고 치료하는 국가의사단체에 대해 혁명적인 적개심으로 충만할 필요도 없다.

그리고, 건강서비스와 같은 방법으로, 작명될 수 있는 거의 모든 경제적 서비스도 그렇다. 무엇이, 예를 들면 합의된 계획에 따라 생산하도록 국가들을 유인하는 과학적 영양정책과 「식량과 농업위원회」(Food and Agriculture Commission)같은 국제적 합의에 대해, 자유롭지 못하거나 노예적인가? 거기에는, 말이 났으니 말이지만, 국가가 무상의무교육을 제공하는 것에 대한 항의가 한때 있었다.

문제는 민주적 방법으로 어떻게 조금씩 움직여서 우리의 기본적 보배인 민주주의 - 이는 *의지에 따라* 전진과 후퇴하는 권력 - 를 언제나 상실하지 않도록 할 것인가 하는 점이다. 이것은, 토의가 필요하지만, 이러한 맥락에서, 결국 일정한 중대국면에 이
208 른 민주주의의 5가지 대들보와 관련된다. 그것들은 (1) 다수결; (2) 정당들과 언론; (3) 입법부의 개혁; (4) 집행부의 개혁; (5) 공공서비스들이다.

1. *다수결*

투표권을 가진 민주사회의 모든 구성원은 자기 국가의 주권적 지배자의 한 사람이다. 그가 알건 모르건 그의 책임은 막중하다. 그의 주요 의무는 그가 제정되기를 바라는 법률들에 대해 취소의 가능성이 항상 개방되어 있는 것과 같은 방법으로 그의 선택기회를 만드는 것이다. 계획의 법칙들은 자유롭게 표현할 수 있는 여론과 함께 주기적인 선거들의 충분한 보장, 선거목적이 억제되지

않는 단체들의 속박되지 않은 수단들, 그리고 이 선거들의 결과에 의존하는 국가의 입법부는 물론 집행부로부터, 직·간접적으로, 일부를 차감하는 것과 같은 것들이어서는 안 된다. 이는 다수당을 위한 가장 중요한 안정적 규칙이다. 이것은, 그들이 어떠한 방법으로 자유를 정의하든 간에, 그들에게 자유를 보장할 것이다. freedom은 liberty와 때때로 구별되는데, freedom은 정부나 통제가 전연 없는 것인데 비해, liberty는 민주적으로 만들어진 법률들에 의해 허용된 그러한 freedom이라고 말하고 있다. 나는 "지속적인 선도의 가능성"과 같은 심리적 의미로서의 freedom이라는 평범한 정의를 선호한다. 이것은 신화적 자연국가에서 벗어나기만 하면, 사람들이 알았던 어떤 국가도 모든 관점에서 완전하게 행사할 수는 없다. 그러나 우리는 가능한 많은 영역에서 freedom이 필요하며, 소득이 없는 사람들에게도 개방되는 "지속적인 선도"의 가능성은 없다.

대안들 가운데서 선택할 수 있는 기반을 다수당이 이용할 수 있도록 하기 위해서는, 그러한 교육을 계속하고 심화해야 한다. 정부체계들의 역사에 대한 몰두는 거의 무시되었는데, 그 역사는
209 민주체계의 필수원리들로 드러내 보일 수 있다. 여기서 민주체계란 사회 및 개인의 목표들, 다른 견해들에 대한 관용, 그리고 어떠한 새롭게 형성된 다수에 대해서도 정부의 문호개방에 *사용*되어지는 도구이다. 무엇보다도 아래에 언급한 것과 같은 민주주의가 수행해야할 정신과 관련한 몽테스키(Montesquieu)의 권고가 주는 심오함을 배워야 한다. 즉, 그는 "군주적 또는 전제적 정부를 지지하기 위해 필요한 정직보다 큰 부담은 없다. 한쪽에는 법률의 효력 그리고 다른 쪽에는 왕자의 세력에 의한 권력은 전체를 지시하고 유지하는데 충분하다. 그러나 대중국가에서는, 다른

원동력이 더 필요한데, 이름하여 *덕목(virtue)*…이다. 덕목은 항상 힘겹고 고통스러운 헌신이다"라고 말한다. 그리고 인간성은 정치나 경제보스들의 노예가 아니고 점차 스스로의 주인이 되어야 한다고 바라는 모든 기품있는 사람들처럼, 그는, "그것은 전반적인 교육의 힘이 요구되는 공화제이기에" 우리는 사익보다 공익의 부단한 선호를 배울 수 있다고, 주장한다.

다수당에 대한 두 번째 필요성은 이론과 경제사, 정치학, 행정학, 그리고 기타 사회과학을 통한 경제과정에 대한 보다 깊은 이해를 얻기 위한 것이다. 더 많은 인민이 이 상태를 배울수록, 그들 간의 사회적 합의에 대한 기반이 보다 더 커진다. 그러나, 교육을 원하지 않는 사람들은 그것을 소유할 필요가 없는데, 이는 투표를 하지 않으려는 인민은 투표할 필요가 없는 것과 같다.

다수당는 많은 소수당들에 대해 억압적이지 않아야 한다. 소수당이 소규모일 때에는 미리 움직일 권리가 있다. 모질어야 할 필요성은 절대 없다. 이 특권들을 스스로의 탓으로 돌리는 것은, 오히려, 소수당들이다. 그러나 다수당은 무리를 벗어나서는 성공하지 못한다는 것을 기억해야 한다. 인민은 다수당을 만들기 위해 연구되어야 하고, 다수당에 가입하도록 설득해야 한다. 자유토의가 있고 정당의 조직이 지속적이고 살아있는 동안에는, 선동자들은
210 다수를 점할 수 없다. 25세까지는, 특히 만일 그들이 결혼하고 가정을 꾸리기 시작한다면, 어떠한 직업에 종사하는 사람들도 우리가 의존해야할 일정한 안정적인 분별력을 습득한다. 하여간, 장기적으로 다수결처럼 자유를 보장하는 다른 어떠한 정부형태도 없다. 그것이 정부조처들의 자기통제와 신중한 고려를 위한 제도적 과정들을 용인했기에, 우리는 그것이 자유를 계속 발전시킬 것이라는 진지한 확신을 가질 수도 있다. 우리는 하이에크(Hayek)에

의해 아래와 같이 그렇게 완전하게 표현했던 대중에 대한 히틀러(Hitler)식 경멸에 철저히 빠져들 필요는 없다. 즉 "대다수는 거의 독립적으로는 생각할 수 없고, 대부분의 문제에 대해 그들이 발견하고 빌려온 견해들을 받아들이고, 만일 하나의 신념군이나 다른 것을 지지하거나 달랠 수 있다면 그들 모두는 동등하게 만족할 것이라는 것은 아마도 사실이기에 충분하다. 어떠한 사회에서든 사고의 자유는 소규모 소수당에게만 직접적 의미를 아마도 가질 것이다." (164쪽.) 그리고 하이에크(Hayek)는, "'셰익스피어(Shakespeare)가 말했던 언어를 말할' 뿐 아니라 '밀턴(Milton)이 가졌던 신념과 도덕을 보유한' 영국인들이 거의 사라지는 것처럼 보이고", 오직 하이에크(Hayek)!만 남겨두었다, 라고 비난하는 무례나 우둔함을 가지고 있다.

2. *정당들과 언론*

미국과 영국 양국의 민주정부는 정당정부인데, 그것은 유권자들이 스스로 조직했고, 특정한 지도자들과 원칙들에 따르도록 조직되었다. 정당들은 인민에 대한 권위적 부과물들이 아니고, 인민의 발산물들이다. 민주주의가 지리적으로 광활하고 사회적으로 복합사회들에서는 수십 년 동안까지는 작동하지 않았었기에, 인민들은 최초의 사례에서 그들의 정당운영에 그들이 관여해야 한다는 것을 아직까지는 전체적으로 인식해오지 못했다. 당원자격
211 은 인민에게 개방되었고, 그들은 정당의 두 가지 주요 기능에 참여할 수 있다. 즉, 하나는 어떠한 법률이 통과되어야 하고, 그들의 내부속성은 무엇이고 어떻게 관리되어야 하며, 어떤 자금이 비용에 충당하기 위해 발굴되어야 하는 것들을 포함한 국가정부

를 위한 정당의 프로그램을 수립하는 것이고; 둘째는 입법부를 위한 후보자들의 선택이다. 모든 과업은 보다 합리적 과정을 요구한다. 모든 집단생활은 다소 과두적 경향들이 있지만, 과두제의 행동과 존재에 대해 도전하는 방법을 완전개방하여 제공하는 것에 오류가 없다는 것을 우리는 잘 알고 있다. 민주주의는 수동성이 아닌 보다 활기찬 활동을 위한 지도력의 배분을 의미하는 것으로, 그것이 민주주의의 정당성이었다. 현대사회의 개인이, 그가 살고자하는 삶의 종류를 선택하고, 사상을 생각하고 도전하여 그것을 발전시키는데 도움을 주고, 그리고 하이에크(Hayek)가 말한 자유에 필수적인 자신의 운명에 대한 계획에의 몰입을 위한 진정한 전략적 기회를 발견할 수 있는 것은, 정당들과 기타 결사체들이다. 그것은 경제의 통제에 있어 지분을 유리하게 점유한 사람들보다는 정당조직에의 참여에 의해 정부운영에 대해 이야기하는 인민에게 보다 개방되어 있다.

국가기업에 여러 종류의 재화와 서비스에 대해 이러이러한 분량을 제조, 공급, 그리고 인도를 할 것인가 또는 말 것인가에 관한 지속적인 자극은 정당들과 국가기업과 인접하면서 경쟁하는 단체들의, 생활 내부와 주변에서 나온다. 전부가 상세하지는 않더라도, 그것은 민간기업과 다름없이 행정에 의해 개발된 기타 잘 알려진 "시장기법들"과 "시장연구"가 있고, 그 기법들과 연구들은 국가지시적인 생산과 분배에 대한 모니터가 될 수 있기 때문이다. 계획경제에서는 고객선택이 있을 수 없다는 생각은 경제이론의 가장 신참자도 논파할 수 있고, 그것은 하이에크(Hayek)가 부주의하게 만들 수밖에 없었던 그러한 제안들 중 하나 이상이다.

212 언론은 경기에서 필수적인 부분이다. 언론을 통제하거나 투고하는 사람들이 그들의 책임의 중요성을 보편적으로 인식하는가

여부는 의문시 된다. 언론은 민주주의에 가장 중요한 공공서비스의 하나로 사용되고 있는 사적재산이고, 그것이 사적재산이기 때문에 뉴스보도와 사설논평의 기능을 왜곡할 수 있다. 모든 신문은 다른 신문의 비행에 대한 약간의 소문을 가지고 있고, 심각한 이야기도 하나 가지고 있는데, 이는 공정하게 협력하는 모든 언론은 자유의 수호자이지만, 그것은 종종 허가를 눈감아 주는 것과 같은 것이다. 공적보급 때문에 모든 사람의 뉴스획득에 흥미를 갖지 않는 언론의 구성원들이 있다.[2] 언론의 자유를 항구적으로 유지하는 오직 하나의 방법이 있으니 - 그것은 모든 정당들에 대한, 중립성이 아닌, 공평성으로, 정보의 허위성 · 태도의 과장 · 논리적 오류의 사용 · 무지 · 진정한 역사적 시각의 무시가 아니다. 그렇지만 언론은 라디오, 특히 논평자들, 의 장점을 가지고 있다. 여기서 논평자들은, 많은 경우에, 역사에 무지하고, 타국들에 대해 우둔하게 잘못 알고 있으며, 외교문서들에 생소하고, 경제이론 및 개발 그리고 의회과정을 잘 모르고, 추문과 선정적 이야기를 제시하는데 흥미를 갖는 신념에 시달림을 당하는 사람들이다. 동맹국간 관계에 대한 일부기록은 대중의 신뢰에 대한 배반이다. 그렇다고 하드라도, 방송에서 미국의 토론자유는 영국의 공기업통제보다 우월하다. 후자는, 단순한 공평성에 관한 한, 문제 또는 모든 문제에는 두 가지 측면이 있다는 것을 청취자들이 인식하도록 하는 것이 어렵기 때문에, 그것의 잠재력을 아직까지 인식해오지 못했다. 미국의 라디오에서 강력한 견해들의 표현을 허용하는 것과 같은 독립성과, 그들이 과감히 가정한 역할에 대한 전반적인 준비에 부족함이 있는 소수의 방송시간책임자를 제

2) *미국* 대 연합통신(1945. 6월).

외하는 공공서비스에 대한 감각을, 보전하기 위해 어떤 것이 이
213 루어질 수 있다는 것이 나의 희망이다. 즉각적이고 심도 있는 반론의 기회가 있는 한, 나는 가장 격렬한 단언의 고삐를 건네 줄 수 있다.

3. *입법부의 개혁*

입법부는 계획과정의 중심인데, 이는 여기서 정당들의 보다 덜 권위적이고 보다 덜 단정적인 프로그램들이 정의와 권위화의 과정에 들어가기 때문이다. 입법부의 규모는 약 750명까지 증원되어야 한다. 증원의 목적은 두 가지 측면이 있는데, 의회선거구들의 규모를 줄이고 그리하여 인민을 하원의원들과 보다 근접시켜 정당집회의 영적생활로의 참여를 유인할 수도 있고; 그것의 준비단계에서 입법에 대한 연구와 보고가 필요한 입법위원회의 적정 인원수를 제공하는 것이다. 많은 선의의 작업이 다음의 관점에서 이미 이루어졌다. 즉, 능력있는 전문적 보조자의 고용에 의해 개선될 수 있고, 만일 입법부가 행정부에 대한 시샘을 줄일 수 있다면 입법위원회와 부처 간에 상설의 조직화된 연락관을 둘 수 있다. 이 위원회들은 일상적인 부서형태이거나, 독립적인 규제위원회들, 또는 공사의 형태로 집행부의 운영을 조사하는 부분이 매우 중요하게 작용할 것이며; 때문에 그들은 수·규모·구성·회기의 시기·과정을 고려하여 합리적으로 조직되어야 할 필요가 있다.

정치는 게임이 아니고, 거대사회와 거대경제의 진지한 관리이다. 입법부의 합리화는 시급한 의무이다. 집행부를 통제하는 위원회들의 과제가운데 특히 중요한 것은 집행부가 주요 원리로서 제

214 정한 법률들을 완수하기 위해 위임되었던 소위 "대리입법"의 감시이다. 어쨌든, 미국의 하원(House of Representatives)과 영국의 하원(House of Commons)은 개괄적으로만 그들의 법령들을 제정한다고 믿을 수 없다. 오히려, 그들은 가장 상세하게 논의한다. 최근에 법원들에 의해 이에 대해 많이 생각되어 왔었고, 입법의 명료한 기준에 대한 적절한 규정과 관련된 그들의 제안들이 적용되었었다.

정확성을 가지고 법령의 초안을 작성하는 것이 가장 중요하다. 법은, 인민의 의지와 법률에 의해 관리가 부여된 공무원들에 의해 집행된 결과로서 생기는 인민의 행태 사이의, 하나의 단계이다. 만일 그것이 정확하다면, 그것은 사람들을 위해 이루어진 서비스이고, 그리고 입법적 찬탈에 대한 반소가 없을 것이다. 만일 그것이, 또다시, 정확하다면, "관료제"에 대한 비난이 있을 수 없고, 최고서비스의 하나는 공무원들 스스로 그들이 노력과 기업의 한계를 알기에 보답했었을 것이다.

알렉산더 해밀톤(Alexander Hamilton)의 1791년 12월 5일의 제조업에 관한 유명한 보고서의 시대로 부터, 입법부와 행정부는 조심스러운 사전조사의 기반에 관한 그들의 정책을 확립해 오고 있다. 이 도구적 조사들은 수와 범위에서 늘려져야하고 방법은 개선되어져야 한다.

4. *집행부의 개혁*

나는 20세기 미국은 1인 대통령제에 의해서는 적절하게 기능할 수 없을 것으로 확신한다. 한 사람에게 부과된 책임이 너무 과중하다. 이 행정기구책임을 확립한 건국아버지들의 목적은 오류를 범하지 않았으면 하는 상황에서의 활력과 신속함, 그리고 책임의 집중을 얻기 위한 것이었다. 1인 집행책임은, 만일 언젠가 그렇게 된다 해도, 이들 상황은 더 이상 달성될 수 없다. 왜냐하면,
215 이는 한 사람은 많은 조언자들 없이는 그의 마음을 결정할 수 없고, 어떠한 보좌관들이 저지른 오류도 대통령에게 적절하게 이야기될 수도 있기 때문에 보좌관들에게 책임과 권력의 위임하는 것을 지연·회피 그리고 부득이함을 불러일으킬 정도로 책임은 마비되기 때문이다. 집단책임을 갖는 내각을 가질 필요가 있다. 진정한 집단책임은, 만일 오류가 영속화될 것처럼 보인다면, 형성단계에서 어떠한 타부서의 업무에도 개입할 수 있는 다른 사람과 그들의 권리에 의존하는 능력을 요구한다. 또한 다른 사람들과 협력한 지식은 창의를 담당하는 사람의 어깨를 가볍게 하고, 때문에 창의를 촉진한다.

이는, 어쨌거나, 백악관과 의회 간에 일정한 상설의 생산적인 공식연락관을 발견할 수 있을 때에만 적절하게 달성될 수 있을 것이다.

그러한 집단내각 없이는 집행의 통합을 추구하는 기업은 거의 불가능하다. 이를 달성하기 위한 시도들은 부서의 재조직과 그들의 상호관계에 의해 이루어졌다. 이는 매우 만족스럽게는 증명되지 못했는데, 이는 아직도 진정한 책임을 가진 한 사람이 있기 때문이다. 집행부의 개혁과 함께, 여러 행정부서의 책임을 보증하기 위해 예산과 조사장치를 서로 맞물리게 하는 것도 중요하다. 국가가 보다 많은 기능을 담당할 정도로 필요한, 조정은 단순한 집행장치의 산물이 아니고, 최고집행자(내각)와 그것의 수중에 있는 저주의 권리와 은밀하게 연대한 입법부의 산물이다. 의원들의 의견들은 집행부와 그들의 관리들을 훈련하기위해 초기에 그리고

종종 제기될 수 있다. 각료들은 그들의 얼굴이 보일 수 있는 의회의 의원석으로 돌아가야 하는데, 이는 얼굴은 이틀 연속 또는, 어떠한 경우에도, 사흘 동안은 거짓말을 할 수 없기 때문이다.
216 간파는 물리적 근접의 산물이다. 국가의 미래는 비판과 규율이 없는 덕목을 가진 사람들에게는 의존하지 않는다. 그 각료들은 나쁘지 않지만 - 그 문제는 제기되지 않았다 - 그들은 너무 작거나, 너무 많을 수 있고, 업무는 의원들이 바라는 것이 아닐 수도 있다.

많은 사상이 이 주제에 대해 사용되었었고, 많은 두뇌들이 작동되었었다. 모두는 많은 좋은 제안들을 가지고 있다. 모두의 중요한 관심은 집행부와 입법부를 실제적으로 이음세 없이 연결하는데 있다. 그들은 서로가 이방인들이어서는 안 된다.

5. *공공서비스*

이것은 보통 반계획가가 비웃기 시작하는 부분이다. 그러나 비웃음이 공적 가치가 없는 것은, 소유해야할 공동이익이 없다면 경쟁기업인들이 서로 타인의 경영방법에 대해 언급하는 것이 비웃음들과 지적들이 아닌 것과 같다. 이 비방들의 대부분은 미국과 영국의 법원에서 어쩔 수 없이 지적했었던 기업에서의 "부당하고 부정직한 비방" 처럼 근거없는 사실들이다. "관료제"에 대한 비판은, 경력이 가족의 재산이나 영향에 대한 편애없이 능력에 개방되어 있는, 공개경쟁을 기초로 한 임용에서의 공적제(merit system)를 수립하는 민주주의의 괄목할 만한 발명과 자기통제를 반영하는 어려움을 고려하지 않았다. 올바른 견해로서, 그것은 커다란 성과이다. 매일 새로운 아이디어들이 봉급을 받는 50만 공복에 의해 만들어지고 있다. 주제에 관한 문헌을 검토하지 않은 그들은 발명이라는 인류최고노력들 중 하나에 대한 견해를 상실하고 있다. 그것은, 하이에크(Hayek)가 말했거나 아담 스미스(Adam Smith)가 그보다 앞서서 말한 것처럼, 노동의 분화 또는 특화가 "짓밟힌" 때인 1세기반전에 발생했던 것과, 정말로, 똑같다. 이 굉장히 복합적인데다 통합적이고 동적인 새로운 조직은 인간의 두뇌가 이해할 수 있을 정도로 복잡하지만, 그것은 일정한 단순조직원리에 반응하고, 공적인 명분이 많은 상황에서 작동한다.

217 공복이나 공적고용자는 공공업무의 서비스에서는 다름 아닌 기업인이다. 모집문제는, 우리가 품성요소들에 대해서는 아직도 어찌할 바를 모르는 것을 제외하고는, 해결되었다. 그것은 기업에도 역시 발생되는 문제이다. 기업은, 비록 결코 주장한 것처럼 기민한 것이 아니더라도, 오류를 제거한다. 보다 완전한 계획국가들도 역시 이것을 해야 할 것이다. 그것은 모집이 아니고, 공공서비스의 *혹독한 시련*- 당나귀들이 신속하게 그들의 집에 가도록 하는 다리를 만드는 일-에서 말라 죽은 나뭇가지를 제거하는 것이다.

계획가에 의해 보통 제기되는 주제는 계획국가의 유인결핍이다. "누가, 무엇을, 언제, 그리고 어떻게 가졌는가?"라고 하이에크(Hayek)는 라스웰(Lasswell)의 말을 인용한다. 어쨌거나, 서민의 일상적인 관심은 안전한 소득을 바란다. 그들은 행운을 기대할 수도, 기대하지도 않았다. 오직 소수의 사람만이 수백만 달러를 벌 수 있었다는 과장된 신념을 가지고 있지만, 많은 사람은 시도하려는 노력도 하고자 하지 않았다. 그들은 그들이 어떤 고용자의 서비스에 지불하는 것처럼 국가의 서비스에 대해서도 지불해야하고, 그것은 그 일자리에서 일하도록 하는 그들의 유인책이다.

우리는 공공서비스의 어떠한 예외적 의미에 의존해야 하는 것은 아니다. 사람이 삶과 안전을 위해 일한다는 것은 중요한 고려사항이다. 그들은 그들이 일을 하지 않는데 대해 징계를 받을 수도 있다. 그들은 정해진 벌금에 지배될 수 있다. 서로 다른 직업들의 비교이점들, 즉 화폐소득, 노동의 시간·휴일·호감, 그리고 종합적으로 대응하는 것, 이 현재의 사회보다는 차이가 적을 수 있다. 이는 행운과 교육의 불평등은 점진적으로 제거되고, 각자는 이점과 불리의 복합성이 개인적 그에게 가장 잘 어울리는 것을 선택할 수 있는 성과와 자유의 관점에서 보다 높은 수준에 이를 수 있기 때문이다. 모집과 봉급의 문제는 해결할 수 없다고, 하이에크(Hayek)가 믿도록 영향을 미친 것처럼, 믿는다는 것은 우스운 일이다.

거대재산조성자들 - "산업의 수장들" - 의 유인책은 무엇인가?
218 행운과 첫째 자리가 거대재산을 주는 그러한 시대는, 거대독점들이 그렇게 보인 것처럼, 지나가고 있다. 국가는, 어떠한 독립적이며 경제적 기업은 물론, 발명들을 탐색할 수 있다. 발명가들은 태어난다. 그들은 산업의 수장이 필요로 하는 종류의 장려를 필요로 하지 않는다. 진정한 질문은 발명의 상업적 개발이다.

계획국가에서의 대중은 오늘날처럼 다양성이 많은 재화와 서비스를 요구할 수 있다. 이는 풍요와 변화에 많은 흥미를 가지고 있고, 국영상점의 관리자들에 대해서도 흥미를 표현할 수 있다. 가스, 물, 그리고 전기공급을 위한 도시계획은 영국에서 소기업과 대기업에 의해 옹호되었다. 이는 정부관료들은 소비자들 간의 차별이 없고, 보다 저렴한 생산비로, 믿음직스럽게 서비스를 제공하는데 있어 그들의 동료기업인들보다 더 신뢰될 수 있기 때문이다. 둘째로, 입법부와 공공서비스 자체에 대한 사회적 수요에 대한 관심이 있을 수 있고, 그들은 세계에서 가장 크고 가장 창의적인 인공가스공장을 운영하는 버밍엄(Birmingham)의 가스부서, 그리고 TVA와 다른 수력발전계획, 해운위원회(Maritime Commission), 그리고 재건금융회사(Reconstruction Finance Corporation)와 같은 대형프로젝트를 계속하여 제안할 것으로 기대되고 있다..

하이에크(Hayek)가 한 것처럼, 그러한 프로젝트들에 대한 무지를 나열시키는 것은 도움이 되지 않을 뿐 아니라; 영국도시들이 공공공급시설관리에서 모든 대기업처럼 - 개선 · 옛 자본의 저축 · 새로운 자원의 발견 · 자극과 로얄티의 기법의 정비 · 견제와 균형 · 효율성의 검증 - 에서 창의적 이익에 관심을 보였다는 사실에 대한 무지도 아니다.[3] 만일 "공기업인들"을 경외시하는 그들이 얼마나 대단하게 진취적이며 효율적일 수 있는가를 이해하기 바란다면, 그들은 정부의 소수사무직 관리들 보다는 대도시의 관리인들을 생각해야 한다.

219 국가에, 그러한 기업들을 운영할 수 있고, 언젠가는 세상을 놀라게 할 것이며, 그것을 그렇게 오랫동안 도외시한 것을 수치로 여길, 거대하지만 아직 개발되지 않은 인간에너지와 능력의 보고가 있다. 현란한 재능은 기회를 구걸한다. 그것은 사기업의 지도력에서는 발견할 수 없는데, 이는 많은 경우 사기업은 자본이나, 용기나, 두뇌를 가지고 있지 않고, 많은 경우 재능은 문제가 되는 서비스의 보상에 필요하다고 허위로 믿게 되는 사기업의 그러한 방법들을 기울일 수 없기 때문이다. 미국과 영국은 민간행정에서 커다란 성공을 자랑스러워하는 근거가 있다.

---

3) 파이너(Finer), 「도시기업」(*Municipal Enterprise*)(London, 1941).

수백 년 동안 사회는 이 공복계층이 없었고, 국가행정은 절룩거렸다. 19세기와 20세기의 최대의 발명들은 물리적 발명들도 아니고 그것들이 그랬던 것처럼 거대한 것도 아니었다. 19세기의 두개의 최대발명은 대의적이고 책임적인 민주주의와, 전문가에 의한 공평한 행정이다. 인사를 제외하고, 행정은 열망을 가진 수백의 사람들에 의해 밤낮으로 보인 관심에 따른 세 가지 과업들로 구성되어 있다. 그 과업들은 조치들의 지방적인 사고와 지방적 적용의 이점을 보유하기 위한 중앙정부와 지방정부간의 관계; 중심과 극단 간의 개인적인 연락, 그리고 법에서 기술된 데로 민주주의의 계획의 정해진 환성을 위한 공무원의 책임의 확보라는 것이다. 행정내부의 견제들은 시대에 뒤떨어진 권력분립에 대한 그들 스스로의 거의 대체품이다.

계획사회에 대한 관심은 자연과학과 공학에 의해 촉진된 사고의 관습으로부터 유래했다는 취지의 하이에크(Hayek)(20쪽)의 오류보다 큰 오류는 없다. 그러나 우리사회가 기술에 의해 영향
220 받기 훨씬 이전에, 부도덕하지 않은 사회들에 흥미를 가졌던 사람들 - 플라톤(Plato), 아리스토텔레스(Aristotle), 그리고 그리스도(Christ)를 소생시킬 수도 있다 - 이 있었다. 독립선언과 「국부론」(*Wealth of Nations*)이 발간된 1776년에, 제르미 벤담(Jeremy Bentham)은 그의 「정부의 분할」(*Fragment on Government*)에서 다음의 구절을 주장했다.

> 우리가 살고 있는 시대는 변화의 시대로; 지식이 완전을 향해 빠르게 발전하고 있는 시대이다. 특히 자연세계에서 모든 것은 발견과 개선으로 충만하다 … 자연세계의 발견과 개선의 전령사는 … 개혁의 기반으로서 기능하도록 가장 잘 계획될 수도 있는 그

러한 관찰기록 가운데서 도덕의 개혁이다. 여기서 그 관찰기록이 지금까지 불완전하게 고시되었거나 전연 고시되지 않은 그러한 일들에 관한 관찰기록으로 만들어졌을 때는, "발명들"이라는 명칭과 관련지울 수 있을 듯하다. 그 발명들은 그렇게 사소한 방법과 정확성이, "선악의 척도로서 최대다수의 최대행복"이라는 기본적 경구를 개발하는 결과를 가져왔다. 어쨌든, 만일 *자연*세계의 *발견*을 하는 여유가 있고, 출간에 이용할 수 있다면, *도덕*의 *개혁*을 제안함에 있어서도 확실히 여유가 있고 이용할 수 있다.

결론

221 두 종류의 자유(freedom)가 있다. 하나는 단지 방해가 없는 것으로; 그것은 필수적이지만, 단지 수동성과 일치할 수 있다. 두 번째의 자유는 힘 또는 권력, 행동을 취할 능력, 또는 자기표현이다. 이 두 번째 종류의 자유에는 누구도 제약하기를 바라는 것이 없다는 점과; 반대로 그것을 증대시키고 이용하는 것이 모두에게 유리하다는 점에 주목할 수 있다.

사람들은 그들이 해야 한다고 느끼는 것처럼 그들의 재능들과 에너지를 행사할 가능성이 전연 없을 때는 언급할 가치가 있는 어떠한 자유도 가지고 있지 않다. 이 동적인 의미의 자유는, 사람들이 사회적 자원과 경제적 장비의 대부분을 집단적으로 관리하지 않는다면, 우리시대의 모든 풍요의 가능성이 그들에게 귀착될 수 없다. 관리실수에 의한 현재의 경제적 낭비는 막대한데; 그것은 바로 상실된 또는 미개발된 강점이고; 그것은 많은 사람들에게 자유의 상실을 야기한다.

만일 현 경제체제가, 운・힘・사기・오해・부재자소유・부의 부당한 상속과 거기에 따른 무책임한 권력을 불가능하게 하고; 교육기회의 평등화를 추구하고 불공정한 경제적 이점을 없애며; 모든 직업의 재능인에게 문호를 전면개방하고; 모든 독점들의 해소를 보장하고; 모든 생산자와 소비자에게 경제정보의 순수・동

등·동시적인 양도를 강요하고, 그리고 과학적 발견들이 모두의
222 혜택을 위한 즉각적인 적용을 확실히 할 수만 있다면, 모두 평등
한 출발이 되도록 - 또 다른 50년 동안 상대적으로 정부지원이 거
의 없는 사기업을 시도하는 고상한 실험이 될 것이다.

이러한 변화들을 야기하는 타고난 무능력은, 친구들 간에 속삭이는 것과 같은 솔직함과 드물지는 않지만 상호맞고소로서 현 체제의 관리자들에 의해 아주 충분하게 인정된다. 그들은 다음 세 가지 기본문제를 해결할 수 없다. (1) 경쟁체제는 바로 그 속성 때문에 모두에게 불안정한 체제이고; 만일 실무에 적합하지 않다면 그것은 수일이상을 견딜 수 없고, 그 후에는 그것에 대한 현학적이고 사소한 변명자들을 위한 충분하지 못한 가로등기둥들(지혜의 횃불 대신에)만 있게 될 것이다. (2) 경쟁의 결과에 의해 측정된 국부와 사회인들의 가치에 의해 측정된 국부 간에는 차이가 있다. 여기서 그 사회인들은 수세기 동안 함께 살았고, 많은 사회적 변천과 공동의 흥망과정에서 서로간의 정의·인간운명·공정성·분별성의 아이디어들을 개발했다. 이 아이디어들은 경제적 추진력들과는 분리될 수 없다. (3) 국가에 의해서만 아직도 수행될 수 있는 많은 경제적 과업들이 있다. 그 국가에서 국회의원들과 공무원들이 선출되고, 교육받으며, 동기를 부여받았고, 그러한 적성을 가지고 있기에, 그들은 그들의 진보적 아이디어들과 기업에 의해 전체지역사회의 부에 많은 액수를 추가할 수 있다.

만일 모두를 위한 최대의 자유가 가능하다면, 최대의 경제적 복지가 모두를 위해 추구되어야 한다. 이것은 복지와 자유를 혼란시키려는 것은 아니다. 경제적 복지는 자유의 하나의 요인이다. 그 자유는 사람들이 그들의 욕구를 인지하고, 기회·재능·에너지의 행사를 구체화하도록 허용할 수 있도록 재산과 소득을 필요

로 한다. 복지와 자유에 대한 미로적인 혼합이 있다. 이들은 주전자, 냄비, 그리고 사람이 좋아하는 곳에 거주하는 권리와 같은 구체적인 것들일 뿐만 아니라, 우리가 그것들이 그렇게 되었으면 하고 *느끼는* 정도에서 중요한 개념들이다. 우리가 어떤 것이 부
223 (富)라고 자유롭게 생각하는 곳이 바로 부이다. 우리가 자유라고 자유롭게 생각할 때 그것이 자유이다. 만일 결과가 보다 큰 자유의 느낌을 우리에게 준다면, 우리는 보다 적은 재화가 바람직하다고 느낄 수 있다. 또는 만일 재화가 우리들 자신의 자연적 충동・아이디어들, 재능들을 집행하기 위한 곳에 있지 않는다면, 우리는 자유가 결핍되었다고 느낄 수 있다.

정말 거대한 사적자유영역이 경제재의 증가에 의해 사람들에게 추가되었다는 점은 놀라운 일이다. 여기서 그 경제재의 증가는 특히 보다 단축된 노동시간에 의해 이용가능한 여가와, 쾌락・레크리에이션・여행・일곱 가지 예술・독서・사색・대화, 그리고 전자에 의한 시청(視聽)의 기회들을 모두가 이용가능하도록 만드는 발명들에 의해 이루어진다. 그리고 이것들은 제한받지 않은 존경에 대한 수용능력과 가정행복의 함양을 추가한다.

복지와 자유에 대한 어떠한 융합이 개인에게 어울릴 것인가를, 경험과 시련을 제외하고는, 정확하게는 모른다. 그에게 적합한 패턴은 길고 끝이 없는 모험의 도중에서 발견되어지는 것이지, 시작에서 발견되는 것은 아니다. 모든 경제체제는 하나의 단계이지, 운명이 아니다. 세계는 아직 문명의 유아기에 속한다. 19세기는 시작이 아니었고, 일부 경제학자들이 그래야 한다고 믿을 수도 있는, 끝도 아니었다. "법의 생명은 논리가 아니고, 경험이다." 그러므로, 개별이익의 미래는 정부의 전체적인 장기미래와 깊이 관련된다. 그들 자신의 정부이기에, 사람들은 그들에게 개인적 자유

를 확인시켜 주는 집단세력을 발견할 수 있다. 대중적인 자치정부만으로도, 부와 자유의 만족할 만한 혼합물에 대한 모든 사람의 요구들을 지탱하는, 지식 · 권위 · 편재(偏在)인, 권력을 결집시킬 수 있다. 그 정부 독자적으로 위에서 언급한 세 가지 문제를 해결할 수 있다. 우리시대의 자유는 정부로부터의 완전한 자유일 수 없고, 오직 정부 내의 자유일 수만 있다. 주요 이슈는 정부가
224 다수당의 의지에 따라 진보의 전망을 마련하고 전진은 물론 후퇴도 계속적으로 협상을 유지하도록 구성되고 관리되는 것을 확실하게 하는 것이다.

모든 사람들은 자유는 물론 안전을 바란다. 안전은 자유를 보장하는데, 이는 경제의 비합리적 여건과 사회의 생산장치를 소유하고 있는 경제적 개인주의자들의 관리자적 결합에 의해 속박되는 것에 대한 보호수단이기 때문이다. 안전은 소득이 행동방법을 선택하는데 효과적인 권력을 제공하는 만큼 자유이다.

사회안전의 제공은 사회를 "신분"의 조건으로 경직되게 만드는 악령에 놀라게 할 필요는 분명히 없다. 현재와 미래의 사회적 안전은 대중이 변화가 바람직하다고 확신한 때에는 언제나 변화할 수 있다. 현대의 사회적 신분은, 문명의 어둠침침한 새벽에서 만연되었던 것과는 대비되게, 합리적 행동이 과학의 강력한 백색광(白色光)에 의해 도움을 받고, 때문에 합리적이고 · 온화하고 · 조정되고 · 진보될 것으로 진지하게 기대할 수 있는 사회에서, 모든 사람을 위한 선택의 자유에 의해 만들어진다. 그러므로, 모든 사람은 자치정부권력으로 일부의 보증이 제공되기 때문에 자유의 보장을 제공받는다.

지난 1세기 반 사이의 세 가지 위대한 발전은 사람들에게 높은 수준의 복지와 자유 두 가지 모두를 제공한다. 그것들은 이미 대

단한 상태인 위대한 기술진보, 사람들에 대해 더욱 강력해져야하는 종복들에 대한 행정과학, 그리고 민주주의의 원리와 실천이다. 인간성의 편의를 위해 첫 번째가 후자 두 가지를 위해 사용된다.

이 기간 중의 경쟁체제와 노동분화의 발흥에 대한 진지한 관심집중, 그리고 세계의 부의 거대한 증가는, 구경꾼들을 현혹시켜 우리가 말하는 3가지 요인들이 그 광채에 의해 빛을 잃게 했다. 현대의 노동분화 이전에 그것의 초기적 형태가 있었고, 현재의
225 것의 성공은 그것 자체보다는, 선진기술의 합리적 사용에 의해 도움을 받았으며 받고 있다는 사실에 혜택을 받았다는 것은 명백하다. 노동의 분화가 아닌, 기계적 동력과 모든 종류의 정밀도구들은 현대풍요의 주요한 창조자들 이었다. 어쨌거나, 이들은 허가받지 않은 경제기업군에 의해 관리되고 개발되는 것이 더 이상 필요하지 않다. 발명은 인간의 서비스로 개발되고 이용되어야 한다는 결의는 경제적 풍요로부터 얻을 수 있는 쾌락을 자각하는 지역사회에서 가장 잘 발생할 수 있다. 그 지역사회는, 많은 회사들이 그러한 것처럼, 발명을 좌절시키는 것을 바라지 않는다. 이것은 행정장치를 이용가능하다고 가정한다. 그렇다. 19세기 초에는 결여된 것이 바로 행정장치이다. 그러나 오늘날 우리는 그것의 현재용도들, 그것의 난제들과 장래에 요구되는 해결책들을 인지하고 있다. 그 장치는 그것이 필수적 도구라는 욕망의 응답으로 만들어진다.

무엇보다, 우리는 인류역사에서 동등해 본 적이 없는 민주정부의 기법과 정신에 도달했는데, 이는 그렇게 광범하고 조밀한 인간의 집적이 이전에는 전혀 없었고; 지식과 도덕적이며 실제적인 지혜의 그러한 확산이 없었고; 사람들 자신들과 그들의 수많은 집단가운데에 그러한 급속한 통신수단들이 전혀 없었기 때문이

다. 광대한 지역들이 150년 전 단일도시에서의 공간 - 시간 - 감각적 중요성이 감소되었다.

합리적으로 구성되고 위임되는 기관들을 통해 행동하는 전체로서 사회는, 사회생활의 많은 영역에 대한 집단관리로 나아가는 역사의 어떤 시점보다도 훨씬 양호한 위치에 있다. 사람들이 그러한 책임을 다할 때 그들은 확실히 자유를 얻는다. 이것은 모두와 모든 것에 대한 정부를 의미하지 않는다. 예전에는 개인들에
226 게만 알려진 것을 이제는 사회기관들이 더 잘 알 수 있기 때문에 사회는 이제 그렇게 유능하고, 지식의 진흥과 진전을 위한 자신의 장치를 통해 아직도 더 잘 알려질 수 있다. 게다가, 지금까지 개인들 각자의 의지였고 모두를 위한 부수적 복지에서 단점을 보였던 것을, 이제는 그들의 목표들과 대표자들을 자유롭게 선택하는 모든 사람들의 사회적 대리인들에 의해서 보다 잘 결정하고 수행할 수 있다. 사실의 발견 · 분석 · 해석을 위한 조직들 그리고 대중적인 승인과 거부의 점진적이며 분별력 있는 표현은, 과거에는 꿈꾸지 못한 그들의 현대의 특성이었다. 마지막으로 외부통제의 조직은 건전하고 신뢰할 만하다.

때문에 우리는, 우리의 사회적 힘, 또는 우리가 정부에 빌려준 힘, 또는 조직된 수단이며 사회적 관리자인 정부를 통해 사용한 결과로서 우리가 획득한 자유를, 두려워할 어떠한 이유도 없다.

현대인은, 기술적으로 보다 강력하고 정부로서는 보다 적절하게 정비되어 있기 때문에, 과거에 비해 보다 덜 구속되지만, 그가 무엇을 하려 하는가? 하는 질문은 남는다. 그의 의지는 풍요, 정의, 그리고 자유를 요구한다. 이들 세 가지는 서로 관련되기에 다른 것에 대한 하나의 우선순위는, 비록 서로 분리된 법을 위해 투쟁할 수 있다고 해도, 일반적으로 쉽게 분간할 수 없다.

풍요(豊饒)는, 국가경제부문들에 대한 사회적 행정으로 관리하는데 있어 보다 많은 신뢰에 의해, 보다 잘 획득할 수 있다. 경쟁체제는, 자체의 이기주의들 · 적개심들 · 마찰들 · 경직성들, 그리고 자체의 전제들 - 이기주의와 그에 따른 개별성, 불안과 그에 따른 공포 그리고 그에 따른 자체안전을 위한 공격적 및 방어적 조치들 - 의 불가피한 산출물들이 어둡고 뒤얽힌 숲에 구제할 수 없이 잡혀있다. 사회적으로 책임없는 권력은 그러한 체제에서 남용되고, 사적이익을 위한 재화의 생산을 제한한다.

정의(正義)는 정치철학의 잘 알려지지 않는 부분이다. 파스칼(Pascal)은 사람은 정의에 무지하다고 말했다. 아직 사람은 그가 그렇지 않았었던 것처럼 행동해야 한다. 정의는 확실하고 목적적
227 이며 불변의 구획선을 가지고 있는 자급자족의 항구적 캡슐, 선물, 또는 본능이 아니다. 그것은 사람들과 사회의 관계이고; 시간이 지남에 따라 개인의 마음에 나타난 것으로, 모두가 변화를 감내할 수 있는 형태와 정도로서 수용되어진다. 이 과정은 대중주권과 자유토론에 의한 발견과정에 의한 것보다 양호하게 산파역할을 할 수는 확실히 없다. 만일 그것이 좋은 것과 싫은 것의 혼합에 따른 위험이 아니라면, 진리(말하자면, 정의)에 대한 최선의 검증은 "시장의 경쟁에서 스스로 받아들일 수 있는 사고의 힘이다. … 이는, 모든 생활이 실험인 것처럼, 실험이다."라는, 대법관 홈스(Justice Holmes)의 의견을 우리는 추천할 수 있다. 정의는 정치의 넓고 개방된 포름에서 경쟁자들의 게임에 의해 인지되고, 나타나고, 촉진된다. 우리시대의 정의는 무엇보다 적절한 정도의 경제적 복지이고 재능인들에게 개발된 경력에 대한 정해진 주장을 의미한 것이다.

풍요와 정의의 규제자이며 생산자는 공적자유(公的自由)이다.

그것은, 지속적인 창의를 위한 능력이라는 의미에서, 사적자유를 구성하는 그 사적인 지복(至福)과 안전(安全)을, 또한 창조한다. 공적자유는 자유결사, 선거와 정부소환, 말하고 쓰고 의견을 제시하고 반대하는 자유를 기탄없이 요구한다. 그것은 사람들이 그들의 권위부여, 상식 그리고 일상사 이상의 재치와 경계하는 그들의 책임을 배우는 것은 이 범위이내이다. 공적자유의 자유롭고 유익한 사용에 대한 전망들은, 제2차 세계대전의 성공적인 수행에서 민주사회권력을 대단히 유능하고 동시에 관대하게 사용한 것에 의해, 굉장히 개선되었다. 자유정부의 시대가 진정으로 도래했고, 그 정부가 정신들과 품성들이 진보의 광로인 공익에 기여할 기회가 아직껏 주어지지 않았던 수많은 대중에게 제공하고 있다. 사람들은, 그들의 신뢰를 이해하고 사용하며, 그들의 증대되
228 는 풍요와 빈곤을 보다 민감하고 보다 풍요로운 자유를 만드는, 권리를 가지고 있다. 월터 휘트만(Walt Whitman: 인종평등주의사상을 가진 미국시인)과 같이, 사회민주주의는 경제적 개인주의의 정신인 "강탈(Snatch)!"의 노골적이며, 초라하고, 비난조이며, 성공적이지 못한 철학에 응답할 수도 있다. 즉

> 이리오라, 나는 불변의 대륙을 만들 것이고, 태양이 지금까지 비춘 것 중 가장 현란한 경주를 만들 것이다.

역자 해제(譯者 解題)

1. 저자소개

(1) 이력

헤르만 파이너(Herman Finer, 1898~1969)는 루마니아(Romania) 태생으로, 영국에서 수학했으며 1923년 런던경제대학(London School of Economics)에서 박사학위를 받았고, 그 대학에서 행정학을 가르쳤다. 나중에 미국으로 건너가 시카고대학교(University of Chicago)의 정치학 교수로 근무하였다.

그는 제2차 세계대전이전에는 영국과 미국의 기업들과 정부에서 컨설턴트역할을 했으며, 전후에는 전후재건과 관련된 업무를 위해 국제노동기구(ILO)에서 활동하였다.

(2) 저서

그는 정치 및 행정학 관련저서를 22권 출간했는데, 그 중 중요한 것은 다음과 같다.

Theory and Practice of Modern Government(1932), *English Local Government*(1934), *Mussolini's Italy*(1937), *British Civil Service*(1937), *Municipal Trading*(1941), *International T.V.A.*(1944), *Future of Government*(1946), *America's Destiny*(1947)

2. 논의의 배경

(1) 논쟁의 출발[1]

계획의 적법성(適法性)에 대한 논의는 계획과 대립되는 개념으로 자유시장을 묵시적으로 상정하고 있다. 즉 자유시장의 무질서를 계획에 의해 대체해야 한다는 견해와 계획문제는 시장의 논리에 의해 해결해야 한다는 대립되는 견해가 있다. 경제학자들의 오랜 관심사중의 하나는 경제활동에서의 계획과 시장의 역할이다.

시장과 계획에 대한 경제적 논의의 근원은 아담 스미스(Adam Smith)에서부터 시작하여 최근의 하이에크(F. von Hayek)·프리드만(M. Friedman) 등과 같은 학자들을 중심으로 하는 자유주의 전통에서 확인할 수 있다. 그러나 계획에 대한 일반인과 학적인 관심의 절정은 만하임(K. Mannheim)·타그웰(R. Tugwell)·우톤(B. Wootton) 등과 같은 계획옹호론자와 하이에크(F. Hayek)·미제스(L. Mises) 등과 같은 자유시장수호론자사이에서 1930년대~1940년대에 벌어진 「대논쟁」(The Great Debate)에서 찾을 수 있다.

「대논쟁」의 쟁점은 계획이 사회적 행동에 대한 선택과 장애를 명료화하여 자유를 신장하는 것인가? 또는 자유시장경제의 제한된 효과성에 대해 실망한 계획가들이 개인행동에 보다 강한 제약으로 사회과정에 개입하는 강압적인 권력을 추구하는가? 하는 점에 대한 것이다. 개방사회옹호자로서 자유시장수호론자들은 인간행동을 단일의 규범적 계획에 맞추려 하는데 우려를 표시하면서 계획은 개인적 자유를 감소시키는 것으로 보았다. 반면 계획지지

---

1) 정환용, (2009), 「계획이론」(서울: 박영사), 114~115.

자들은 사회적 현실을 이해하기 위한 이성의 힘을 믿고, 계획을 인간정신의 향상으로 유도하고 인간의 자유를 확창해 주는 길로 보았다.

이 논쟁은 전시의 유예기간을 거쳐, 하이에크(F. Hayek)의 「노예의 길」(*The Road to Serfdom*: 1944) 발간을 기점으로 재연되었다. 그에 의하면 계획은 성질상 획일성을 강요하는데 이는 개인의 자유를 근본적으로 파괴하는 것이라고 한다. 이러한 계획불신론을 반박하기 위해, 파이너(H. Finer)는 「반동의 길」(*Road to Reaction*: 1945)을 발표하였다. 그는 계획으로 개인적 자유가 침해되는 것이 아니라 개인적 자유를 확보 가능하게 해준다는 견해를 피력했다.

(2) 하이에크(Hayek)저서의 주요내용

(가) 저서의 구성

하이에크(Hayek)의 「노예의 길」(*The Road to Serfdom*: 1944)은 서론과 16장으로 구성되어 있다. 저서의 주요 내용을 시장과 계획의 양면에서 그 작용기능을 요약하여 검토할 수 있다.

(나) 시장의 기능[2)]

자유기업사회는 시장경제와 법의 지배를 전제로 하고 있다. 개인이나 조직이 최소의 갈등과 불확실성 속에서 스스로의 일을 수행해 나가기 위해서는 재산권과 이의 교환(계약)과 관계되는 규칙(법률)이 필요하다. 자유는 보다 창조성을 높이고 변화하는 환경에 보다 신축적으로 대처할 수 있다. 개인의 자유를 강조하는 사회구성은 그렇지 않은 사회에 비해 보다 창조적·생산적·동적

2) 정환용, 전게서, 122～123.

이며, 인간욕구에 대응적이며 신축적이다. 요약하면 자유시장과 자본주의는 개인의 선택·개인이익의 추구·개인이익간의 조화를 제공하기 때문에 가장 좋은 체계라고 주장하고 있다.

경제주체의 자유로운 경제활동은 시장에서 가격기구를 통해서 자율적으로 조정되기 때문에 국가의 개입은 필요가 없게 된다. 이러한 시장경제를 자유방임적 시장경제 또는 자유시장경제라 하며, 시장경제질서의 기본형 또는 이상형이라고도 한다. 여기서는 '보이지 않는 손'에 의하여 모든 경제활동이 자율적으로 조정되기 때문에, 개별경제주체의 사익추구는 시장에서의 경쟁을 통해서 최적의 자원배분을 가져오고 이는 사회전체의 이익으로 귀결된다는 것이다. 시장경제에서는 사적 이익과 사회적 이익이 서로 조화가 되기 때문에 사회가 추구하고자하는 경제정책목표를 국가가 별도로 세울 필요가 없다고 주장한다.

(다) 계획의 기능[3]

하이에크(F. Hayek)는 사회주의계획은 계획이 요구하는데로 사람들이 행동하기를 강요하기 때문에 집권화된 권력이 요구되며, 개인의 선택은 계획이 요구하는데로 보다 제약되기 때문에 사회주의는 점진적으로 노예제(奴隷制)로 유도한다고 했다. 그는 진보적이고 자연발생적인 질서를 계획된 사회에 비해 선호했다. 이외에 그가 계획을 반대한 이유는 현대사회의 복합성과 관련된다. 즉 사회와 경제적 과정은 너무 복합적이기 때문에 어떠한 계획가나 계획가들이 완전히 이해할 수 있는 능력 밖이다. 그리고 정보의 양이 제한되어 있기 때문에 계획가들은 문제를 위험스러울 정도로 단순화하여 처리하게 된다는 것이다.

---

3) 정환용, 전게서, 129~130.

하이에크(F. Hayek)가 반대한 것은 중앙경제계획(central economic planning)으로, 이는 시장을 방해하고 개인자유를 억제하는 위험하고 비효율적인 장치로 여겼다. 그는 주로 단일계획에 따른 모든 경제활동의 중앙지시 또는 경쟁에 반대하는 계획만을 의미했다.

하이에크(F. Hayek)는 개인이나 정부가 장래를 위해 준비하는 수단으로서 계획은 반대하지 않았다. 계획은 모든 사람들이 우리의 공동문제들을 가능한 한 합리적이고 동원할 수 있는 선견(foresight)을 가능한 한 많이 사용해서 다루기를 바란다는 사실 때문에 인기가 있다. 이런 의미에서 철저한 운명론자가 아닌 사람은 모두 계획가이고, 모든 정치적 행위는 계획의 행위이며, 다만 좋은 계획과 나쁜 계획 그리고 현명하고 선견적 계획과 우둔하고 근시적 계획의 차이가 있을 뿐이다. 경제학자들이 이와 같은 일반적인 의미의 계획을 반대하는 것은 아니라고 했다.

3. 저서의 내용요약

헤르만 파이너(Herman Finer)의 「반동의 길」(*Road to Reaction*: 1945)은 서문, 10개장, 결론으로 구성되어 있다. 각 장별 주요 논점은 다음과 같이 요약할 수 있다

(1) 서문

하이에크(Hayek)가 「노예의 길」(*The Road to Serfdom*: 1944)에서 제시하고 있는 교의는 다음과 같이 요약할 수 있다. 계획생산과 배분의 방법으로서, 경쟁은 이론으로서 완전하고 때문에 행동에서도 실제적이다. 경쟁은 외부의 "자의적" 간섭 없이 어떤 사

람의 생활을 계획하는 자유를 허용한다(Finer, 1945: x). 사유재산은 자유(liberty)의 보증자이고, 어떤 것도 소유하지 않는 사람들에게도 그러한데, 이는 사유재산이 정부가 너무 많은 권력을 갖는 것을 막기 때문이다. 정부의 권력은 민주정부에서도 부패하지만, 개인들의 수중에 있는 경제권력은 부패하지 않는다. "계획"은 "사회주의"이고; 사회주의는 "집단주의"이고; 집단주의는 "파시즘", "나치즘", 그리고 "공산주의"이다. 여기서, 독재의 모든 오류들은 국가에 의한 계획의 오류들이다. 만일 정부계획이 있다면 법의 지배(Rule of Law)가 없고, 때문에 인민은 구속되어져야 한다. 사회의 안전을 위한 계획은 가능한 거의 없어야 한다. 민주주의는 물신이고 유행이다(Finer, 1945: xi).

반동은 이 메시지를 절실하게 기다렸는데, 이는 이 교의가 양심을 편안하게 하고; 어떤 것도 할 필요가 없다는 느낌을 지지하고; 관료제를 공격하며; 계획가는 불한당이라고 말하고; 세금을 줄인다고 말하기 때문에 널리 갈채를 받았다(Finer, 1945: xi). 그러나 자유(liberty)를 주는 것은 재산이 아니다. 그것이 하이에크(Hayek)의 현저한 오류이다. 자유(liberty)는 민주주의의 과실이다(Finer, 1945: xii).

(2) 제1장 그제와 내일

대공황의 가장 중요한 역사적 결과는 현대경제체제의 관리자로서 제약 없는 경쟁의 만성적 결함들에 대한 냉혹하면서도, 구체적이며, 논쟁의 여지가 없는 예증이었다. 모든 사람에게 주는 가장 통렬한 교훈은 기대한데로 일을 하도록 하는 질서의 능력에 대한 일반적인 신뢰의 상실이었다. 어떤 시점에 그리고 무언가 특별한 이유로 일에 참여하고 있는 모든 집단들은 그것에 대한 불신과 그것에 내재하는 불안감을 표현하였다(Finer, 1945: 3). 파국처럼 놀라웠던 것은, 그것이 단일의 그리고 비재발 사건이 아니라는 것이었다. 불황은 경쟁체제의 만성적 질병이다(Finer, 1945: 4~5).

서로 간에 이윤추구다툼이 있는 재정, 공업, 그리고 농업은, 종합적으로 모두가 유용한 사회에 대한 비전, 법령, 또는 분별력이 없이, 그들 간의 안정적이며 통합적인 관계의 발생을 방해하는 행동을 했다. 재앙에 대비한 사회적 준비가 없었다. 즉, 사실상 공적인 고용교류들이 없었고, 실업보험도 없었고, 공공사업이나 개발계획도 없었고, 공공보건계획도 없었으며, 실질적인 빈곤구제 체계도 없었다. 인민들은 규제하지 않고, 보조받지 않은 경쟁체계가 번영 그리고 재산까지도 가져다 줄 것이라는 주장을 믿었다(Finer, 1945: 6~7).

계속되는 절망적 상황에서 무엇보다 나쁜 것은 호경기에 경쟁의 거대한 수혜자들인 대기업과 재정의 부정적인 반응이었다. 그들은 사태를 내버려두고 정해진 길로 스스로 흘러가도록 하는 것 이외에는 조사위원회들에게 제안할 어떠한 개선계획도 가지고 있지 않았다는 점이다(Finer, 1945: 7).

(3) 제2장 반동적 선언

하이에크(Hayek)의 저서는 보수적 반격의 병기고이다. 그 선언서(Manifesto)는 기치, 금지령, 그리고 악귀들로 채워져 있다. 그것의 기치(旗幟)는 자유, 자유주의, 개인주의, 법의 지배, 기업, 그리고 번영 등과 같이 격조 높은 것이다. 그것들은 우리 모두의 기준이다. 그들이 금지(禁止)하는 것은 나치-사회주의, 파시즘, 그리고 공산주의인 것은 분명하다. 그것들은 우리 모두의 금지사항이다. 그것의 악귀는, 독재정치로 확인되어진, 계획이다. 운명을 통제하거나 회피할 수 없는 것처럼, 계획은 모두의 우두머리들에게 금지를 내려달라고 기원해야 하고, 기치를 파괴해야 한다. 살인자와 망나니는 계획의 사회에서 상층부에 위치시켜야 한다고 하이에크(Hayek)는 말한다(Finer, 1945: 16~17).

그러나 현대사회의 장기적이고 뿌리 깊은 불안들은 … 대공황과 경쟁체제의 결핍에서 나타났다. 많은 경제학자들은 만일 그대로 둔다면 장래에는 "균형"에 도달할 것이고; 시장·임금·가격이 그들 자신의 자연노선을 취하도록 허용된다면 모든 것이 잘 될 것이라는 것이라고 주장한다. 그러나 … 고용을 상실한 사람들 뿐 아니라, 가정·저축·교육기회·기업·기타 유사한 것들을 잃었거나 상실한 사람들도 역시 민간기업의 장점들만이 경제적 수요를 만족시킨다고 더 이상 믿을 수 없다(Finer, 1945: 20)

어느 누구도 모든 경제활동들을 "계획하거나" 또는 "집단화하거나" 또는 "사회화"를 의도하지 않지만, 많은 사람들은 명백히 왜곡된 질서에 대한 확고한 치유책들을 관리할 것을 바란다(Finer. 1945: 22).

(4) 제3장 계획에 대한 광기

풍족한 인권을 향유하는 완전한 민주사회에서 성공적으로 계획하는 것이 가능하고, 민주주의와 권리들을 유지할 수 있다. 그러나 하이에크(Hayek) 그리고 그와 함께 이제 춤추는 사람들에게는, 이러한 사고는 매우 혐오스럽다. 재산가들은 계획이 바람직하다고 생각하지 않기에; 계획은 불가능하다는 것을 추가적으로 입증하는 태도를 취한다(Finer: 1945: 24).

"계획"은 "사회주의"이고, "집단주의"이며, "공산주의"이고, "파시즘"이며, 그리고 "전체주의"이다. … 계획은 독재이다. 독재는 특히 독일의 나치즘이고; 그래서 이태리의 파시즘이며, 그리고 러시아의 공산주의이다. 그러므로 미국과 영국은 곧 독일, 이태리, 그리고 러시아와 비슷하게 될 것이다(Finer, 1945: 31).

하이에크(Hayek)는 계획은 독재이고 전체주의인데, 이는 그것이 민주주의에 의해 통제될 수 없기 때문이라고 말한다. 만일 "의식적 통제"가 사람이 생각할 수 있는 모든 목표에 대해 하나의 단일목표의 이름으로 사회에서 추구된다면, "의식적 통제"는 민주주의에 의해 관리될 수 없다(Finer, 1945: 31). 그리고 하이에크(Hayek)는 민주정부는 "자의적"으로 행동할 수 있고, 때문에 "독재적"이 된다고 주장한다(Finer, 1945: 36).

(5) 제4장 법의지배는 하이에크의 지배

법과 헌법자체까지도 영국의 이론과 실제에서, 다수당이 주인인 의회의 산물이라는 것에 대해 하이에크(Hayek)는 그의 독자들에게 어떤 설명도 생략하고, 그는 가장 약삭빠르고 회피적으로 "법의 지배"(Rule of Law)를 그것이 제공하는 평판에 따라 사용한다. 그는 법의 지배는 "생산활동이 개인적 결정들에 의해 인도되는 범위 내에서는 법률들의 영구구조"이고; "전제정부"는 "중앙기관에 의한 경제활동의 지시" - 즉, 계획이다 - 이다. 환언하면, 법의 지배(Rule of Law)는 다름 아닌 친구인 경쟁이고, 모든 개인들 간에 "사전에 확립된 조화"에 이르도록 신에 의해 준비되고, 나중에 홀로 버려진 공학자의 가격시계라고 보았다(Finer, 1945: 49).

하이에크(Hayek)는 공식적인 규칙들이나 법들을 좋아하지만, 계획기관이 만들 수도 있는 규칙들과 법들의 종류는 좋아하지 않는다. 그가 생각하기에, 후자가 생산에 대한 결정들을 하곤 했다. 그 결정들은 무엇이 생산되고, 산업에 종사하는 사람 수는 몇 명이고, 신발가격은 얼마이며, 얼마나 많은 버스들이 운영되어야 하는 것과 같은 것들이다. 이 모든 결정들은 순간의 상황에 의존한다. 그래서 누군가 주어진 과업을 위해 계획을 변경해야 하고, 이것은 대의제에 기반한 입법부에 의해 이룰 수 없기 때문에, 자의적 권력만 있고, 법의 지배(Rule of Law)는 작동되지 않는다고 생각한다.

그는 자연법과 그 법에서 도출된 자연권들을 모색하고, 그것을 그는 법의 지배(Rule of Law)라고 부른다. 이것은, 어쨌거나, 전적으로 주관적이고, 영국의 법에서 사용되고 있는 용어로서 법의 지배(Rule of Law)에 기반한 어떠한 구실과도 연계되지 않아야 한다(Finer, 1945: 55).

(6) 제5장 아담스미스와 경쟁을 위한 계획

자유방임주의자인 아담 스미스(Adam Smith)도 재산, 국방, 계약에 관한 법들의 존재를 가정한다. 그리고 그는 일정한 특별의무로 공공사업, 군비와 외교를 통한 해외무역의 제고와 방어, 정의, 그리고 교육을 추가한다.

정부의 적극적인 행동의 필요성에 대해 경제활동을 위한 하부구조의 조성필요성을 인식했을 뿐만 아니라, 기술지식의 진보에 따라 완전히 스미스(Smith)의 이해범위 밖에 놓인 자연자원의 보전, 정부주도의 개발과 같은 과업들을 생각할 수 있게 한다. 이 과업들은 투자와 "노동시장"의 방향, 산업입지의 방향과 관련된 추가적인 관심사항이다. 만일 그것이 다르게 이루어진다면, 공익, 보건·영양·주택 그리고 사회보장과 같은 사회서비스에 배치될 수 있는 것으로, 그것은 연방·주·지방의 정부에 의한 계획의 광범하고 명료한 영역이다(Finer, 1945: 74~76).

여기에 파이너(H. Finer)는 자유경쟁을 위해서는, ① 모든 독점의 분산, ② 부의 균등화, ③ 기업관행에서강요, 사기, 정실주의의 폐지, ④ 교육의 평균화, ⑤ 교육의 주입과 선전의 사용, ⑥ 계획을 역설하는 노동조합들과 정당들의 청산, 그리고 ⑦ 수정할 수 없는 헌법제정 또는 다수당과 입법부를 제한하는 과점적 헌법의 제정과 같은 정부활동이 최소한 요구된다고 부연했다(Finer, 1945: 78~86).

(7) 제6장 독재는 독재를 의미한다

하이에크(Hayek)는 사회주의는 파시즘과 나치즘의 산물이라고 했으나, 나치즘과 파시즘은 사회주의에서 발흥하지 않았다(Finer, 1945: 88). 히틀러는 사회주의자가 아니고 국수주의자이며 인종주의자였다. 그는 사회주의의 목표인 평등, 번영, 자비 그리고 국제평화를 혐오했다(Finer, 1945: 97). 이 파시스트정체는 계획의 고유한 결과가 아니다. 왜냐하면, 파시스트정체는 전쟁이외에는 계획하지 않았기 때문이다. 그것은 파시스트정체 조성자들(makers)의 고유한 정신의 직접적인 결과였다(Finer, 1945: 91).

하이에크(Hayek)는 “경제생활에 대한 계획을 시도하는 민주적 정치가와 똑 같이 독재권력을 가정하거나 또는 그의 계획들을 포기하는 대안에 곧 직면할 수 있기에, 전체주의적인 독재자는 보통의 도덕을 무시하거나 실패하는 것 중에 하나를 선택해야 할 것이다”라고 말한다. 민주적 정치가는 이 견해들을 가지고 있지 않고; 만일 그가 가졌더라도, 그는 그 견해들을 이용할 위치에 있지 않을 것이다. 경제생활의 계획을 설계하는 민주적 정치가들은 어느 누구도 하이에크(Hayek)가 제시한 잘못된 대안에 직면한 일이 없다. 영국과 미국에는 이미 많은 계획이 있다. 계획들은 작동했고, 거기에 독재권력에 대한 가정은 없었다. 반대로, 우리가 민주주의의 운영을 들여다보면, 정책과 이의 집행에서 보다 작은 입법, 사법 그리고 대중적 통제라기보다는 더욱더 많은 통제가 있는 것을 볼 수 있다(Finer, 1945: 106~107).

정부에 의한 계획의 특성은 어떤 사람들이 계획하고; 그들이 전체적으로 계획하는가 여부; 그들이 신속하게 계획하는가 여부; 그들이 그들의 계획을 서둘러서 수행할 의도가 있는가 여부; 관련된 문제들에 대한 대중의식에 의해 자유롭게 동의되었는가 여부; 대중이 이의나 반대할 권리를 보유하는가 여부; 정부책임의 적절한 장치가 있는가 여부; 계획안이 분산되었는가 여부; 대중대표가 잘 선택되었는가 여부- 간략히 계획의 전체적인 과정이 진정 민주적이었는가 여부에 좌우된다(Finer, 1945: 112).

(8) 제7장 명명된 독약

하이에크의 이론들은 나치스는 사회주의자들로부터 발생했고; 유럽대륙의 독재정권은 경제계획이론들의 산물이고; 위에서 제시된 방향에서의 독일의 진보는 주로 1870년부터 추적할 수 있고; 하이에크(Hayek)가 제1차 세계대전 직전부터 살았던 오스트리아의 이념적 및 정치적 활동은 독일에서 만들었던 것을 영국과 미국에서 만들어야 하고; “법의 지배”는 계획과 조화할 수 없다는 것들이다(Finer, 1945: 117).

하이에크(Hayek)는 경제 및 정치체제를 운영하는 사람들의 사고와 특성의 내면에서 중간의 길을 만드는 것을 고려하지 않았다. 실제에서와 같이 체제를 만드는 데 있어, 중도의 모든 특성과 민첩성과 관련된 행동을 하는 그들은 제외되었다. 몇 번이고 되풀이해서, 계획은 그 밑에서 일하거나 사는 대군중과는 상반되는 단일목적의 명목으로 부과될 것이라고 암시되었다. “자유주의”의 진수는 실험주의이고 중간의 길이며, 그것의 속성은 실제에서 발견된다. 이러한 실험주의의 생략은 앵글로-색슨 민족의 정치적 노정에 그들의 자유주의에 적대적인 방법, 기질, 그리고 중용과 척도의 욕구를 도입한 것이다(Finer, 1945: 125).

(9) 제8장 공학자의 다이얼

하이에크(Hayek)의 신조는, “경제활동은 소박한 두뇌운동이다. 정치적 행동은 결점이 있는 권력행사이다. 정부들의 행동은 강요의 적용이다. 경제적 경쟁은 모든 개인을 위한 목표들의 선택에서 자유(freedom)의 행사이다. 국가의 활동은 힘으로 개인들에게 그의 목표를 부과한다”, 라고 요약할 수 있다. 하이에크(Hayek)는 경제과정을 구성하는 생산과 분배에서 시원적이며 최고의 요인을 “개인”에 고정한다. 수백만의 고립된 개인들은 재화와 서비스의 공급에서 서로 경쟁하면서 지역사회에 가담하게 되고, 그래서 조직과 질서를 만든다. 적자(適者)가 생존하고, 최고에 이르며, 새로운 부의 형태를 개발한다. 경쟁의 진수는 각 개별 소비자 및 생산자에 의한 선택의 자유이기 때문에, 그것은 어떤 대안적인 최대의 부(모든 개별산출물을 합산한 것)보다 낫게 생산할 뿐 아니라 최고의 도덕성을 촉진한다(Finer, 1945: 137).

노동의 분화가 잘 기능하기 위해서는 기업가들이 그들의 행동들을 그들의 경쟁자들의 행동들에 따라 조정하기 위해, 공학자가 소수의 계기판들의 계침들을 관찰하는 것처럼, 비교적 소수의 가격들의 움직임을 관찰함으로써 그것을 할 수 있도록 한다. 그러나 하이에크(Hayek)가 다이얼들의 계기침을 바라보는 공학자에 대해 이야기하는 것은 매우 비현실적이다. 공학자의 다이얼들은 상수단위들로 등록되는데; 하이에크(Hayek)의 가격은 그러하지 않다. 그들이 동일단위에 등재해야 하는 것에 대한 유일한 보증은 전체의 혜택을 위해 의식적인 통제를 행사하는 누군가로부터 나오는데, 그것이 정부이다. 그리고 비록 일부 사람들이 가격등록을 알고 있다고 하드라도, 그들은 가격등록이 완전경쟁체제를 유지하는데 요구할 수도 있는 그러한 행동을 취하지는 않는다. 다른 사람들은 할 수 없다(Finer, 1945: 141~142).

인류의 부(富)의 증가에 관해 경쟁과 가격체제처럼 효율적인 것이 없다는 하이에크(Hayek)의 주요 논제는 사적재산체제에 의존하고 있다. 하이에크(Hayek)의 선언으로부터 야기되는 가장 적절한 문제는, 모든 국가에서 현재의 재산배분이, 전체사회의 경제적 산출에 기여하는데 있어 강요·사기·상속이 없이, 타고난 능력에 따른 기여를 나타내는가, 이다. 만일 응답이 긍정적일 수 있다면, 파이너(Finer)는 여기의 나머지 문제에 만족할 수 있다고 했다(Finer, 1945: 144~145).

법이 허용하기 때문에 재산만이 자유(freedom)를 준다는 것을 잊어서는 안 된다. 자유를 보호할 수 있는 것은 법뿐이고, 이는 사회의 대다수의 준법에 오로지 의존한다는 것이다. 여기서, 사람이 소유할 수 있는 자유라는 것은 모든 그의 이웃들의 양식과 평균양심의 산물이다. 법이 계약을 보호하지 않는 한, 누구에게도 재산사용이 목표를 의미할 수는 없다. 만일 국가에 의해 강요된 계약에 관한 법률이 없다면, 기업계에는 살육과 만행의 장면이 나타날 것이다(Finer, 1945: 149).

(10) 제9장 설계된 다이얼들

사기업은 순결한 것이 아니라 결점이 있고 병들었다는 것이다. 이것은 하이에크(Hayek)와 그의 견해에 대한 분주한 전파자들에게 알려졌다. 그는 기업의 질들을 조명하지는 않았지만, 기업의 도덕적 결점들은 모호하게 하고 숨겼다. 그는 경쟁을 위해 싸웠지만, 경쟁자를 옹호할 수는 없다. 그가 진정으로 집중해야 하는 것은 후자(後者)에 관한 주제이다.

사기업이 괴로움을 겪고 있는 병폐가 적어도 재산소유의 불평등, 대기업에 의한 산업통제, 생산과 노동의 독점, 발명의 억압, 시장의 비효율성, 대량실업, 그리고 타 경제기업들의 약탈의 6가지 있다(Finer, 1945: 157~200).

① 재산소유의 불평등: 미국에서 재산소유는 한편으로는 경제적 노력과 능력, 다른 면에는 생산·배상·소비 사이에 균형을 뒤엎을 정도로 불평등하다. 이것은 주로 상속(相續)의 결과이고, 그것은 실제로 생산되고 분배된 것에 비하여 대다수의 인간들이 바라고 그들 국가의 생산노력에서 획득할 수 있는 것 사이의 왜곡을 직접적으로 의미한다. 이것은 국부(國富)의 심각한 왜곡이다(Finer, 1945: 158).

② 대기업에 의한 산업통제: 하이에크(Hayek)가 강조한 개인주의는 다수를 위해 존재하고 운영되어야 한다는 경쟁적 개인주의의 속성이 아니다. 대다수는 제외되었다. 전적으로 분리적이고 자발적인 무수한 개인의 순박한 야생상태의 자발성은 대규모조직에 의해 압도당했었다(Finer, 1945: 167).

③ 생산과 노동의 독점: 미국의 독점들은 생산과 분배분야의 특정영역들에 대해 그들 스스로 제국을 구축하고자 결심한 완고

한 사람들에 의해 확립되어졌다. 다양한 형태의 독점으로 경쟁이 생산의 산출량, 방법, 가격, 그리고 효율성과 질에 영향을 미칠 수 없도록 공동목표를 통해 기업을 많이 통제할 수 있다(Finer, 1945: 173).

④ 발명의 억압: 시장에서 경쟁적인 새로운 지식과 장치들을 격퇴하기 위해, 발명을 점유하고 기업들은 그들이 지시하는 기계들의 용도를 양도하기 위해 재판매가격의 목록들과 조건들을 존중해야 하는 고객들과 딜러들에게, 정교하고・난해하며・제한적인 합의에 의해 그들의 기계들・과정들・산출물들을, 배타적이며 선택적으로, 허가한다(Finer, 1945: 181~182).

⑤ 시장의 비효율성: 하이에크(Hayek)는 만일 하고 싶은 데로 하게한다면, 시장의 작동은 거기에 있는 모든 생산자들과 소비자들의 조화로 귀착된다고 가정한다. 그러나 이것은 입증되지는 않는다. 상이한 전망은 경제체계의 직업 또는 기능의 거대집단들, 즉 광범하게는 재정・신용・제조업・상업・농업, 가운데서 성장한다. 경제적 개인주의의 방법에 따라, 각각은 이익과 안전을 향해 가장 민첩하고 자기이익적인 방법을 취한다(Finer, 1945: 186).

⑥ 대량실업: 경쟁은 언제나 모든 자발적 노동자를 모두를 위한 일자리를 제공할 수는 없다. 항상 일정한 실업이 있지만, 국부의 상실 그리고 개별노동자들과 그들 가족들의 불행을 가져오는 대량실업은 용서될 수 없다(Finer, 1945: 192).

⑦ 기타 경제기업들의 약탈: 모든 이들 사악함은 민주국가들의 가장 강한 노력의 고삐에 의해서만 유지될 수 있었는데, 이는 지금까지 경제적으로 강력한 세력이 국가를 약탈할 수 있었기 때문이다(Finer, 1945: 201).

(11) 제10장 가장 현란한 경주

정부는 사회의 문제들에 대한 관리이고, 그래서 그 사회의 많은 개인들과 수천의 집단들보다도 약간의 권력을 가져야 할 필요가 있다. 이 권력은 항상 우월한 집단들이나 집단의 도덕적 및 물리적인 힘을 통해 효과를 보여야 할 매체(媒體)이다(Finer, 1945: 202~203).

민주정부에 의해 추진되어야 할 정책은 민주주의의 균형정신인 관용의 상호성과 상호의존성과 함께 작용하는, 다수당의 분별력에 의해 결정되는데, 주요 정책은 다음과 같다(Finer, 1945: 203~204). 즉, ① 완전고용과 상승하는 생활수준, ② 사회안전, ③ 보건, 교육, 주택과 같은 사회서비스, ④ 직업에의 개방적 접근, ⑤ 교통·통신·물·가스·전기·연료와 같은 공급시설들의 공적 소유와 관리, ⑥ 상속과세와 같은 균형화 조치들, ⑦ 토양보전, 종자시험, 비료시험등과 같은 농업서비스와 농장안전행정, ⑧ 발명에 관한 조직, 동원, 재정, ⑨ 공기업이 취급하지 않은 영역들에 대해 경쟁제고, ⑩ 산업입지에 대한 통제, 그리고 ⑪보전주의자들과 개발주의적 노선 사이의 공기업에 관한 것 등이다.

(12) 결론

만일 현 경제체제가, 운·힘·사기·오해·부재자소유·부의 부당한 상속과 거기에 따른 무책임한 권력을 불가능하게 하고; 교육기회의 평등화를 추구하고 불공정한 경제적 이점을 없애며; 모든 직업의 재능인에게 문호를 전면개방하고; 모든 독점들의 해소를 보장하고; 모든 생산자와 소비자에 경제정보의 순수·동등·동시적인 양도를 강요하고, 그리고 과학적 발견들이 모두의 혜택을 위한 즉각적인 적용을 확실하게 만드는 것을, 확실히 보장할 수만 있다면, 사기업이 상대적으로 적은 정부지원으로도 기대하는 기능을 수행할 수도 있을 것이다(Finer, 1945: 221).

만일 모두를 위한 최대의 자유가 가능하다면, 최대의 경제적 복지가 모두를 위해 추구되어야 한다. 경제적 복지는 자유의 하나의 요인이다. 그 자유는 사람들이 그들의 욕구를 인지하고, 기회·재능·에너지의 행사를 구체화하도록 허용할 수 있도록 재산과 소득을 필요로 한다. 복지와 자유에 대한 미로적인 혼합이 있다. 우리시대의 자유는 정부로부터의 완전한 자유일 수 없고, 그것은 정부 내의 자유이다(Finer, 1945: 222~223).

합리적으로 구성되고 위임되는 기관들을 통해 행동하는 전체로서의 사회는 역사의 어떤 시점보다도 훨씬 양호한 위치에 있다. 예전에는 개인들에게만 알려진 것을 이제는 사회기관들이 더 잘 알 수 있다. 게다가, 지금까지 개인들 각자의 의지였고 모두를 위한 부수적 복지에서 단점을 보였던 것을, 그들의 목표들과 대표자들을 자유롭게 선택하는 모든 사람들의 사회적 대리인들에 의해서 보다 잘 결정하고 수행할 수 있다. 사실의 발견·분석·해석을 위한 조직들 그리고 대중적인 승인과 거부의 점진적이며 분별력 있는 표현은, 과거에는 꿈꾸지 못한 그들의 현대의 특성이었다. 때문에 우리는, 우리의 사회적 힘, 또는 우리가 정부에 빌려준 힘, 또는 조직된 수단이며 사회적 관리자인 정부를 통해 사용한 결과로서 우리가 획득한 자유를, 두려워할 어떠한 이유도 없다(Finer, 1945: 225~226).

4. 맺는말

파이너(H. Finer)의 하이에크(F. Hayek)에 대한 비판의 요지는 시장은 기대한데로 작동하지 않으며(시장실패), 자유시장경제에서도 불구하고 정부의 역할이 필요하며(정부의 기능), 정부와 계획을 통해 자유를 신장할 수 있다는 점을 강조하고 있다.

파이너(H. Finer)는 시장실패의 개념을 직접적으로 언급하지 않았지만, 자유시장경제가 기대하는 기능을 충분히 수행하지 못해서 나타나는 여러 문제를 나열하여 제시하고 있다. 그 중 특히 강조한 시장실패의 유형은 공공재의 존재, 대기업에 의한 독과점, 배분의 불균형(상속), 정보비대칭 등을 주로 언급하고 있다.

정부의 기능에 대해 파이너(H. Finer)는 아담 스미스(Adam Smith)도 인정한 경제활동의 하부구조조성 뿐만 아니라, 민주정부에 의해 추진되어야 할 정책으로 자연자원의 보전, 정부주도의 개발 등과 같은 여러 과업들을 제시했다.

파이너(H. Finer)는 정부에 의한 계획의 특성은 어떤 사람들이 계획하고; 그들이 전체적으로 계획하는가 여부; 그들이 신속하게 계획하는가 여부; 그들이 그들의 계획을 서둘러서 수행할 의도가 있는가 여부; 관련된 문제들에 대한 대중의식에 의해 자유롭게 동의되었는가 여부; 대중이 이의나 반대할 권리를 보유하는가 여부; 정부책임의 적절한 장치가 있는가 여부; 계획안이 분산되었는가 여부; 대중대표가 잘 선택되었는가 여부- 간략히 계획의 전체적인 과정이 진정 민주적이었는가 여부가 중요한 고려사항이라고 지적한다

계획은 '계획대상에 대해 사전에 설계된 방법으로 일정한 변화를 유도하기 위한 노력'이다.[4] 이러한 변화를 유도하기 위해서는

통제가 요구되며, 따라서 계획은 외형적으로 통제·규제·강제의 모습으로 나타난다. 반계획적 입장에서는 계획의 강제적 성격에 초점을 맞추어 이의 부작용을 강조하지만, 강제개입에 의한 계획 내용은 최후의 수단인 경우가 많다. 오히려 계획에는 조장적·유인적인 정책수단을 포용한 경우도 많다. 개별경제주체의 활동을 원활히 하기 위한 조장자로서의 역할을 한다. 계획과 시장의 역할과 범위는 계획대상문제의 성격, 이용가능한 계획자원(시간, 재원), 그리고 계획의 환경(국가, 사회의 여건)에 따라 차이가 있게 마련이다. 시장은 단기에 제한된 자원을 배분하는데 효율적이고, 국가는 장래의 투자를 위한 도관(導管)이다. 더욱이 국가는 투명성·접근성·공정성의 관점에서 시장을 조직한다. 논쟁의 초점은 계획대 비계획의 문제가 아니라 계획의 정도, 계획의 실제적 원리, 그리고 기술적 방법과 해결책의 개발에 대한 것이다. 논의의 핵심은 왜(why)의 문제가 아니고, 얼마나 많이, 그리고 어떻게(how)의 문제로 요약할 수 있다.

4) 정환용, 전게서, 136~137.

저자약력

정환용

서울대학교 사범대학 졸업
서울대학교 환경대학원 졸업
영국 쉐필드 대학교(Univ. of Sheffield) 대학원 도시 및 지역계획학과 졸업
(도시 및 지역계획학 박사)
전남대학교 경영대학(원)장(역임)
한국지역개발학회장(역임)
국토정책위원회 위원(역임)
중앙도시계획위원회(역임)
현재: 전남대학교 경영대학 경제학부 지역개발학전공 교수

반동의 길

인쇄 | 2010년 2월 5일
발행 | 2010년 2월 10일

저자 | 헤르만 파이너
역자 | 정환용
발행 | 김윤수
발행처 | 전남대학교출판부

등록 | 1981. 5. 21. 第53호
주소 | 500-757 광주광역시 북구 용봉로 77
전화 | (062) 530-0571~3
팩스 | (062) 530-0579
홈페이지 | http://altair.chonnam.ac.kr/~cnup

값 13,000원

ISBN 978-89-7598-782-3 (93320)

이 도서의 국립중앙도서관 출판시도서목록(CIP)은 e-CIP홈페이지
(http://www.nl.go.kr/ecip)에서 이용하실 수 있습니다.
(CIP제어번호 : CIP2010000344)